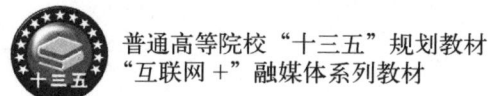
普通高等院校"十三五"规划教材
"互联网+"融媒体系列教材

审计学学习指导书

卜梦洁 田聪／主编
迟甜甜 郝玉娟／副主编

立信会计出版社
LIXIN ACCOUNTING PUBLISHING HOUSE

图书在版编目(CIP)数据

审计学学习指导书/卜梦洁,田聪主编. —上海：立信会计出版社，2022.6
ISBN 978-7-5429-7104-3

Ⅰ.①审… Ⅱ.①卜… ②田… Ⅲ.①审计学—教材 Ⅳ.①F239.0

中国版本图书馆 CIP 数据核字(2022)第 117411 号

策划编辑　郭　光
责任编辑　郭　光

审计学学习指导书
SHENJIXUE XUEXI ZHIDAOSHU

出版发行	立信会计出版社
地　　址	上海市中山西路 2230 号　　邮政编码　200235
电　　话	(021)64411389　　传　　真　(021)64411325
网　　址	www.lixinaph.com　　电子邮箱　lixinaph2019@126.com
网上书店	http://lixin.jd.com　　http://lxkjcbs.tmall.com
经　　销	各地新华书店
印　　刷	上海华业装璜印刷有限公司
开　　本	787 毫米×1092 毫米　1/16
印　　张	15.5
字　　数	367 千字
版　　次	2022 年 6 月第 1 版
印　　次	2022 年 6 月第 1 次
印　　数	1—3100
书　　号	ISBN 978-7-5429-7104-3/F
定　　价	42.00 元

如有印订差错,请与本社联系调换

前　言

审计学作为高等院校审计学、会计学、财务管理等专业的一门核心课程，主要教授现代审计的基本原理、基本流程和基本方法。

《审计学学习指导书》是《审计学》（卜梦洁、田聪主编）的配套教材。本书编写的目的是帮助学生在理解审计的基本概念和基础知识的基础上，提高其职业判断能力和实操能力，为学生更好地适应审计工作打下良好的基础。

本书在内容和结构安排上与《审计学》相一致，共分为十二章，每章分为三个部分：第一部分是内容概要，归纳整理了该章节重要的知识点，便于学生从整体上把握教材的核心内容；第二部分是练习题，包括单项选择题、多项选择题、判断题和实务分析题等题型，便于学生巩固所学；第三部分是参考答案，便于学生检验练习题的完成效果，进行查漏补缺。

本书主要有以下亮点：

（1）重视基础。本书立足于审计学课程，编入与教材相符的练习题且难度适中，旨在帮助学生更好地理解审计的专业基础知识。

（2）重难点突出。本书紧扣课程的重难点，实务分析题贴近实际，可以有针对性地训练学生的审计职业判断思维，培养学生的实操能力。

（3）解析详细。本书在"参考答案"部分不仅给出了练习题的参考答案，而且提供了详细的答案解析，对题目考核的知识点进行说明，让学生知其然也知其所以然。这样既便于学生自学，也便于教师备课使用。

（4）实用性强。本书紧跟审计准则、会计准则变化，具有规范性和时效性，从专业知识、职业技能、职业价值观和道德以及实务经历等方面全方位给予学生启迪。

本书由卜梦洁、田聪、迟甜甜、郝玉娟、孔令一、李满林、刘燕编写。在编写过程中，编者参考和借鉴了大量相关教材成果，得到了立信会计出版社郭光、张忠秀编辑的大力支持，在此表示诚挚谢意！

本书内容如有考虑不周、表达不当的地方，敬请广大读者不吝赐教，以便本书得到不断的充实和完善。

编　者
2022 年 5 月

目 录

第一章　审计学概述 ··· 1
　　第一部分　内容概要 ··· 1
　　第二部分　练习题 ·· 4
　　第三部分　参考答案 ··· 7
第二章　注册会计师职业规范与法律责任 ·· 11
　　第一部分　内容概要 ··· 11
　　第二部分　练习题 ·· 16
　　第三部分　参考答案 ··· 24
第三章　审计目标与审计程序 ·· 30
　　第一部分　内容概要 ··· 30
　　第二部分　练习题 ·· 34
　　第三部分　参考答案 ··· 41
第四章　审计证据与审计工作底稿 ·· 48
　　第一部分　内容概要 ··· 48
　　第二部分　练习题 ·· 57
　　第三部分　参考答案 ··· 64
第五章　计划审计工作 ·· 70
　　第一部分　内容概要 ··· 70
　　第二部分　练习题 ·· 78
　　第三部分　参考答案 ··· 85
第六章　风险评估 ·· 91
　　第一部分　内容概要 ··· 91
　　第二部分　练习题 ·· 98
　　第三部分　参考答案 ··· 107
第七章　风险应对 ·· 113
　　第一部分　内容概要 ··· 113
　　第二部分　练习题 ·· 119
　　第三部分　参考答案 ··· 126

第八章　审计报告 ……………………………………………………………… 132
  第一部分　内容概要 …………………………………………………… 132
  第二部分　练习题 ……………………………………………………… 138
  第三部分　参考答案 …………………………………………………… 146

第九章　销售与收款循环审计 …………………………………………… 153
  第一部分　内容概要 …………………………………………………… 153
  第二部分　练习题 ……………………………………………………… 160
  第三部分　参考答案 …………………………………………………… 169

第十章　采购与付款循环审计 …………………………………………… 177
  第一部分　内容概要 …………………………………………………… 177
  第二部分　练习题 ……………………………………………………… 184
  第三部分　参考答案 …………………………………………………… 193

第十一章　生产与存货循环审计 ………………………………………… 199
  第一部分　内容概要 …………………………………………………… 199
  第二部分　练习题 ……………………………………………………… 206
  第三部分　参考答案 …………………………………………………… 215

第十二章　货币资金审计 …………………………………………………… 221
  第一部分　内容概要 …………………………………………………… 221
  第二部分　练习题 ……………………………………………………… 227
  第三部分　参考答案 …………………………………………………… 235

第一章 审计学概述

第一部分 内容概要

一、审计的产生与发展

审计是商品经济发展到一定程度时,随着企业财产所有权与经营权分离而产生的。从审计对象的演变过程来看,审计可以分为会计账目审计、资产负债表审计和财务报表审计三个阶段。审计环境的不断变化和审计理论水平的不断提高,促进了审计模式和方法的不断发展和完善。一般认为,审计模式和方法的演进经历了账项导向审计阶段、内控导向审计阶段和风险导向审计阶段。

改革开放以来,我国审计的发展大致分为四个阶段。①恢复重建阶段(1980年—1991年)。党的十一届三中全会作出了实行改革开放的历史性决策,为了吸引外资、改善投资环境,按照国际通行做法,我国建立了注册会计师独立审计制度。②规范发展阶段(1991年—1998年)。中国注册会计师协会(以下简称"中注协")与中国注册审计师协会实现联合,开创了统一法律规范、统一执业标准、统一监督管理的行业发展新局面,为行业的规范发展奠定了良好的基础。③体制创新阶段(1998年—2004年)。注册会计师行业全面开展并完成了会计师事务所的脱钩改制工作,会计师事务所实现了与挂靠单位在"人事、财务、业务、名称"四个方面的彻底脱钩,改制成为以注册会计师为主体发起设立的自我约束、自我发展、自主经营、自担风险的真正意义上的市场中介组织。④国际发展阶段(2005年至今)。2010年10月31日,中国审计准则委员会审议通过修订后的新审计准则,2010年11月1日由财政部正式发布,定于2012年1月1日起施行。2017年、2019年中注协陆续对审计准则进行了修订,保持了与国际审计准则的趋同。2020年12月17日,中注协发布了《中国注册会计师职业道德守则(2020)》和《中国注册会计师协会非执业会员职业道德守则(2020)》,自2021年7月1日起施行。

二、审计的概念与分类

(一) 审计的概念

审计是指注册会计师对财务报表是否不存在重大错报提供合理保证,以积极方式提出意见,以增强除管理层之外的预期使用者对财务报表信赖的程度。

对审计的概念的理解要点如表1-1所示。

(二) 审计的分类

审计的分类,是指按照不同的标志,将审计分为各种不同的类型。随着审计的发展及其内容形式的变化,审计的种类也逐步复杂化。研究审计的分类,有利于完善审计理论体系,有利于顺利地进行审计工作。审计可按其主体、对象和客观条件进行分类。

表 1-1　　　　　　　　　　　　审计概念的理解要点

要点	具体内容
用户	财务报表的预期使用者。审计可以用来有效满足财务报表预期使用者的需求
目的	(1) 改善财务报表的质量或内涵,增强预期使用者对财务报表的信赖程度,即以合理保证的方式提高财务报表的质量 (2) 不涉及为如何利用信息提供建议
保证程度	(1) 合理保证。注册会计师将审计业务风险降至审计业务环境下可接受的低水平,以此作为以积极方式提出意见的基础。合理保证是一种高水平保证,当注册会计师获得充分适当的审计证据将审计风险降至可接受的低水平时,就获得了合理保证 (2) 由于审计存在固有限制,注册会计师据以得出结论和形成意见的大多数审计证据是说服性而非结论性的
基础	(1) 独立性。注册会计师应当独立于被审计单位和预期使用者 (2) 专业性
最终产品	审计报告。注册会计师针对财务报表是否在所有重大方面按照财务报表编制基础编制并实现公允反映发表审计意见,并以审计报告的形式予以传达

(1) 审计的基本分类。审计按其主体的性质不同,可以分为政府审计、内部审计和民间审计三类。审计按其内容和目的的不同,可以分为财务报表审计、合规审计和经营审计。

(2) 审计的其他分类。审计按其对象的接受程度不同,可以分为强制审计和任意审计。审计按其对象的记录载体不同,可以分为簿籍审计和电算化审计。审计按其实施时间的不同,可以分为事前审计、事中审计和事后审计。审计按其执行地点不同,可以分为就地审计和报送审计。审计按其范围不同,可以分为全部审计、部分审计和专项审计。

三、鉴证业务

(一) 鉴证业务的含义

鉴证业务是指注册会计师对鉴证对象信息提出结论,以增强除责任方之外的预期使用者对鉴证对象信息信任程度的业务。注册会计师对鉴证对象信息执行具有独立性和专业性的鉴证业务,出具鉴证报告,可以使鉴证对象信息的预期使用者提高对鉴证对象信息的信任程度。

(二) 鉴证业务的分类

(1) 鉴证业务按照保证程度不同,可以分为合理保证的鉴证业务与有限保证的鉴证业务。合理保证的鉴证业务是指注册会计师将鉴证业务风险降至该业务环境下可接受的低水平,以此作为以积极方式提出结论的基础,审计属于合理保证的鉴证业务。有限保证的鉴证业务是指注册会计师将鉴证业务风险降至该业务环境下可接受的水平,以此作为以消极方式提出结论的基础,审阅属于有限保证的鉴证业务。财务报表审计与审阅的区别如表1-2所示。

表 1-2　　　　　　　　　　　　财务报表审计与审阅的区别

项目	财务报表审计	财务报表审阅
保证程度	合理保证(高水平)	有限保证(低于审计业务水平)
特征	证据较多,检查风险较低,可信性较高	证据较少,检查风险较高,可信性较低

(续表)

项目	财务报表审计	财务报表审阅
取证程序	检查、观察、询问、函证、重新计算、重新执行、分析程序等	询问和分析程序
结论方式	积极方式：我们认为按照规定编制了报表，公允反映了情况	消极方式：我们没有注意到财务报表没有按照规定编制，未能公允反映情况

（2）鉴证业务按照预期使用者获取鉴证对象信息的方式不同，可以分为基于责任方认定的业务和直接报告业务。

（三）中国注册会计师鉴证业务要素

鉴证业务要素包括鉴证业务的三方关系、鉴证对象、标准、证据和鉴证报告五个方面。
鉴证业务要素的具体内容如表1-3所示。

表1-3　　　　　　　　　　鉴证业务要素的具体内容

要素	具体内容
鉴证业务的三方关系	（1）注册会计师。注册会计师是指取得注册会计师证书并在会计师事务所执业的人员，有时也指其所在的会计师事务所 （2）责任方。责任方通常是指对鉴证对象信息负责并可能同时对鉴证对象负责的组织或人员，即被审计单位的管理层 （3）预期使用者。预期使用者是指预期使用鉴证报告的组织或人员，通常包括股东、公司债权人、证券监管机构等
鉴证对象	在财务报表审计中，审计对象是历史的财务状况、经营业绩和现金流量；审计对象的载体是财务报表（包括相关附注）
标准	（1）在财务报表审计中，财务报告编制基础即标准。财务报告编制基础分为通用目的编制基础和特殊目的编制基础 （2）注册会计师基于自身的预期、判断和个人经验对鉴证对象进行的评价和计量，不构成适当的标准 （3）对于公开发布的标准，注册会计师通常无须对标准的适当性进行评价，只需评价该标准对具体业务的适用性
证据	（1）证据既包括支持和佐证管理层认定的信息，也包括与这些认定相矛盾的信息 （2）某些情况下，信息的缺乏（如管理层拒绝提供要求的书面声明）本身也构成审计证据
鉴证报告	在财务报表审计中，注册会计师应当针对财务报表在所有重大方面是否符合适当的财务报表编制基础，以书面报告的形式发表能够提供合理保证程度的意见

四、我国审计的组织形式

我国审计的组织形式主要有政府审计机关、内部审计机构以及民间审计组织。

（一）政府审计机关

政府审计机关是代表政府依法行使审计监督权的行政机关，它具有宪法赋予的独立性和权威性。审计机关根据工作需要，可以在重点地区、部门设立派出机构，进行审计监督。政府审计机关应按有关法律、法规规定的审计客体的范围，对各单位的有关事项进行审计监督。政府审计机关在审计过程中，有规定的监督检查权，对违反财经法规的被审计单位，可按有关规定进行处理。政府审计机关遵循合法性原则、独立性原则和强制性原则进行审计监督活动。

在经济监督体系中,与财政、税务、金融、工商行政管理等经济监督相比,政府审计是高层次的经济监督。

(二) 内部审计机构

内部审计是指由部门或单位内部相对独立的审计机构和审计人员对本部门或本单位的财政财务收支、经营管理活动及其经济效益进行审核和评价,查明其真实性、正确性、合法性、合规性和有效性,提出意见和建议的一种专职经济监督活动。其主要目的是通过审计加强风险管理、健全内部控制系统、查错防弊、改善经营管理和提高经济效益。

内部审计机构或者审计工作人员对本单位及本单位下属单位的规定事项进行审计监督。内部审计机构在审计过程中,具有履行职责所必需的权限,如资料检查权、建议权等。此外,内部审计机构所在单位可以在管理权限范围内,授予内部审计机构经济处理、处罚的权限。

(三) 民间审计组织

民间审计是商品经济发展到一定阶段的必然产物。只要商品经济中存在两权分离,存在不同利益的集团和阶层,民间审计就有存在和发展的必要。

民间审计的业务范围是根据审计法规和其他经济法规的规定而确定的,现阶段我国注册会计师执行的业务主要分为鉴证业务和相关服务业务两类。鉴证业务包括审计、审阅和其他鉴证业务。相关服务业务包括税务代理、代编财务信息、对财务信息执行商定程序等。

第二部分 练 习 题

一、单项选择题

1. 下列各项中,属于审计产生和发展的客观依据的是( )。
   A. 委托监督检查关系　　　　　　B. 制约控制关系
   C. 效益评价关系　　　　　　　　D. 受托经济责任关系

2. 注册会计师审计发展的过程中,审计报告使用人从股东、债权人扩大到整个社会公众是在( )。
   A. 详细审计阶段　　　　　　　　B. 资产负债表审计阶段
   C. 财务报表审计阶段　　　　　　D. 抽样审计阶段

3. 下列各项中,属于保证审计监督发挥作用的是审计组织的( )。
   A. 权威性　　　B. 独立性　　　C. 客观性　　　D. 合法性

4. 审计的属性是经济监督活动的( )。
   A. 权威性　　　B. 独立性　　　C. 客观性　　　D. 合法性

5. 审计产生于( )的需要。
   A. 纠错防弊　　　　　　　　　　B. 提供审计信息
   C. 公证　　　　　　　　　　　　D. 经济监督

6. 下列各项中,属于审计主体的是( )。
   A. 被审计单位　　　　　　　　　B. 被审计单位的财政财务活动
   C. 专职审计机构或人员　　　　　D. 有关的法规和审计标准

7. 下列各项中,属于审计客体的是( )。
   A. 被审计单位   B. 专职审计机构或人员
   C. 被审计单位的经济活动   D. 有关的法规和审计标准
8. 下列各项中,属于合规审计的是( )。
   A. 环境审计   B. 上市公司年度财务报表审计
   C. 经济效益审计   D. 财经法纪审计
9. 对被审计单位一定期间的财务收支及有关经济活动的各个方面及资料都进行审计的是( )。
   A. 财务审计   B. 全部审计   C. 内部审计   D. 专项审计
10. 下列各项中,属于只对某一特定项目所进行审计的是( )。
    A. 局部审计   B. 财经法纪审计
    C. 专项审计   D. 民间审计
11. 下列各项中,属于鉴证业务用户的是( )。
    A. 注册会计师   B. 预期使用者   C. 管理者   D. 债权人
12. 下列各项中,属于其他鉴证业务的是( )。
    A. 内部控制鉴证   B. 管理咨询   C. 审计业务   D. 审阅业务
13. 鉴证业务的基础是独立性和专业性,通常由具备专业胜任能力和独立性的( )来执行。
    A. 投资人   B. 债权人   C. 预期使用者   D. 注册会计师
14. 鉴证对象信息是按照( )对鉴证对象进行评价和计量的结果。
    A. 标准   B. 说明文件   C. 关键指标   D. 财务报表
15. 下列有关财务报表审计的说法中,错误的是( )。
    A. 审计的目的是增强管理层之外的预期使用者对财务报表的信赖程度
    B. 审计只提供合理保证,不提供绝对保证
    C. 审计不涉及为如何利用信息提供建议
    D. 审计的最终产品是审计报告和已审计财务报表
16. 下列有关审计业务和审阅业务的说法中,正确的是( )。
    A. 审计为预期使用者如何利用信息提供建议,以合理保证的方式提高财务报表的可信度
    B. 审阅的证据收集程序受到有意识的限制,主要采用询问和分析程序
    C. 审计存在固有限制,导致大多数审计证据是结论性而非说服性的
    D. 审阅属于有限保证的鉴证业务,检查风险较低,以消极方式提出结论

二、多项选择题
1. 从审计对象的演变过程看,下列各项中,属于注册会计师审计发展阶段的有( )。
   A. 19世纪中叶至20世纪初以详细审计为标志的英国式审计
   B. 20世纪的前30年以资产负债表为核心的美国式审计
   C. 20世纪30年代之后的财务报表审计
   D. 20世纪40年代之后以内部控制为中心的抽样审计

2. 下列审计类型中,属于按照目的和内容的不同分类的有( )。
   A. 经营审计	B. 合规审计
   C. 全面审计	D. 财务报表审计
3. 下列各项中,属于审计结果需要传达对象的可能有( )。
   A. 被审计单位	B. 审计委托人	C. 股东	D. 债权人
4. 财务报表审计的目标是注册会计师通过执行审计工作,对财务报表发表审计意见。下列各项中,属于意见内容的有( )。
   A. 财务报表是否按照适用的会计准则和相关会计制度的规定编制
   B. 财务报表是否按照适用的会计准则、会计法和相关会计制度的规定编制
   C. 财务报表是否在所有重大方面公允反映被审计单位的财务状况、经营成果和现金流量
   D. 财务报表是否在所有方面公允反映被审计单位的财务状况、经营成果和现金流量
5. 下列审计类型中,属于按照审计主体分类的有( )。
   A. 政府审计	B. 民间审计	C. 内部审计	D. 全部审计
6. 下列审计类型中,属于按照被审计单位经济业务发生时间先后分类的有( )。
   A. 事前审计	B. 定期审计	C. 事中审计	D. 事后审计
7. 下列审计类型中,属于按照其执行地点分类的有( )。
   A. 内部审计	B. 报送审计	C. 专项审计	D. 就地审计
8. 下列各项中,属于鉴证业务目标的有( )。
   A. 提供合理保证	B. 提供绝对保证
   C. 提供消极保证	D. 提供有限保证
9. 下列各项中,属于按照鉴证业务提供的保证程度和鉴证对象分类的有( )。
   A. 审计业务	B. 审阅业务	C. 其他鉴证业务	D. 企业管理咨询
10. 根据《中国注册会计师鉴证业务基本准则》的规定,下列各项中,属于鉴证业务要素的有( )。
    A. 鉴证业务的三方关系	B. 鉴证对象
    C. 标准	D. 证据
11. 下列各项中,属于鉴证业务的有( )。
    A. 财务报表审计	B. 对财务信息执行商定程序
    C. 财务报表审阅	D. 代编财务信息
12. 下列有关鉴证业务保证程度的说法中,正确的有( )。
    A. 审计提供合理保证,审阅和其他鉴证业务提供有限保证
    B. 合理保证是高水平的保证、有限保证是中等水平的保证
    C. 合理保证以积极方式得出结论,有限保证以消极方式得出结论
    D. 合理保证所需证据数量较多,有限保证所需证据数量较少
13. 下列有关注册会计师对政府审计和注册会计师审计的说法中,不恰当的有( )。
    A. 注册会计师审计是国家维护市场经济秩序的有力手段,其收费列入财政预算
    B. 政府审计是行政行为,注册会计师审计是市场行为

C. 注册会计师审计对被审计单位及相关单位均不具备行政强制力

D. 政府审计的对象是政府部门的财政收支,但不包括国有企业的财务收支

14. 下列各项中,构成审计证据的有（　　）。

A. 会计师事务所实施质量管理程序获取的信息

B. 被审计单位聘请的专家编制的信息

C. 管理层拒绝提供注册会计师要求的书面声明

D. 接受委托前前任注册会计师对询问作出的答复

三、判断题

1. 财产所有权和经营权分离是注册会计师审计产生的直接原因。（　　）
2. 经营审计的独立性要求比财务报表审计的独立性要求要高。（　　）
3. 注册会计师审计就是注册会计师接受委托对被审计单位的财务报表进行审计并发表审计意见。（　　）
4. 审计与企业财务会计的目的均是提高企业的经济效益。（　　）
5. 注册会计师审计的依据是财政部制定的会计准则。（　　）
6. 其他鉴证业务是指除历史财务信息审计和审阅业务以外的鉴证业务,如预测性财务信息审核、内部控制审核、风险管理鉴证、网誉认证等。（　　）
7. 鉴证业务的三方关系人是指注册会计师、责任方和预期使用者。（　　）
8. 标准可以是正式的规定,也可以是某些非正式的规定。（　　）
9. 合理保证的鉴证业务的目标是注册会计师将鉴证业务风险降至该业务环境下可接受的低水平,以此作为以积极方式提出结论基础。（　　）
10. 会计咨询、会计服务与审计业务的不同点之一是前者不需要出具报告。（　　）

第三部分　参考答案

一、单项选择题

1	2	3	4	5	6	7	8	9	10
D	C	A	B	D	C	A	D	B	C
11	12	13	14	15	16				
B	A	D	A	D	B				

重难点解析：

1. 审计是基于经济监督的客观需要而产生的,受托经济责任关系的建立是审计产生的前提条件,也是审计产生的客观基础。

2. 财务报表审计阶段注册会计师审计的主要特点：①审计对象转为企业的全部财务报表及相关资料。②审计的主要目的在于对财务报表发表审计意见。③审计范围扩大到测试相关的内部控制制度。④抽样审计和计算机辅助审计技术逐渐被运用。⑤审计报告的使用

人进一步扩大,包括股东、债权人、潜在的投资者、证券交易机构、政府及社会公众。⑥注册会计师审计准则体系不断建立和完善。⑦注册会计师资格考试和认证制度逐步推行。

3. 审计监督的权威性是审计组织的工作过程具有法律保障,且审计结果具有法律效力的特征。

4. 审计的独立性是本质特征,是工作顺利进行的必要条件。

5. 经济监督职能是审计最基本的职能。

6. 审计主体是指具有并行使审计权的组织机构和专职人员;审计的客体是被审计单位;审计的对象是指被审计单位的财政、财务收支及有关的经济活动。

7. 审计主体是指具有并行使审计权的组织机构和专职人员;审计的客体是被审计单位;审计的对象是指被审计单位的财政、财务收支及有关的经济活动。

8. 合规审计,是为查明和确定被审计单位财务活动或经营活动是否符合有关法律、法规、规章制度、合同、协议和有关控制标准而进行的审计。例如,由注册会计师或税务审核人员就企业所得税结算申报书是否遵从税法的规定申报而进行的审计。我国开展的财经法纪审计,如对严重违反国家现金管理规定、银行结算规定、成本开支范围规定、税法规定等行为所进行的审计,也是一种合规审计。

9. 全部审计是指审计组织对被审计单位在审计期内的全部经营活动及其经济资料所进行的审计。

10. 专项审计是指对被审计单位特定项目进行的审计,如对被审计单位应付职工薪酬的审计等。

11. 鉴证业务的用户是"预期使用者",即鉴证业务可以用来有效地满足预期使用者的需求。

12. 其他鉴证业务通常包括内部控制鉴证、预测性财务信息审核、系统鉴证等。

13. 鉴证业务的基础是独立性和专业性,通常由具备专业胜任能力和独立性的注册会计师来执行,注册会计师应当独立于责任方和预期使用者。

14. 标准是指用于评价或计量鉴证对象的基准,注册会计师应当合理运用其职业判断,以评价各项标准是否适当、是否适用于具体的鉴证业务。

15. 审计的最终产品是审计报告,不包括已审计财务报表,这是由于编制财务报表是被审计单位管理层的责任,注册会计师不能"越俎代庖",将财务报表列入审计工作的产品,选项D错误。

16. 选项A,审计不涉及为预期使用者如何利用信息提供建议。选项C,大多数审计证据是说服性而非结论性的。选项D,审阅属于有限保证的鉴证业务,检查风险较高。

二、多项选择题

1	2	3	4	5	6	7	8	9	10
ABC	ABD	ABCD	AC	ABC	ACD	BD	AD	ABC	ABCD
11	12	13	14						
AC	CD	AD	ABCD						

第一章 审计学概述

重难点解析：

1. 从审计对象的演变过程来看，注册会计师审计可以分为会计账目审计、资产负债表审计和财务报表审计三个阶段。①会计账目审计阶段大致是从19世纪中叶至20世纪初，其中，英国审计模式占据主导地位。②资产负债表审计阶段大致是从20世纪初至20世纪30年代，在此期间，全球经济发展中心由欧洲转向美国。③财务报表审计阶段大致是从20世纪30年代至今。分别对应选项ABC。

2. 审计按其内容和目的不同，可以分为财务报表审计、合规审计和经营审计。对应选项ABD。

3. 审计结果需要传达给预期使用者，预期使用者包括管理者、投资者、债权人、股东、审计委托人、政府及有关机构等。

4. 财务报表审计的目标是注册会计师通过执行审计工作，对财务报表的下列方面发表审计意见：①财务报表是否按照适用的会计准则和相关会计制度的规定编制。对应选项A。②财务报表是否在所有重大方面公允反映被审计单位的财务状况、经营成果和现金流量。对应选项C。

5. 审计按其主体的性质不同，可以分为政府审计、民间审计和内部审计三类。分别对应选项ABC。

6. 审计按照被审计单位经济业务发生时间先后进行审计，可分为事前审计、事中审计和事后审计三类。分别对应选项ACD。

7. 审计按其执行地点分类，可以分为报送审计和就地审计两类。分别对应选项BD。

8. 鉴证业务按照保证程度不同，可以分为合理保证的鉴证业务与有限保证的鉴证业务。分别对应选项AD。

9. 鉴证业务按照提供的保证程度和鉴证对象的不同分为审计业务、审阅业务、其他鉴证业务。分别对应选项ABC。选项D，企业管理咨询属于非鉴证业务。

10. 鉴证业务要素包括鉴证业务的三方关系、鉴证对象、标准、证据和鉴证报告五个方面。前四项分别对应选项ABCD。

11. 代编财务信息和对财务信息执行商定程序属于相关服务，不属于鉴证业务。

12. 选项A，审计属于合理保证的鉴证业务，审阅属于有限保证的鉴证业务，其他鉴证业务可能是合理保证的鉴证业务，也可能是有限保证的鉴证业务。选项B，合理保证是高水平的保证，有限保证是低于高水平的保证。

13. 选项A，注册会计师审计本质上是市场化的行为，收费是与审计客户协商确定的，而非由财政预算保障。选项D，政府审计的对象也包括国有企业的财务收支。

14. 审计证据主要在审计过程中通过实施审计程序获取，包括：①来自内部或外部的信息，如专家编制的信息。对应选项B。接受委托前任注册会计师对询问作出的答复。对应选项D。②以前审计中获取的信息。③接受与保持客户或业务时实施质量管理程序获取的信息。对应选项A。④既包括支持和佐证管理层认定的信息，也包括与这些认定相矛盾的信息。⑤某些情况下，信息的缺乏（如管理层拒绝提供要求的书面声明）本身也构成审计证据。对应选项C。

三、判断题

1	2	3	4	5	6	7	8	9	10
√	×	×	×	×	√	√	√	√	√

重难点解析：

2. 经营审计是为了评价某个组织的经济活动在业务、经营、管理方面的业绩，找出改进的机会并提出改善的建议，而对一个组织的全部或部分业务程序与方法进行的检查。经营审计的独立性要求不像财务报表审计那么严格，经营审计的用户通常为被审计单位，而且经营审计报告很少被第三方所利用。

3. 注册会计师审计又称民间审计，是依法成立的民间审计组织接受委托，对被审计单位的财务收支及其经济活动的真实性、合法性、效益性，依法独立进行审计查证和咨询服务的活动。

4. 就我国审计工作而言，当前的主要目的是严肃财经法纪，提高经济效益，加强宏观控制和管理，保障社会主义现代化建设的顺利进行。其目的主要是通过审查被审单位财政财务收支及其经济活动的真实性、合法性和效益性，评价、证明、确定和监督其是否履行经济责任，并达到纠正错误、严防舞弊、加强控制、提高效益的审计目的。

5. 审计依据是指查明审计客体的行为规范，是据以作出审计结论、提出处理意见和建议的客观尺度。审计依据包括国家制定的法律、法规、条例、政策、制度；地方政府、上级主管部门颁发的规章制度和下达的通知、指示文件等；涉外被审事项，所引国际惯例的条约等；被审单位制定的经营方针、任务目标、计划预算、各种定额、经济合同、各项指标和各项规章制度等。

第二章 注册会计师职业规范与法律责任

第一部分 内容概要

一、会计师事务所

（一）会计师事务所的组织形式

会计师事务所是注册会计师依法承办业务的机构，实行自收自支、独立核算、依法纳税，它是注册会计师的工作机构。纵观世界各国，会计师事务所的组织形式主要有独资、普通合伙、有限责任、特殊普通合伙四种。根据《中华人民共和国注册会计师法》（以下简称《注册会计师法》）的规定，我国不准个人设立独资会计师事务所，只允许设立有限责任会计师事务所和合伙会计师事务所两种形式。会计师事务所必须具备一定条件并经过行业主管机关或注册会计师协会的批准登记才能设立。

（二）我国会计师事务所设立的条件

按照国际惯例，会计师事务所的执业登记都由注册会计师行业主管机构统一负责。会计师事务所必须经过行业主管机关或注册会计师协会的批准登记并由注册会计师协会予以公告。独资会计师事务所和普通合伙会计师事务所经过这个程序即可开业，申请成立有限责任会计师事务所一般还应当进行公司登记。根据《注册会计师法》的规定，我国注册会计师允许设立有限责任会计师事务所和合伙会计师事务所两种形式。

（三）注册会计师的业务范围

注册会计师的业务范围如表2-1所示。

表2-1　　　　　　　　　　注册会计师的业务范围

业务范围	具体内容
审计业务	审计业务包括审查企业财务报表，出具审计报告；办理企业合并、分立、清算事宜中的审计业务，出具有关报告；办理法律、行政法规规定的其他审计业务，出具相应的审计报告等
审阅业务	审阅业务是指注册会计师执行历史财务信息审阅业务，如财务报表审阅等
其他鉴证业务	其他鉴证业务是指除历史财务信息审计和审阅业务之外的鉴证业务。其他鉴证业务通常包括内部控制鉴证、预测性财务信息审核、系统鉴证等
相关服务	相关服务是指注册会计师执行除鉴证业务外的其他相关服务业务，包括对财务信息执行商定程序、代编财务信息、税务服务、管理咨询和会计服务等

二、注册会计师职业规范体系

注册会计师职业规范体系包括执业准则、职业道德规范、质量控制准则和后续教育准则，这四个组成部分相辅相成，共同构成了注册会计师职业规范体系。

执业准则由中国注册会计师协会负责拟定,主要规范注册会计师的技术行为,是注册会计师从事审计工作时必须遵循的行为规范,是衡量审计工作质量的准绳。职业道德规范主要是规范注册会计师的职业道德行为。质量控制准则主要是规范会计师事务所的质量控制行为。后续教育准则主要是规范会计师的职业后续教育活动,目的在于巩固和提高注册会计师的专业胜任能力。

执业准则从技术角度对注册会计师的行为提出要求;职业道德规范从社会角度对注册会计师的行为提出要求;质量控制准则是针对会计师事务所整体提出的质量控制要求;后续教育准则是针对注册会计师整个职业生涯所提出的教育要求。

(一)执业准则

中国注册会计师执业准则体系受注册会计师职业道德守则统御,包括注册会计师业务准则和会计师事务所质量控制准则,如图 2-1 所示。注册会计师业务准则包括鉴证业务准则和相关服务准则,如图 2-2 所示。

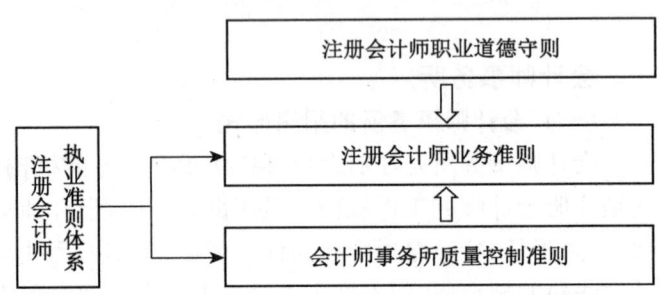

图 2-1 注册会计师执业准则体系

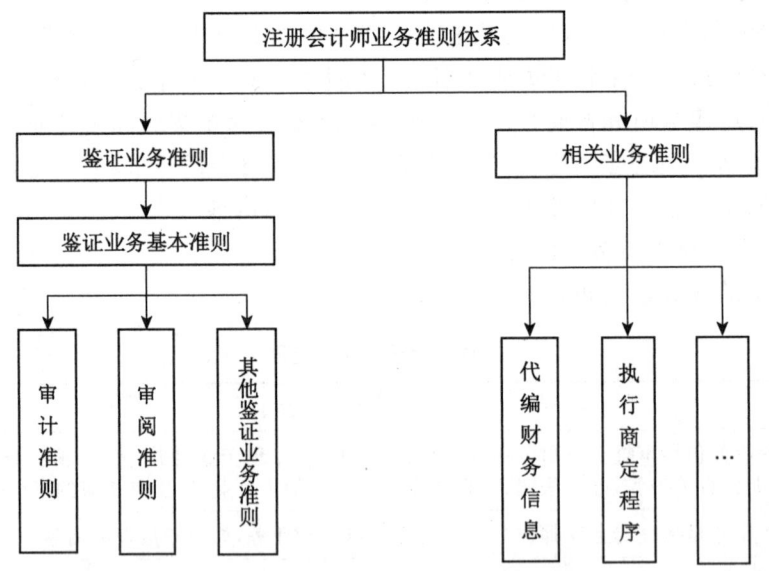

图 2-2 注册会计师业务准则体系

(二)职业道德规范

《中国注册会计师职业道德守则》规定了职业道德基本原则和职业道德概念框架。

职业道德基本原则包括诚信、独立性、客观和公正、专业胜任能力和应有的关注、保密以及良好职业行为。注册会计师在遵循基本原则的过程中如果受到自身利益、自我评价、过度推介等不利因素的影响,应采取各种措施消除不利影响或将不利影响降至可接受的水平。

职业道德概念框架是指解决职业道德问题的思路和方法,用以指导注册会计师识别对职业道德基本原则的不利影响,评价不利影响的严重程度,必要时采取防范措施消除不利影响或将其降至可接受的水平。注册会计师在执业过程中,应当遵守职业道德基本原则,并能运用职业道德概念框架解决职业道德问题,更好地为社会公众服务。

1. 注册会计师职业道德的基本原则

注册会计师职业道德的基本原则如表2-2所示。

表2-2　　　　　　　　　　　　注册会计师职业道德的基本原则

基本原则	主要内容
诚信	诚信原则要求注册会计师应当在所有的职业关系和商业关系中保持正直和诚实,秉公处事、实事求是
独立性	注册会计师执行鉴证业务时,应当从实质上和形式上保持独立性,不得因任何利害关系影响其客观性。会计师事务所在承办鉴证业务时,应当从整体层面和具体业务层面采取措施,以保持会计师事务所和项目组的独立性
客观和公正	客观和公正原则要求注册会计师应当公正处事、实事求是,不得由于偏见、利益冲突或他人的不当影响而损害自己的职业判断
专业胜任能力和应有的关注	(1) 专业胜任能力可分为专业胜任能力的获取和专业胜任能力的保持两个阶段。注册会计师应当持续了解和掌握相关的专业技术和业务的发展,以保持专业胜任能力,使其能够胜任特定业务环境中的工作 (2) 应有的关注要求注册会计师遵守执业准则和职业道德规范要求,勤勉尽责,按照有关工作要求,认真、全面、及时地完成工作任务
保密	保密原则要求注册会计师应当对在职业活动中获知的信息予以保密,不得未经客户授权或法律法规允许,向会计师事务所以外的第三方披露其所获知的涉密信息,不得利用所获知的涉密信息为自己或第三方谋取利益
良好的职业行为	良好的职业行为要求注册会计师应当遵守相关法律法规,避免发生任何损害职业声誉的行为,不得对其能够提供的服务、拥有的资质以及积累的经验进行夸大宣传,不得对其他注册会计师的工作进行贬低或无根据的比较

2. 可能对职业道德基本原则产生不利影响的因素

可能对职业道德基本原则产生不利影响的因素如表2-3所示。

表2-3　　　　　　　　　可能对职业道德基本原则产生不利影响的因素

因素	具体内容
自身利益	(1) 鉴证业务项目组成员在鉴证客户中拥有直接经济利益 (2) 会计师事务所过分依赖向某一客户的收费 (3) 鉴证业务项目组成员与鉴证客户存在重要且密切的商业关系 (4) 会计师事务所与客户就鉴证业务达成或有收费的协议

(续表)

因素	具体内容
自我评价	(1) 会计师事务所在对客户提供财务系统的设计或操作服务后,又对系统的运行有效性出具鉴证报告 (2) 会计师事务所为客户编制原始数据,这些数据构成鉴证业务的对象 (3) 鉴证业务项目组成员担任或最近曾经担任客户的董事或高级管理人员 (4) 鉴证业务项目组成员现在受雇于或最近曾受雇于客户,且所处职位能够对鉴证对象施加重大影响
过度推介	(1) 会计师事务所推介审计客户的股份 (2) 在审计客户与第三方发生诉讼或纠纷时,注册会计师担任该客户的辩护人
密切关系	(1) 项目组成员的近亲属担任客户的董事或高级管理人员 (2) 项目组成员的近亲属是客户的员工,其所处的职位能够对业务对象施加重大影响 (3) 注册会计师接受客户的礼品或款待
外在压力	(1) 会计师事务所受到客户解除业务关系的威胁 (2) 审计客户表示,如果会计师事务所不同意其对某项交易的会计处理,审计客户将不再委托其承办协议中的非鉴证业务 (3) 客户威胁将起诉会计师事务所 (4) 会计师事务所受到降低收费的影响而不恰当地缩小工作范围 (5) 会计师事务所合伙人告知注册会计师,除非同意审计客户不恰当的会计处理,否则将影响晋升

3. 应对不利影响的防范措施

在具体工作中,应对不利影响的防范措施包括会计师事务所层面和具体业务层面的防范措施。

(1) 会计师事务所层面的防范措施包括:①会计师事务所领导层强调遵循职业道德基本原则的重要性。②会计师事务所领导层强调鉴证业务项目组成员应当维护公众利益。③制定有关政策和程序,实施项目质量控制,监督业务质量。④制定有关政策和程序,识别会计师事务所或项目组成员与客户之间的利益或关系。⑤制定有关政策和程序,监控对某一客户收费的依赖程度。⑥向鉴证客户提供非鉴证服务时,指派鉴证业务项目组以外的其他合伙人和项目组,并确保鉴证业务项目组和非鉴证业务项目组分别向各自的业务主管报告工作。⑦指定高级管理人员负责监督会计师事务所质量控制系统是否有效运行。⑧向合伙人和专业人员提供鉴证客户及其关联实体的名单,并要求合伙人和专业人员与之保持独立。⑨建立惩戒机制,保障相关政策和程序得到遵守。

(2) 具体业务层面的防范措施包括:①由未涉及非鉴证服务的注册会计师复核已执行的非鉴证工作,或在必要时提供建议。②由鉴证业务项目以外的注册会计师复核已执行的鉴证工作,或在必要时提供建议。③向客户审计委员会、监管机构或注册会计师协会咨询。④与客户治理层讨论有关职业道德问题。⑤向客户治理层说明提供服务的性质和收费的范围。⑥请其他会计师事务所执行或重新执行部分业务。⑦轮换鉴证业务项目组合伙人和高级员工。

(三) 质量控制准则

执业质量是会计师事务所的生命线,是注册会计师行业维护社会公众利益的专业基础。

会计师事务所质量控制准则旨在规范会计师事务所建立并保持有关财务报表审计和审阅、其他鉴证和相关服务业务的质量控制制度。

(四) 后续教育准则

后续教育是指注册会计师为保持和提高其专业胜任能力与执业水平,掌握和运用相关新知识、新技能、新法规所进行的学习与研究。其主要内容包括:会计准则及国家其他有关财务会计法规、独立审计准则及其他职业规范、与执业相关的其他法规、执业所需的其他知识与技能等。

三、注册会计师法律责任

(一) 财务报表审计责任

在财务报表审计中,被审计单位管理层和治理层与注册会计师承担着不同的责任,不能互相混淆和替代。被审计单位管理层和治理层与注册会计师的责任如表2-4所示。

表2-4　　　　　　　被审计单位管理层和治理层与注册会计师的责任

分类	具体内容
被审计单位管理层和治理层的责任	被审计单位管理层的责任是在治理层的监督下,按照适用的会计准则和相关会计制度的规定编制财务报表 管理层对编制财务报表的具体责任包括:①选择适用的会计准则和相关会计制度。②选择和运用恰当的会计政策。③根据企业的具体情况,作出合理的会计估计
注册会计师的责任	按照中国注册会计师审计准则的规定对财务报表发表审计意见是注册会计师的责任 注册会计师应当遵守职业道德规范,按照审计准则的规定计划和实施审计工作,获取充分、适当的审计证据,并根据获取的审计证据得出合理的审计结论,发表恰当的审计意见。注册会计师通过签署审计报告确认其责任

(二) 对注册会计师法律责任的认定

(1) 违约。违约是指合同的一方或多方未能履行合同条款规定的义务。当注册会计师违约给他人造成损失时,应负违约责任。例如,在商定的期间内未能提交纳税申报表,或违反了与客户订立的保密协议等。

(2) 过失。过失是指在一定条件下,没有保持应有的职业谨慎。评价注册会计师的过失,是以其他合格注册会计师在相同条件下可做到的谨慎为标准的。当注册会计师过失给他人造成损失时,应负过失责任。

(3) 欺诈。欺诈又称舞弊,是以欺骗或坑害他人为目的的一种故意的错误行为。对于注册会计师而言,欺诈就是为了达到欺骗他人的目的,明知委托单位的财务报表有重大错报,却加以虚伪地陈述,出具无保留意见的审计报告。

(三) 注册会计师承担法律责任的种类

注册会计师因违约、过失或欺诈给被审计单位或其他利害关系人造成损失的,按照有关法律规定,可能被判承担行政责任、民事责任或刑事责任。

(1) 行政责任。行政处罚对注册会计师个人来说,包括警告、暂停执业、吊销注册会计师证书;对会计师事务所而言,包括警告、没收违法所得、罚款、暂停执业、撤销等。

(2) 民事责任。民事责任主要是指赔偿受害人损失。

(3) 刑事责任。刑事责任是指触犯刑法所必须承担的法律后果。

这三种责任可单处,也可并处。一般来说,违约和过失可能使注册会计师承担行政责任和民事责任,欺诈可能使注册会计师承担民事责任和刑事责任。

(四) 注册会计师避免法律诉讼的具体措施

注册会计师避免法律诉讼的具体措施包括:①严格遵循职业道德守则和执业准则的要求。②建立健全会计师事务所质量控制制度。③与委托人签订业务约定书。④审慎选择客户。⑤深入了解被审计单位的业务。⑥提取风险基金或购买责任保险。⑦聘请熟悉注册会计师法律责任的律师。⑧按规定妥善保管审计工作底稿。

第二部分 练 习 题

一、单项选择题

1. 下列各项中,不属于《中华人民共和国注册会计师法》规定的会计师事务所的组织形式的是( )。
   A. 独资   B. 普通合伙
   C. 有限责任   D. 特殊普通合伙

2. 下列注册会计师事务所从事的业务中,不属于审计等鉴证业务的是( )。
   A. 验资   B. 税务咨询
   C. 财务报表审计   D. 内部控制审核

3. 鉴证业务准则由鉴证业务基本准则统领,按照鉴证业务提供的保证程度和鉴证对象的不同,下列各项中,不应包括的是( )。
   A. 中国注册会计师审计准则   B. 中国注册会计师其他鉴证业务准则
   C. 中国注册会计师审阅准则   D. 相关服务准则

4. 对于会计师事务所与委托单位之间的业务委托关系,应实行的原则是( )。
   A. 公平原则   B. 客观原则
   C. 双向自愿选择原则   D. 有关单位规定原则

5. 注册会计师担任某审计业务的项目负责人,如果在执业过程中,发现自己无法胜任,则应要求其所在的会计师事务所( )。
   A. 聘请相关专家   B. 改派其他注册会计师
   C. 终止该审计业务约定   D. 出具无法表示意见审计报告

6. 下列各项中,不属于会计师事务所业务质量控制要素的是( )。
   A. 对业务质量承担的领导责任   B. 职业道德规范与人力资源
   C. 客户关系和具体业务的接受与保持   D. 审计报告规范要求

7. 注册会计师未能查出财务报表中重大错报、漏报。下列法律责任中,法院一般会认为注册会计师可能承担的是( )。
   A. 一般过失   B. 重大过失
   C. 一般过失或重大过失   D. 欺诈

8. 注册会计师因违约、过失或欺诈给被审计单位或其他利害关系人造成损失的,按照有关法律和规定,可能被判负行政责任、民事责任或刑事责任。下列各项中,不属于对注册会计师个人的行政处罚的是(　　)。
   A. 没收违法所得　　　　　　　　B. 警告
   C. 暂停执业　　　　　　　　　　D. 吊销注册会计师证书
9. 下列各项中,属于注册会计师因违约和过失可能承担的责任是(　　)。
   A. 民事责任　　　　　　　　　　B. 行政责任和刑事责任
   C. 民事责任和行政责任　　　　　D. 民事责任和刑事责任
10. 对于注册会计师的欺诈行为,下列法律责任中,法院可以判注册会计师承担的是(　　)。
    A. 行政责任和刑事责任　　　　　B. 民事责任和刑事责任
    C. 刑事责任　　　　　　　　　　D. 民事责任
11. 自身利益属于可能对职业道德基本原则产生不利影响的重要因素。下列各项中,属于自身利益导致不利影响的情形是(　　)。
    A. 会计师事务所为客户编制原始数据,这些数据构成鉴证业务的对象
    B. 项目组成员的近亲属担任客户的董事或高级管理人员
    C. 会计师事务所受到降低收费的影响而不恰当地缩小工作范围
    D. 会计师事务所与客户就鉴证业务达成或有收费的协议
12. 自我评价属于可能对职业道德基本原则产生不利影响的重要因素。下列各项中,属于自我评价导致不利影响的情形是(　　)。
    A. 鉴证业务项目组成员正在与鉴证客户协商受雇于该客户
    B. 会计师事务所为鉴证客户提供直接影响鉴证对象信息的其他服务
    C. 会计师事务所推介审计客户的股份
    D. 会计师事务所的合伙人或高级员工与鉴证客户存在长期业务关系
13. 外在压力属于可能对职业道德基本原则产生不利影响的重要因素。下列各项中,属于外在压力导致不利影响的情形是(　　)。
    A. 客户暗示,如果会计师事务所针对财务报表发表否定意见,则下年不再续约
    B. 注册会计师接受客户的礼品或款待
    C. 注册会计师向客户表示,如果不对财务报表进行调整,则在客户与第三方发生诉讼或纠纷时不再担任客户的辩护人
    D. 项目组成员目前受雇于客户,所处职位能够对鉴证对象施加重大影响
14. 下列关于注册会计师专业胜任能力和应有的关注的说法中,不恰当的是(　　)。
    A. 注册会计师应当通过教育、培训和执业实践获取和保持专业胜任能力
    B. 在应用专业知识和技能时注册会计师无须运用职业判断
    C. 注册会计师应当采取适当措施确保在其领导下工作的人员得到应有的培训和监督
    D. 注册会计师在必要时应当使客户以及业务报告的其他使用者了解专业服务的固有局限性
15. 下列关于注册会计师应保持应有的关注的说法中,不恰当的是(　　)。
    A. 应有的关注要求会员勤勉尽责执业

B. 应有的关注要求会员保持职业怀疑态度,运用专业知识、技能和经验,获取和评价审计证据

C. 应有的关注要求会员查出被审计单位财务报表的所有舞弊

D. 应有的关注要求会员采取措施以确保在其授权下工作的人员得到适当的培训和督导

16. 下列关于注册会计师过失的说法中,不正确的是(　　)。

 A. 过失是指在一定条件下,缺少应具有的合理的谨慎

 B. 普通过失是指注册会计师没有完全遵循专业准则的要求

 C. 重大过失是指注册会计师根本没有遵循专业准则或没有按专业准则的基本要求执行审计

 D. 注册会计师一旦出现过失就要赔偿损失

17. 下列各项中,不属于注册会计师减少过失和防止欺诈的基本要求的是(　　)。

 A. 强化执业监督   B. 保持执业谨慎
 C. 签订业务约定书   D. 增强执业独立性

18. 注册会计师未能遵循审计准则的要求执行审计业务属于(　　)。

 A. 错误   B. 责任
 C. 欺诈   D. 过失

二、多项选择题

1. 下列各项中,包括在中国注册会计师业务准则体系内的有(　　)。

 A. 鉴证业务准则   B. 相关服务准则
 C. 职业道德规范   D. 质量控制准则

2. 会计师事务所应当建立并保持质量控制制度,下列各项中,属于质量控制制度的要素的有(　　)。

 A. 对业务质量承担的领导责任   B. 客户关系和具体业务的接受与保持
 C. 相关职业道德要求   D. 人力资源

3. 下列各项中,属于我国法定的会计师事务所的组织形式的有(　　)。

 A. 个人独资   B. 有限责任制
 C. 合伙制   D. 股份有限公司制

4. 下列各项中,属于中国注册会计师协会会员职业道德守则规定的独立性的有(　　)。

 A. 精神上的独立性   B. 形式上的独立性
 C. 实质上的独立性   D. 经济上的独立性

5. 下列各项中,属于专业胜任能力的两个独立的阶段的有(　　)。

 A. 专业胜任能力的获取   B. 后续教育
 C. 专业胜任能力的保持   D. 职业教育

6. 下列各项中,属于注册会计师避免法律诉讼的对策有(　　)。

 A. 建立职业风险基金   B. 审慎选择被审计单位
 C. 出具管理建议书   D. 深入了解被审计单位业务

7. 下列各项中,注册会计师可能因此导致承担法律责任的有(   )。
    A. 重大过失   B. 欺诈   C. 行政责任   D. 违约
8. 下列各项中,属于会计师事务所的业务范围的有(   )。
    A. 司法业务   B. 审计业务
    C. 审计培训业务   D. 会计咨询业务
9. 为减少过失或防止欺诈,下列各项中,属于注册会计师应达到的基本要求的有(   )。
    A. 增强执业独立性   B. 保持职业谨慎
    C. 强化执业监督   D. 与委托人签订业务约定书
10. 下列各项中,属于会计师事务所的具体审计业务的有(   )。
    A. 审查会计账目、财务报表和其他财务资料并出具审计报告
    B. 验证企业的投入资本并出具验资报告
    C. 参与办理企业解散、破产的清算事项
    D. 参与调解经济纠纷并协助案件证据鉴别
11. 下列各项中,属于会计师事务所的会计咨询业务的有(   )。
    A. 设计财务制度   B. 代理纳税申报
    C. 代办申请注册登记   D. 培训财会人员
12. 下列各项中,属于注册会计师因违反工作规则造成不良后果可能会受到的处分有(   )。
    A. 吊销注册会计师证书 B. 警告
    C. 罚款   D. 暂停执行业务
13. 下列各项中,属于注册会计师职业道德的基本要求的有(   )。
    A. 独立原则   B. 权威原则
    C. 客观原则   D. 公正原则
14. 下列各项中,属于注册会计师的法律责任的种类有(   )。
    A. 违约责任   B. 刑事责任
    C. 民事责任   D. 行政责任
15. 下列各项中,属于注册会计师所负过失责任按其程度不同进行分类的有(   )。
    A. 轻微过失   B. 欺诈
    C. 一般过失   D. 重大过失
16. 下列各项中,属于我国会计师事务所和注册会计师可能承担的行政责任有(   )。
    A. 支付违约金   B. 暂停执业   C. 警告   D. 支付罚金

三、判断题

1. 中国注册会计师执业准则体系包括鉴证业务准则、相关服务准则和会计师事务所质量控制准则。(   )
2. 鉴证业务准则由鉴证业务基本准则统领,按照鉴证业务提供的保证程度和鉴证对象的不同,分为中国注册会计师审计准则、中国注册会计师审阅准则和中国注册会计师其他鉴证业务准则。其中,鉴证业务准则是整个执业准则体系的核心。(   )

3. 审计准则用以规范注册会计师执行历史财务信息的审计业务。在提供审计服务时,注册会计师对所审计信息是否不存在重大错报提供合理保证,并以积极方式提出结论。
(   )

4. 一般而言,如果注册会计师发生违约或过失行为,可能要负行政责任或民事责任;如发生欺诈行为,则可能要承担民事责任或刑事责任。(   )

5. 注册会计师可以根据需要配备相应的业务助理人员和聘请专家协助工作,但应对其工作结果负责。(   )

6. 中国注册会计师执业准则体系中的相关服务准则分别从业务约定书,计划、程序与记录,报告等方面对注册会计师执行商定程序和代编财务信息业务进行了规范。在提供相关服务时,注册会计师不提供任何程度的保证。(   )

7. 注册会计师业务准则是用以规范会计师事务所在执行各类业务时应当遵守的质量控制政策和程序,是对注册会计师质量控制提出的制度要求。(   )

8. 会计师事务所到外地承办业务,须经当地财政部门批准。(   )

9. 审计质量合格与否的衡量标准是注册会计师执业准则。(   )

10. 审计质量控制准则是针对每个审计项目而制定的,是每个注册会计师及其助理人员都应遵守的标准。(   )

11. 会计师事务所在从事鉴证业务时,除有关法规允许的情形外,不得以服务成果的大小为条件来决定收费标准的高低。(   )

12. 注册会计师应当履行保密责任,不应当接受注册会计师协会的调查。(   )

13. 注册会计师职业道德是指注册会计师职业品德、职业纪律及职业责任等的总称。(   )

14. 客观性原则和公正性原则适用于注册会计师提供的各种专业服务,而不仅仅局限于鉴证业务。(   )

15. 保密原则要求注册会计师对在执业过程中获知的信息保密有法定的或专业的披露权利及义务,在未经正当或特别授权的情况下,注册会计师不得使用或披露任何类似信息。保密原则在注册会计师与客户的关系终止后仍应继续。(   )

16. 会计师事务所的一般管理人员或员工可以担任鉴证客户的董事(包括独立董事)、经理及其他关键管理职务,但会计师事务所的高级管理人员不得担任鉴证客户的董事(包括独立董事)、经理及其他关键管理职务。(   )

17. 过失是指注册会计师的过错或失误。(   )

18. 注册会计师的审计意见应保证被审计单位财务报表的可靠性,以利于财务报表使用人作出正确的决策。(   )

19. 尽管不能发现被审计单位财务报表中存在的全部错误、舞弊和违反法律法规的行为,注册会计师仍然有责任发现财务报表中的重大错误、舞弊和对财务报表有直接影响的重大违反法律法规行为。(   )

20. 注册会计师过失程度的大小没有特别严格的界定,在实务中也很难界定。(   )

21. 被审计单位治理层与管理层的责任与注册会计师审计责任的内容是完全相同的。(   )

22. 对财务报表有直接和重大影响的违反法律法规行为,注册会计师在设计和实施审计程序以及评价和报告审计结果时,应当给予充分关注。（ ）
23. 我国现行法律规定,会计师事务所和注册会计师如工作失误或者犯有欺诈行为,应对委托人或依赖审定财务报表的第三人承担法律责任。（ ）

四、实务分析题

1. 王某是一名注册会计师,为了扩展业务,他采用了以下几种途径:

(1) 王某想和别人合伙成立一家事务所,取名"AAA",这样在电话黄页上可以被放在第一位的醒目位置,从而达到广告效果。

(2) 王某以前和他的同事审计过许多国有企业。他计划与其他注册会计师联系,请他们帮忙介绍更多这种类型的工作。他打算付给每个介绍人 5 000 元人民币的介绍费。

(3) 王某精通税法。他有许多朋友都自己编制所得税申报单。他向他们提议,在向税务局申报以前,他先为他们进行复核,如果通过他的复核能够为他们找到合法的避税机会,省下来税款的 1/3 作为他的收入,如果他找不到,则他不收取费用。

要求:指出王某的行为是否违反了注册会计师职业道德规范,并说明其原因。

2. 甲银行拟公开发行股票,委托 ABC 会计师事务所审计其 2019 年度、2020 年度和 2021 年度的财务报表。双方于 2021 年年底签订审计业务约定书。

假定 ABC 会计师事务所及其审计小组成员与该银行存在以下情况:

(1) ABC 会计师事务所与该银行签订的审计业务约定书约定:审计费用为 1 500 000 元,该银行在 ABC 会计师事务所提交审计报告时支付 50％的审计费用,剩余 50％视股票能否上市决定是否支付。

(2) 2020 年 7 月,ABC 会计师事务所按照正常借款条件和程序,向该银行以抵押贷款方式借款 10 000 000 元,用于购置办公用房。

(3) ABC 会计师事务所的合伙人 A 注册会计师目前担任该银行的独立董事。

(4) 审计小组成员 C 注册会计师自 2020 年以来一直协助该银行编制财务报表。

(5) 审计小组成员 D 注册会计师的妻子自 2019 年以来一直担任该银行的统计员。

要求:分别针对上述 5 种情况,判断 ABC 会计师事务所或相关注册会计师的独立性是否会受到损害,并简要说明理由。

3. ABC 会计师事务所接受烟台兴茂机械制造有限公司的委托,对其 2021 年度财务报表进行审计,并指派注册会计师王某担任项目负责人。假定:

(1) 项目组成员李某的父亲与烟台兴茂机械制造有限公司签订了一项合作协议,约定自 2021 年 4 月起加盟烟台兴茂机械制造有限公司产品专卖店。

(2) 项目组成员张某于 2021 年 5 月将其自有住房出租给房屋中介公司,后者转租给烟台兴茂机械制造有限公司财务经理李某,李经理按季向 C 注册会计师交房租。

(3) 项目组成员刘某的孩子 2021 年年初担任烟台兴茂机械制造有限公司董事会的秘书,但已于 2021 年 11 月份辞职。

(4) 2021 年 7 月,为购置办公用房,ABC 会计师事务所请烟台兴茂机械制造有限公司担保,从某银行取得了 800 万元的长期借款。

要求：根据以上情况，逐项指出 ABC 会计师事务所或相关注册会计师的做法是否对独立性产生不利影响，如认为产生不利影响，请简要说明理由。

4. ABC 会计师事务所接受委托，负责审计烟台兴茂机械制造有限公司 2021 年度财务报表，并委派注册会计师王某为审计项目组负责人。在审计过程中，ABC 会计师事务所遇到下列事项：

（1）签订审计业务约定书时，ABC 会计师事务所根据有关部门的要求，与烟台兴茂机械制造有限公司商定按六折收取审计费用。据此，审计项目组计划相应缩小审计范围，并就此事与烟台兴茂机械制造有限公司治理层达成一致意见。

（2）签订审计业务约定书后，ABC 会计师事务所发现烟台兴茂机械制造有限公司与本事务所另一常年审计客户丁公司存在直接竞争关系。ABC 会计师事务所未将这一情况告知烟台兴茂机械制造有限公司和丁公司。

（3）审计过程中，注册会计师王某应烟台兴茂机械制造有限公司要求协助制定公司财务战略。

要求：针对上述（1）至（3）项，分别指出 ABC 会计师事务所是否违反中国注册会计师职业道德守则，并简要说明理由。

5. 烟台飞达机械设备有限公司是 ABC 会计师事务所的常年审计客户。审计项目组在烟台飞达机械设备有限公司 2021 年度财务报表审计中遇到下列事项：

（1）B 注册会计师曾担任烟台飞达机械设备有限公司 2020 年度财务报表审计的项目质量复核人，于 2021 年 5 月退休，之后未和 ABC 会计师事务所保持交往。2022 年 1 月 1 日，B 注册会计师受聘担任烟台飞达机械设备有限公司独立董事。

（2）ABC 会计师事务所合伙人 C 的丈夫于 2021 年 7 月加入烟台飞达机械设备有限公司并担任培训部经理。合伙人 C 没有为烟台飞达机械设备有限公司提供任何服务。

（3）烟台飞达机械设备有限公司内审部计划对新并购的子公司执行内部控制审计。因缺乏人手，烟台飞达机械设备有限公司聘请 ABC 会计师事务所协助执行该项工作，但 ABC 会计师事务所不参与制定内审计划或管理层决策。

（4）乙公司是烟台飞达机械设备有限公司的子公司，从事小额贷款业务。2021 年 12 月，乙公司和 ABC 会计师事务所联合对外发布行业研究报告，对该行业现状与前景进行分析，并介绍了乙公司的业务。

要求：针对上述第（1）至（4）项，逐项指出是否可能存在违反中国注册会计师职业道德守则有关独立性规定的情况，并简要说明理由。

6. ABC 会计师事务所委派 A 注册会计师担任上市公司济南星光公司 2021 年度财务报表审计项目合伙人。审计项目组在审计中遇到下列事项：

（1）A 注册会计师因继承其祖父的遗产获得济南星光公司股票 20 000 股，承诺将在有权处置这些股票之日起一个月内出售。

（2）B 注册会计师曾担任济南星光公司 2016 年度至 2020 年度财务报表审计项目合伙人，之后调离济南星光公司审计项目组，担任乙公司 2021 年度财务报表审计项目合伙人。乙公司是济南星光公司重要的子公司。

（3）2021 年 11 月，丙公司被济南星光公司收购成为其重要子公司。2022 年 1 月 1 日，济南星光公司审计项目组成员 C 的妻子加入丙公司并担任财务总监。

(4) D 注册会计师和 A 注册会计师同处一个分部,不是济南星光公司审计项目组成员。D 的母亲和济南星光公司某董事共同开办了一家早教机构。

(5) ABC 会计师事务所推荐济南星光公司与某开发区管委会签订了投资协议,因此获得开发区管委会的奖励 10 万元。

要求:针对上述第(1)至(5)项,逐项指出是否存在违反中国注册会计师职业道德守则有关职业道德和独立性规定的情况,并简要说明理由。

7. ABC 会计师事务所委派注册会计师王某担任烟台天明机械装备有限公司 2021 年度财务报表审计项目合伙人。审计项目组在审计中遇到下列事项:

(1) 审计项目组成员 C 曾任烟台天明机械装备有限公司重要子公司的出纳,2020 年 10 月加入 ABC 会计师事务所,2021 年 9 月加入烟台天明机械装备有限公司审计项目组,参与审计固定资产项目。

(2) 注册会计师王某受邀参加了烟台天明机械装备有限公司年度股东大会。全体参会人员均获得烟台天明机械装备有限公司生产的移动硬盘作为礼品。

(3) 烟台天明机械装备有限公司聘请 ABC 会计师事务所担任某合同纠纷的诉讼代理人。诉讼结果将对烟台天明机械装备有限公司财务报表产生重大影响。

(4) 烟台天明机械装备有限公司购买的成本核算软件由 ABC 会计师事务所和一家软件公司共同开发和推广。该软件公司不是 ABC 会计师事务所的审计客户或其关联实体。

要求:针对上述第(1)至(4)项,逐项指出是否存在违反中国注册会计师职业道德守则有关独立性规定的情况,并简要说明理由。

8. 烟台凯马汽车制造有限公司是 ABC 会计师事务所的常年审计客户。审计项目组在烟台凯马汽车制造有限公司 2021 年度财务报表审计中遇到下列事项:

(1) 审计项目组成员 B 注册会计师的父亲在烟台通达汽车配件有限公司持有重大经济利益。烟台通达汽车配件有限公司为烟台凯马汽车制造有限公司不重要的联营企业,不是 ABC 会计师事务所的审计客户。

(2) 审计项目组成员 C 曾担任烟台凯马汽车制造有限公司成本会计,2021 年 5 月离职加入 ABC 会计师事务所,同年 10 月加入烟台凯马汽车制造有限公司审计项目组,负责审计固定资产。

(3) 烟台凯马汽车制造有限公司聘请 ABC 会计师事务所提供人力资源系统的设计和实施服务,该系统包括考勤管理和薪酬计算等功能。

(4) 烟台凯马汽车制造有限公司是烟台飞达机械设备有限公司的重要联营企业。2021 年 8 月,ABC 会计师事务所接受烟台飞达机械设备有限公司委托对其拟投资的标的公司进行评估,作为定价参考。烟台飞达机械设备有限公司不是 ABC 会计师事务所的审计客户。

(5) 烟台凯马汽车制造有限公司研发的新型电动汽车于 2021 年 12 月上市。烟台凯马汽车制造有限公司在 ABC 会计师事务所年会上为其员工举办了专场试驾活动,并宣布事务所员工可以按照烟台凯马汽车制造有限公司给其同类大客户的优惠价格购车。

要求:针对上述第(1)项至第(5)项,逐项指出是否存在违反中国注册会计师职业道德守则的情况,并简要说明理由。

第三部分 参考答案

一、单项选择题

1	2	3	4	5	6	7	8	9	10
A	B	D	C	B	D	C	A	C	B
11	12	13	14	15	16	17	18		
D	B	A	B	C	D	C	D		

重难点解析:

1. 根据《中华人民共和国注册会计师法》的规定,我国不准个人设立独资会计师事务所,只允许设立有限责任会计师事务所和合伙会计师事务所两种形式。

2. 选项 B,税务咨询属于注册会计师执行除鉴证业务外的其他相关服务业务。相关服务包括对财务信息执行商定程序、代编财务信息、税务服务、管理咨询和会计服务等。

3. 鉴证业务准则由鉴证业务基本准则统领,按照鉴证业务提供的保证程度和鉴证对象的不同,分为中国注册会计师审计准则、中国注册会计师审阅准则和中国注册会计师其他鉴证业务准则。不包括选项 D 相关服务准则。

4. 会计师事务所与委托单位之间的业务委托关系,应实行双向自愿选择原则。

5. 注册会计师担任某审计业务的项目负责人,如果在执业过程中,发现自己无法胜任,则应要求其所在的会计师事务所改派其他注册会计师。

6. 会计师事务所业务质量控制的要素包括:①对业务质量承担的领导责任。对应选项 A。②相关职业道德要求。对应选项 B。③客户关系和具体业务的接受与保持。对应选项 C。④人力资源。对应选项 B。⑤业务执行。⑥监控。

7. 注册会计师未能查出财务报表中重大错报、漏报,注册会计师可能没有保持应有的职业谨慎,按程度不同区分为普通过失和重大过失。

8. 行政处罚对注册会计师个人来说,包括警告、暂停执业、吊销注册会计师证书,不包括选项 A 没收违法所得。对会计师事务所而言,包括警告、没收违法所得、罚款、暂停执业、撤销等。

9. 行政责任、民事责任或刑事责任这三种责任可单处,也可并处。一般来说,违约和过失可能使注册会计师承担行政责任和民事责任。

10. 行政责任、民事责任或刑事责任这三种责任可单处,也可并处。一般来说,欺诈可能使注册会计师承担民事责任和刑事责任。

11. 选项 A,会计师事务所为客户编制原始数据,这些数据构成鉴证业务的对象属于自我评价。选项 B,项目组成员的近亲属担任客户的董事或高级管理人员属于密切关系。选项 C,会计师事务所受到降低收费的影响而不恰当地缩小工作范围属于外在压力。

12. 选项 A,鉴证业务项目组成员正在与鉴证客户协商受雇于该客户属于自身利益。选项 C,会计师事务所推介审计客户的股份属于过度推介。选项 D,会计师事务所的合伙人或高级员工与鉴证客户存在长期业务关系属于密切关系。

13. 选项B,注册会计师接受客户的礼品或款待属于密切关系。选项C,在客户与第三方发生诉讼或纠纷时担任客户的辩护人属于过度推介。选项D,项目组成员目前受雇于客户,所处职位能够对鉴证对象施加重大影响属于自我评价。

14. 在应用专业知识和技能时注册会计师需要运用职业判断。选项B错误。

15. 注册会计师无法保证查出被审计单位财务报表的所有舞弊。选项C错误。

16. 注册会计师因违约、过失或欺诈给被审计单位或其他利害关系人造成损失的,按照有关法律规定,可能被判承担行政责任、民事责任或刑事责任。《公司法》第二百零八条规定:"承担资产评估、验资或者验证的机构因出具的评估结果、验资或者验证证明不实,给公司债权人造成损失的,除能够证明自己没有过错外,在其评估或者证明不实的金额范围内承担赔偿责任。"

17. 为避免发生过失或防止欺诈,注册会计师应达到的基本要求有保持职业怀疑、增强职业独立性、保持职业谨慎、强化职业监督。不包括选项C签订业务约定书。

18. 过失是指在一定条件下,没有保持应有的职业谨慎。过失按程度不同区分为普通过失和重大过失。普通过失,通常是指没有保持职业上应有的职业谨慎,对注册会计师而言,则是指没有完全遵循专业准则的要求。重大过失,是指连起码的职业谨慎都没有保持,对注册会计师而言,则是指根本没有遵循专业准则或没有按照专业准则的基本要求执行审计。

二、多项选择题

1	2	3	4	5	6	7	8	9	10
AB	ABCD	BC	BC	AC	ABD	ABD	BD	ABC	ABC
11	12	13	14	15	16				
ABCD	ABCD	ACD	BCD	CD	BC				

重难点解析:

1. 中国注册会计师执业准则体系包括注册会计师业务准则和会计师事务所质量控制准则。注册会计师业务准则包括鉴证业务准则和相关服务准则。分别对应选项AB。

3. 根据《中华人民共和国注册会计师法》的规定,我国只允许设立有限责任会计师事务所和合伙会计师事务所两种形式。分别对应选项BC。

4. 审计独立性原则,是指实质上的独立和形式上的独立。对应选项BC。实质上的独立,是指注册会计师在发表意见时其专业判断不受影响,公正执业,保持客观和专业怀疑。形式上的独立,是指会计师事务所或鉴证小组避免出现这样重大的情形,使得拥有充分相关信息的理性第三方推断其公正性、客观性或专业怀疑受到损害。

5. 专业胜任能力可分为专业胜任能力的获取和专业胜任能力的保持这两个独立的阶段。分别对应选项AC。

6. 注册会计师避免法律诉讼的具体措施包括:①严格遵循职业道德守则和执业准则的要求。②建立健全会计师事务所质量控制制度。③与委托人签订业务约定书。④审慎选择客户。对应选项B。⑤深入了解被审计单位的业务。对应选项D。⑥提取风险基金或购买责任保险。对应选项A。⑦聘请熟悉注册会计师法律责任的律师。⑧按规定妥善保管审计工作底稿。

7. 注册会计师因违约、过失或欺诈给被审计单位或其他利害关系人造成损失的,按照有关法律规定,可能被判承担行政责任、民事责任或刑事责任。

8. 注册会计师审计的业务范围是根据审计法规和其他经济法规的规定而确定的,现阶段我国注册会计师执行的业务主要分为鉴证业务和相关服务业务两类。选项B审计业务属于鉴证业务。选项D会计咨询业务属于相关服务业务。

10. 会计师事务所的审计业务主要包括:①审查企业财务报表,出具审计报告。选项A正确。②办理企业合并、分立、清算事宜中的审计业务,出具有关报告。选项C正确。③办理法律、行政法规规定的其他审计业务,出具相应的审计报告。选项B正确。

12. 注册会计师违反工作规则造成不良后果的,由主管机关分别情况给予行政处罚和民事处罚,行政处罚对注册会计师个人来说,包括警告、暂停执业、吊销注册会计师证书。民事处罚主要是指赔偿受害人损失。

13. 注册会计师职业道德的基本原则包括诚信、独立性、客观和公正、专业胜任能力和应有的关注、保密以及良好职业行为。

14. 注册会计师因违约、过失或欺诈给被审计单位或其他利害关系人造成损失的,按照有关法律规定,可能被判承担行政责任、民事责任或刑事责任。

15. 注册会计师所负过失责任按其程度不同进行分类,可以分为一般过失和重大过失。

16. 行政处罚对注册会计师个人来说,包括警告、暂停执业、吊销注册会计师证书;对会计师事务所而言,包括警告、没收违法所得、罚款、暂停执业、撤销等。选项A属于民事责任。选项D属于刑事责任。

三、判断题

1	2	3	4	5	6	7	8	9	10
√	×	√	√	√	√	×	×	√	×
11	12	13	14	15	16	17	18	19	20
√	×	×	√	√	×	×	×	√	√
21	22	23							
×	√	√							

重难点解析:

2. 鉴证业务准则由鉴证业务基本准则统领,按照鉴证业务提供的保证程度和鉴证对象的不同,分为中国注册会计师审计准则、中国注册会计师审阅准则和中国注册会计师其他鉴证业务准则。其中,审计准则是整个执业准则体系的核心。

7. 会计师事务所质量控制准则用于规范会计师事务所在执行各类业务时应当遵守的质量控制政策和程序,是对会计师事务所质量控制提出的制度要求。

8. 会计师事务所承办业务遵循双方自愿原则，《注册会计师法》规定：会计师事务所受理业务，不受行政区域、行业的限制，法律、行政法规另有规定的除外。委托人委托会计师事务所办理业务，任何单位和个人不得干预。

10. 会计师事务所质量控制准则用于规范会计师事务所在执行各类业务时应当遵守的质量控制政策和程序，是对会计师事务所质量控制提出的制度要求。

12. 注册会计师应当履行保密责任，注册会计师在下列情况下可以披露涉密信息：①法律法规允许披露，并且取得客户或工作单位的授权。②根据法律法规的要求，为法律诉讼、仲裁准备文件或提供证据，以及向有关监管机构报告发现的违法行为。③在法律法规允许的情况下，在法律诉讼、仲裁中维护自己的合法权益。④接受注册会计师协会或监管机构的执业质量检查，答复其询问和调查。⑤法律法规、执业准则和职业道德规范规定的其他情形。

13. 注册会计师的职业道德，是指注册会计师在执业时所应遵循的行为规范，职业道德基本原则包括诚信、独立性、客观和公正、专业胜任能力和应有的关注、保密以及良好职业行为。

16. 鉴证业务项目组成员担任鉴证客户的董事（包括独立董事）、经理及其他关键管理职务会导致自我评价产生不利影响。

17. 过失是指在一定条件下，没有保持应有的职业谨慎。过失按程度不同区分为普通过失和重大过失。

18. 注册会计师的审计意见旨在提高财务报表的可信性，但是它不应被视为对被审计单位未来生存能力或管理层经营效率、效果提供的保证，审计工作不能对财务报表不存在重大错报提供担保。

21. 注册会计师的责任：注册会计师的责任是按照中国注册会计师审计准则的规定，对被审计单位财务报表执行审计工作，以出具审计报告。管理层的责任包括：①按照适用的财务报告编制基础编制财务报表，使其实现公允反映。②设计、执行和维护必要的内部控制，以使财务报表不会出现重大错报和舞弊。③为注册会计师提供必要的工作条件，包括允许其接触所有其认为必要的人员以及提供相关资料。

四、实务分析题

1. 【参考答案】

（1）王某的做法违背了职业道德规范。"AAA"这样的名称容易产生误导。

（2）王某的做法违背了职业道德规范。不得以任何名义向帮助取得委托业务的其他单位或个人支付介绍费、佣金、手续费或回扣等，也不得向得到本所帮助取得委托业务的其他会计师事务所收取介绍费、佣金、手续费或回扣等。

（3）王某的做法违背了职业道德规范。不得采取或有收费的方式收取审计费用。

2. 【参考答案】

情况(1)将损害ABC会计师事务所的独立性。这种收费方式将诱导ABC会计师事务所为了收取剩余50%的审计费用而放弃审计原则，甚至帮助甲银行粉饰其状况，使事务所与银行有了直接的经济利益关系，属于"对鉴证业务采取或有收费的方式"，违反职业道德规范。

情况(2)不损害 ABC 会计师事务所的独立性。通常,会计师事务所不得接受客户的借款,否则将影响其独立性,但如果借款行为遵循正常的程序、条件和要求,则并不限制会计师事务所向银行或其他类似金融机构借贷的行为。

情况(3)损害 A 注册会计师的独立性。因为 A 注册会计师既是 ABC 会计师事务所的合伙人,又是甲银行的独立董事,其注册会计师的独立性会受影响。

情况(4)损害 C 注册会计师的独立性。这是因为所审计的财务报表是由 C 注册会计师协助编制的,违反了"没有人能独立地评价自己的工作"的基本假定。

情况(5)不损害 D 注册会计师的独立性。D 注册会计师的妻子是甲银行的职员,在甲银行有经济利益。尽管注册会计师的配偶、子女、父母的经济利益应视同注册会计师本人的经济利益,但这种利益属于工资、薪金性质的,而非股票、股权性质的,而且注册会计师的妻子所从事的工作内容与审计对象无关,因此不影响 D 注册会计师的独立性。

3.【参考答案】

(1) 产生不利影响。父亲是主要近亲属。主要近亲属与审计客户之间存在性质特殊的商业关系,可能因自身利益对李某的独立性产生不利影响。

(2) 不产生不利影响。

(3) 产生不利影响。公司董事会秘书属于关键管理职务,子女属于主要近亲属。刘某的主要近亲属在财务报表涵盖期间担任烟台兴茂机械制造有限公司关键管理职务,将对其独立性产生非常严重的不利影响。

(4) 产生不利影响。烟台兴茂机械制造有限公司并非银行或金融机构,它为事务所提供金额重大的担保,将对其独立性产生非常严重的不利影响。

4.【参考答案】

(1) 违反。事务所可以自主商定审计的收费,但是不能因为收费而相应缩小审计范围,影响审计工作的质量。

(2) 违反。事务所要同时为两个存在竞争关系的审计客户提供审计,需要告知客户,并征得他们的同意才能执行业务。

(3) 违反。协助制定公司的财务战略,属于承担公司的管理层职责,是职业道德所不允许的。

5.【参考答案】

(1) 违反。B 注册会计师在 2021 年已审财务报表发布前就已担任烟台飞达机械设备有限公司独立董事,将因密切关系和外在压力对独立性产生严重不利影响。

(2) 不违反。合伙人 C 不是审计项目组成员,且其丈夫的职位对所审计的财务报表的编制不能施加重大影响,不会对独立性产生不利影响。

(3) 违反。该内部审计服务涉及烟台飞达机械设备有限公司与财务报告相关的内部控制,将因自我评价对独立性产生严重不利影响。

(4) 违反。ABC 会计师事务所通过和乙公司共同发布的行业研究报告推广了乙公司的业务,属于禁止的商业关系。

6.【参考答案】

(1) 违反。A 注册会计师应当在有权处置时立即处置甲公司股票,否则将因自身利益对独立性产生严重不利影响。

(2) 违反。乙公司是济南星光公司重要的子公司,为其关联实体,因此,B注册会计师在冷却期不应参与其审计业务,否则将因密切关系或自身利益对独立性产生严重不利影响。

(3) 违反。C的妻子在济南星光公司审计业务期间担任其重要子公司丙公司财务总监,将因自身利益、密切关系或外在压力对独立性产生严重不利影响。

(4) 不违反。D不是济南星光公司审计项目组成员,其母亲与济南星光公司董事的合作不属于被禁止的商业关系。

(5) 违反。ABC会计师事务所收取与济南星光公司有关的介绍费,将因自身利益对客观公正、专业胜任能力和勤勉尽责原则产生非常严重不利影响。

7. 【参考答案】

(1) 不违反。审计项目组成员C在财务报表涵盖期间之前加入事务所,且其在审计项目组中的工作,不涉及评价其就职于烟台天明机械装备有限公司的子公司时所作的出纳工作,因此,不会对独立性产生不利影响。

(2) 违反。注册会计师王某不得收受烟台天明机械装备有限公司的任何礼品。

(3) 违反。为审计客户担任诉讼代理人,且该纠纷所涉金额对被审计财务报表有重大影响,将因自我评价对独立性产生严重不利影响。

(4) 违反。ABC会计师事务所的网络所参与设计的成本核算软件构成烟台天明机械装备有限公司财务报表内部控制的重要组成部分,将因自我评价对独立性产生严重不利影响。

8. 【参考答案】

(1) 违反。烟台凯马汽车制造有限公司对烟台通达汽车配件有限公司有重大影响,且项目组成员B的父亲在烟台通达汽车配件有限公司持有重大经济利益,因自身利益对独立性产生严重不利影响。

(2) 违反。C在财务报表涵盖期间曾担任烟台凯马汽车制造有限公司的财务人员,因自身利益、自我评价或密切关系对独立性产生严重不利影响。

(3) 违反。人力资源系统包括薪酬计算功能,生成的信息对烟台凯马汽车制造有限公司会计记录或财务报表影响重大,将因自我评价对独立性产生严重不利影响。

(4) 不违反。对烟台飞达机械设备有限公司投资标的的评估结果不会对烟台凯马汽车制造有限公司财务报表产生影响。

(5) 违反。该试驾活动被视为烟台凯马汽车制造有限公司向ABC会计师事务所的员工推销烟台凯马汽车制造有限公司产品,将因自身利益对独立性产生严重不利影响。

第三章 审计目标与审计程序

第一部分 内容概要

一、审计目标

1. 审计的总体目标

审计的总体目标如表 3-1 所示。

表 3-1　　　　　　　　　　审计的总体目标

关键词	内容
"发表意见"	对财务报表整体是否不存在由于舞弊或错误导致的重大错报获取合理保证,使注册会计师能够对财务报表是否在所有重大方面按照适用的财务报告编制基础编制发表审计意见
"出具报告"	按照审计准则的规定,根据审计结果对财务报表出具审计报告,并与管理层和治理层沟通

2. 认定和具体审计目标

认定是指管理层在财务报表中作出的明确或隐含的表达。通俗地讲,通过阅读财务信息,注册会计师和预期使用者可以获取管理层表达的各类意思。具体审计目标是指注册会计师通过实施审计程序以确定管理层在财务报表中确认的各类交易、账户余额、披露层次认定是否恰当。

注册会计师了解认定后,就很容易确定每个项目的具体审计目标,并以此作为评估重大错报风险以及设计和实施进一步审计程序的基础。认定的类别与对应的具体审计目标如表 3-2 所示。

表 3-2　　　　　　　认定的类别与对应的具体审计目标

两类认定	认定的具体名称	认定的主要含义	对应的具体审计目标
各类交易事项及相关披露的认定(利润表)	发生	已发生,且与被审计单位有关	确认已记录的交易是真实的
	完整性	已记录,相关披露均已包括	确认已发生的交易确实已经记录,所有应包括在财务报表中的相关披露均已包括
	准确性	有关的金额已恰当记录,相关披露已得到恰当计量和描述	确认已记录的交易是按正确金额反映的,相关披露已得到恰当计量和描述
	截止	已记录于正确的会计期间	确认接近于资产负债表日的交易记录于恰当的期间

（续表）

两类认定	认定的具体名称	认定的主要含义	对应的具体审计目标
各类交易事项及相关披露的认定（利润表）	分类	已记录于恰当的账户	确认被审计单位记录的交易经过适当分类
	列报	已被恰当地汇总或分解且表述清楚，相关披露是相关的、可理解的	确认被审计单位的交易和事项已被恰当地汇总或分解且表述清楚，相关披露在适用的财务报告编制基础下是相关的、可理解的
期末账户余额及相关披露的认定（资产负债表）	存在	记录的资产、负债和所有者权益是存在的	确认记录的金额确实存在
	权利和义务	记录的资产由被审计单位拥有或控制；记录的负债是被审计单位应履行的偿还义务	确认资产归属于被审计单位，负债属于被审计单位的义务
	完整性	均已记录，相关披露均已包括	确认已存在的金额均已记录，所有应包括在财务报表中的相关披露已包括
	准确性、计价和分摊	以恰当金额包括在财务报表中，相关的计价或分摊调整已恰当记录，相关披露已得到恰当计量和描述	确认资产、负债和所有者权益以恰当的金额包括在财务报表中，与之相关的计价或分摊调整已恰当记录，相关披露已得到恰当计量和描述
	分类	已记录于恰当的账户	资产、负债和所有者权益已记录于恰当的账户
	列报	已被恰当地汇总或分解且表述清楚，相关披露是相关的、可理解的	资产、负债和所有者权益已被恰当地汇总或分解且表述清楚，相关披露在适用的财务报告编制基础下是相关的、可理解的

二、审计目标实现的过程

审计过程大致可分为三个阶段，包括计划阶段、实施阶段和终结阶段。

计划阶段包括接受业务委托、实施重大错报风险评估程序和计划审计工作三项工作。

实施阶段是收集审计证据，借以形成审计意见的关键阶段。注册会计师实施风险评估程序本身并不足以为发表审计意见提供充分、适当的审计证据，还应当进一步实施审计程序，包括实施控制测试和实质性程序。实施阶段要做以下四项工作：进行控制测试，修订审计计划，实施实质性程序以及检查和复核审计工作底稿。

终结阶段是审计人员结束实质性程序工作、形成审计意见、出具审计报告的阶段。注册会计师在完成财务报表所有循环的进一步审计程序后，应当按照有关审计准则的规定做好审计完成阶段的工作，并根据所获取的各种证据，合理运用专业判断，形成适当的审计意见。

三、审计程序

1. 检查

1) 检查记录或文件

检查记录或文件是指注册会计师对被审计单位内部或外部生成的,以纸质、电子或其他介质形式存在的记录或文件进行审查。

(1) 按审查书面资料的技术分类可以分为审阅法和复核法。审阅法是指注册会计师通过对被审计单位有关记录或文件的阅读,以确定被审计单位账目是否真实、合法,是否符合国家有关的法规、制度等。复核法是指注册会计师对被审计单位的相关记录或文件进行交叉核对,以验证内容是否一致,计算是否正确。

(2) 按审查书面资料的顺序分类可以分为顺查法和逆查法。

(3) 按审查书面资料的数量分类可以分为详查法和抽查法。

2) 检查有形资产

检查有形资产是指注册会计师对资产实物进行审查。检查有形资产主要适用于存货和现金,但也适用于有价证券、应收票据和固定资产等。被审计单位的人员对有形资产进行盘点,由注册会计师对其盘点工作进行监督;对于贵重的有形资产,注册会计师还可以进行抽查复点。

2. 观察

观察是指注册会计师查看相关人员正在从事的活动或执行的程序。观察是对被审计单位的经营场所、实物资产和有关业务活动及其内部控制的执行情况等所进行的实地查看。观察本身获得的证据并不充分。因此,还有必要使用其他类型的确凿证据加以证实。

3. 询问

询问是指注册会计师以书面或口头方式,向被审计单位内部或外部的知情人员获取财务信息和非财务信息,并对答复进行评价的过程。尽管通过询问可以从被审计单位获得大量的证据,但询问本身不足以发现认定层次存在的重大错报,也不足以测试内部控制运行的有效性,通常不能把询问结果作为结论。通过询问取得审计证据后,注册会计师还应当实施其他审计程序获取充分、适当的审计证据。

4. 函证

函证(即外部函证)是指注册会计师直接从第三方(被询证者)获取书面答复作为审计证据的过程,书面答复可以采用纸质、电子或其他介质等形式。函证的具体内容如表3-3所示。

表3-3　　　　　　　　　　函证的具体内容

函证程序	具体内容
函证的方式	(1) 积极式函证。积极式函证要求被询证者对询问的事项无论与事实是否相符必须给予回函答复。积极式函证适用于内部控制差、会计核算质量差、金额重要、疑点多等情况 (2) 消极式函证。消极式函证要求被询证者对询问的事项有异议时,才在限定的时间内给予复函。消极式函证一般适用于内部控制好、会计核算质量高、金额小、疑点少等情况。消极式函证不如积极式函证的可靠性高

(续表)

函证程序	具体内容
对询证函的控制	出于对证据可靠性的考虑,询证函收发均应由审计人员控制,不能委托被审计单位代办
函证决策	(1) 注册会计师应当对银行存款、借款(包括零余额账户和在本期内注销的账户)及与金融机构往来的其他重要信息实施函证 (2) 注册会计师应当对应收账款实施函证,除非有充分证据表明应收账款对财务报表不重要,或函证很可能无效;如果认为函证很可能无效,注册会计师应当实施替代审计程序,获取相关、可靠的审计证据。如果不对应收账款函证,注册会计师应当在工作底稿中说明理由

5. 重新计算

重新计算是指注册会计师以人工方式或使用计算机辅助审计技术,对记录或文件中的数据计算准确性进行核对。

6. 重新执行

重新执行是指注册会计师以人工方式或使用计算机辅助审计技术,重新独立执行作为被审计单位内部控制组成部分的程序或控制。重新执行的目的是弄清被审计单位内部控制设计是否合理,执行是否有效。

7. 分析程序

分析程序是指注册会计师通过研究不同财务数据之间以及财务数据与非财务数据之间的内在关系,对财务信息作出评价。

(1) 分析程序的运用环节。分析程序可以运用于风险评估程序、实质性程序和总体复核。

(2) 分析程序的常用方法。分析性程序常用的具体方法有比较分析法和比率分析法。

穿行测试是通过追踪交易在财务报告系统中的处理过程,来证实和评价内部控制设计和执行状况的一种方法。穿行测试不是单独的一种审计程序,而是将多种审计程序按特定需要进行结合使用的方法。各项审计程序可以运用的环节如表3-4所示。

表3-4　　　　　　　　　审计程序可运用的环节

审计程序	风险评估	控制测试	实质性程序
检查	√	√	√
观察	√	√	√
询问	√	√	√
函证	×	×	√
重新计算	×	×	√
重新执行	×	√	×
分析程序	√	×	√

四、审计的基本要求

审计的基本要求包括以下四个方面：

(1) 遵守审计准则。审计准则是衡量注册会计师执行财务报表审计业务的权威性标准，涵盖从接受业务委托到出具审计报告的整个过程，注册会计师在执业过程中应当遵守审计准则的要求。

(2) 遵守职业道德守则。注册会计师受到与财务报表审计相关的职业道德要求（包括与独立性相关的要求）的约束。根据职业道德守则，注册会计师应当遵循的基本原则包括：①诚信。②独立性。③客观公正。④专业胜任能力和勤勉尽责。⑤保密。⑥良好职业行为。

(3) 保持职业怀疑。职业怀疑应当从下列方面理解：①职业怀疑在本质上要求秉持一种质疑的理念。②职业怀疑要求对引起疑虑的情形保持警觉。③职业怀疑要求审慎评价审计证据。④职业怀疑要求客观评价管理层和治理层。

(4) 合理运用职业判断。职业判断，是指在审计准则、财务报告编制基础和职业道德要求的框架下，注册会计师综合运用相关知识、技能和经验，作出适合审计业务具体情况、有根据的行动决策。职业判断是注册会计师行业的精髓。

职业判断涉及注册会计师执业的各个环节。一方面，职业判断贯穿于注册会计师执业的始终，从决定是否接受业务委托，到出具业务报告，注册会计师都需要做出职业判断；另一方面，职业判断涉及注册会计师执业中的各类决策，包括与具体会计处理相关的决策，与审计程序相关的决策，以及与遵守职业道德要求相关的决策。

通常来说，注册会计师具有下列特征可能有助于提高职业判断质量：①丰富的知识、经验和良好的专业技能。②独立、客观和公正。③保持适当的职业怀疑。

第二部分 练习题

一、单项选择题

1. 甲公司发生的下列事项中，涉及准确性、计价和分摊认定的是（   ）。
   A. 向丙公司拆借的款项未列入账中
   B. 将短期租入的设备列为企业的固定资产
   C. 将应收 M 公司 50 万元货款记为 100 万元
   D. 将预付账款列示于应付账款中

2. 被审计单位已将固定资产抵押，但未在财务报表附注中披露。则下列认定中，被审计单位违反的是（   ）认定。
   A. 存在   B. 完整性
   C. 准确性、计价和分摊   D. 可理解性

3. 一般认为，注册会计师审计目标的层次为（   ）个。
   A. 3   B. 1   C. 2   D. 4

4. "发生"认定指记录的交易和事项已发生且与被审计单位有关，其目标主要针对（   ）。
   A. 数量   B. 低估   C. 高估   D. 金额

5. "完整性"认定指所有应当记录的交易和事项均已记录,其目标主要针对( )。
   A. 数量　　　　　　B. 金额　　　　　　C. 高估　　　　　　D. 低估

6. 下列各项中,与总体审计目标无关的是( )。
   A. 对财务报表整体是否不存在由于舞弊或错误导致的重大错报获取合理保证,使得注册会计师能够对财务报表是否在所有重大方面按照适用的财务报告编制基础编制发表审计意见
   B. 按照审计准则的规定,根据审计结果对财务报表出具审计报告,并与管理层和治理层沟通
   C. 注册会计师为完成整体审计工作而达到的预期目的
   D. 注册会计师通过实施审计程序以确定管理层在财务报表中确认的各类交易、账户余额、披露层次认定是否恰当

7. 下列各项认定中,既属于与资产负债表相关的认定,又属于与利润表相关的认定的是( )。
   A. 发生　　　　　　　　　　　　　　B. 权利和义务
   C. 完整性　　　　　　　　　　　　　D. 准确性、计价和分摊

8. 下列各项中,属于组成要素与"权利和义务"认定有关的是( )。
   A. 资产负债表　　B. 利润表　　C. 审计项目目标　　D. 审计总目标

9. 下列有关"完整性"的认定中,表达不正确的是( )。
   A. 该认定是指应在财务报表中列示的所有交易和项目是否都列入了
   B. 该认定主要与财务报表组成要素的低估有关
   C. 该认定所要解决的问题是被审计单位管理层是否把应包括的项目给遗漏或省略了
   D. 该认定还涉及所报告的交易和项目的金额是否正确

10. 下列认定中,与利润表组成要素无关的是( )。
    A. 发生　　　　　　B. 完整性　　　　　C. 权利和义务　　　D. 准确性

11. 注册会计师计划测试 M 公司 2021 年度主营业务收入的完整性。下列各项审计程序中,通常难以实现上述目标的是( )。
    A. 抽取 2021 年 12 月 31 日开具的销售发票,检查相应的发运单和账簿记录
    B. 抽取 2021 年 12 月 31 日的发运单,检查相应的销售发票和账簿记录
    C. 从主营业务收入明细账中抽取 2021 年 12 月 31 日的明细记录,检查相应的记账凭证、发运单和销售发票
    D. 从主营业务收入明细账中抽取次年 1 月 1 日的明细记录,检查相应的记账凭证、发运单和销售发票

12. 在对资产存在认定获取审计证据时,下列各项中,正确的测试方向是( )。
    A. 从财务报表到尚未记录的项目　　　　B. 从尚未记录的项目到财务报表
    C. 从会计记录到支持性证据　　　　　　D. 从支持性证据到会计记录

13. 下列有关存货的认定中,通过向生产和销售人员询问是否存在过时或周转缓慢的存货,注册会计师认为最可能证实的是( )。
    A. 准确性、计价和分摊　B. 权利和义务　　C. 存在　　　D. 完整性

14. 下列有关职业怀疑的说法中,正确的是(   )。
    A. 职业怀疑与所有职业道德基本原则均密切相关
    B. 保持职业怀疑可以提高审计程序设计和执行的有效性
    C. 职业怀疑是一种思维状态,审计工作底稿不能为注册会计师是否保持职业怀疑提供证据
    D. 职业怀疑要求注册会计师质疑获取的审计证据并鉴别其真伪
15. 下列审计程序中,可以运用在控制测试和实质性程序中的是(   )。
    A. 重新计算   B. 重新执行   C. 分析程序   D. 观察
16. 对于下列销售收入认定,通过比较资产负债表日前后几天的发货单日期与记账日期,注册会计师认为最可能证实的是(   )。
    A. 发生   B. 完整性   C. 截止   D. 分类
17. 下列有关职业怀疑的说法中,正确的是(   )。
    A. 保持职业怀疑要求注册会计师摒弃存在即合理的思维方式
    B. 保持职业怀疑要求注册会计师假定管理层缺乏诚信
    C. 保持职业怀疑要求注册会计师鉴别伪造的文件
    D. 保持职业怀疑要求注册会计师发现所有由于舞弊导致的重大错报

二、多项选择题

1. 被审计单位管理层在资产负债表中列报存货及其金额,意味着作出了(   )的认定。
   A. 记录的存货是存在的
   B. 存货以恰当的金额包括在财务报表中
   C. 所有应当记录的存货均已记录
   D. 记录的存货都由被审计单位拥有
2. 下列认定中,主要与财务报表组成要素的高估有关的有(   )。
   A. 发生   B. 完整性   C. 存在   D. 分类
3. 下列项目中,注册会计师在对财务报表进行审计时更应关注完整性认定的有(   )。
   A. 预付账款   B. 短期借款   C. 应付账款   D. 管理费用
4. 下列各项中,属于具体审计目标的有(   )。
   A. 与期末账户余额相关的审计目标
   B. 各类交易和事项相关的审计目标
   C. 与列报相关的审计目标
   D. 发表审计意见
5. 下列各项中,属于审计工作过程中计划阶段工作的有(   )。
   A. 接受业务委托   B. 实施重大错报风险评估程序
   C. 计划审计工作   D. 控制测试
6. 下列各项中,属于审计目标的意义的有(   )。
   A. 整个审计系统运行的定向机制   B. 审计工作的出发点和落脚点
   C. 构成审计理论结构的基石   D. 出具审计报告

7. 被审计单位管理层在资产负债表中列报银行存款及其金额,意味着作出了( )的认定。
   A. 记录的银行存款是存在的
   B. 银行存款以恰当的金额包括在财务报表中
   C. 所有应当记录的银行存款均已记录
   D. 记录的银行存款都由被审计单位拥有

8. 下列各项中,与期末账户余额相关的认定有( )。
   A. 准确性、计价和分摊   B. 完整性
   C. 权利和义务   D. 存在

9. 下列各项中,与列报相关的认定有( )。
   A. 发生及权利和义务   B. 完整性
   C. 分类和可理解性   D. 准确性和计价

10. 下列各项中,与各类交易和事项相关的认定有( )。
    A. 准确性、计价和分摊   B. 发生和完整性
    C. 准确性   D. 截止和分类

11. 下列财务报表中,注册会计师在审计时应将被审计单位对利润的完整性认定作为重要审计目标的有( )。
    A. 按有关法规的规定,上市公司对外公布的财务报表
    B. 为了取得长期借款,应银行要求编制的财务报表
    C. 按合同的约定,非上市公司在分利前向股东呈送的财务报表
    D. 在缴纳所得税前,计算应纳税所得额时依据的财务报表

12. 账户余额的"准确性、计价和分摊"认定是指被审计单位管理层明示或暗示其财务报表的资产、负债、所有者权益( )。
    A. 金额是恰当的   B. 计价是恰当的
    C. 分摊已恰当记录   D. 分类是恰当的

13. 下列关于分析程序的用法中,正确的有( )。
    A. 将分析程序用作风险评估程序
    B. 将分析程序用作实质性程序
    C. 将分析程序用作控制测试程序
    D. 将分析程序用作对财务报表进行总体复核的程序

14. 下列关于注册会计师执行财务报表审计工作的总体目标的说法中,正确的有( )。
    A. 对财务报表整体是否不存在重大错报获取合理保证,使得注册会计师能够对财务报表是否在所有重大方面按照适用的财务报告编制基础编制发表审计意见
    B. 对被审计单位的持续经营能力提供合理保证
    C. 对被审计单位内部控制是否存在值得关注的缺陷提供合理保证
    D. 按照审计准则的规定,根据审计结果对财务报表出具审计报告,并与管理层和治理层沟通

15. 下列各项中,属于审计基本要求的有(　　)。
    A. 遵守审计准则　　　　　　　　　B. 合理运用职业判断
    C. 遵守职业道德守则　　　　　　　D. 保持职业怀疑
16. 下列各项中,注册会计师可能认为需要运用职业判断的有(　　)。
    A. 确定财务报表整体重要性水平
    B. 评价管理层作出的会计估计的合理性
    C. 应对对职业道德基本原则不利的影响
    D. 决定是否接受业务委托

三、判断题

1. 注册会计师审计的总目标由审计具体目标组成。（　）
2. 注册会计师审计的总目标是对被审计单位财务报表合法性、公允性及会计处理方法的一贯性负责。（　）
3. 被审计单位管理层的认定是指管理层对财务报表各组成要素所作出的认定。（　）
4. 管理层在财务报表上的认定是明确表达的。（　）
5. 被审计单位管理层的认定是指与各类交易和事项相关的认定。（　）
6. 特定财务报表项目的审计具体目标是依据管理层的认定和审计一般目标,结合被审计单位具体情况而确定的。（　）
7. 审计总目标包括与所审计期间各类交易、事项及相关披露相关的审计目标和与期末账户余额及相关披露相关的审计目标。（　）
8. 发生认定是指所有应当记录的交易和事项均已记录,所有应当包括在财务报表中的相关披露均已包括。（　）
9. 注册会计师为实现具体审计目标,必须通过实施审计程序,获取充分、适当的审计证据。（　）
10. 注册会计师对财务报表的编制承担完全责任。（　）
11. 注册会计师审计过程大致可分为三个阶段,分别是计划阶段、实施阶段和终结阶段。（　）
12. 注册会计师的审计意见旨在提高财务报表的可信性,可以被视为对被审计单位未来生存能力或管理层经营效率、效果提供的保证。（　）
13. 注册会计师要绝对保证财务报表不存在任何重大错报。（　）
14. 注册会计师为实现具体审计目标,必须通过实施审计程序,获取充分、适当的审计证据。（　）
15. 注册会计师独立于被审计单位,能够保护其形成适当审计意见的能力,使其在发表审计意见时免受不当影响。（　）

四、实务分析题

1. 注册会计师张某在审计多家公司时,遇到的相关情形以及影响的本期财务报表项目如表 3-5 所示。

表 3-5　　　　　　　　　　　　相关情形及其认定

情形	财务报表项目 1		财务报表项目 2	
	项目	认定	项目	认定
(1) 甲公司向关联方销售货物,信用期为 1 年,远超行业标准;注册会计师留意到甲公司未真实发货即确认了营业收入	营业收入		应收账款	
(2) 乙公司是玩具生产企业,某批次电动小汽车因网传存在安全隐患被监管机构要求停售排查,注册会计师留意到乙公司尚未对此进行任何会计处理	资产减值损失		存货	
(3) 丙公司采购了一批货物,资产负债表日已签收,但尚未收到发票、款项也未支付,注册会计师留意到丙公司在次年年初收到发票后,在账面确认了存货和应付账款的金额	应付账款		存货	
(4) 丁公司研发一项新型专利,目前处于研究阶段,注册会计师留意到丁公司将相关支出均确认为无形资产	研发费用		无形资产	
(5) 戊公司使用母公司的注册商标生产商品,母公司在本期无条件豁免了本应支付的商标使用费,注册会计师留意到戊公司将豁免的金额计入营业外收入	营业外收入		资本公积	

要求：针对表 3-5 中第(1)至(5)项,假定不考虑其他条件,指出相关事项影响给定的本期财务报表项目的何种认定。

2. 注册会计师王某负责对烟台兴茂机械制造有限责任公司 2021 年度财务报表实施审计。注册会计师王某在审计工作底稿中记录了所了解的烟台兴茂机械制造有限责任公司及其环境,部分内容摘录如表 3-6 所示。

表 3-6　　　　　　　　　　　　审计工作底稿内容摘录

情况	具体说明	相关的财务报表项目	对应的认定
(1)	没有计提办公大楼的折旧		
(2)	没有计提生产设备的折旧		
(3)	没有计提办公设备的减值准备		
(4)	存货项目没有包括在产品		
(5)	产成品没有计提跌价准备		
(6)	原材料跌价准备计提不足		

要求：单独针对上述每一种情况,指出是否直接导致烟台兴茂机械制造有限责任公司存在重大错报风险,如认为直接导致重大错报风险,进一步指出直接导致财务报表的哪些项目的哪个认定的重大错报风险,将答案直接填入表内相应的空格中。

3. 注册会计师通常依据认定确定具体审计目标,进而设计有针对性的进一步审计程序。应收账款的相关认定如表3-7所示。

表3-7　　　　　应收账款的相关认定、审计目标和进一步审计程序

认定	具体审计目标	进一步审计程序
存在		
权利和义务		
完整性		
准确性、计价和分摊		

要求：针对应收账款的相关认定，指出注册会计师应确定的具体审计目标以及实质性审计程序。将答案直接填入表3-7相应的空格中。

4. 注册会计师通常依据各类交易、账户余额和列报的相关认定确定审计目标，根据审计目标设计审计程序。各个项目的相关认定如表3-8所示。

表3-8　　　　　项目的相关认定对应的审计目标与审计程序

项目	认定	审计目标	审计程序
应收账款	准确性、计价和分摊		(1) (2)
营业收入	发生		(1) (2)
固定资产	权利和义务		(1) (2)
应付账款	完整性		(1) (2)
存货	存在		(1) (2)

要求：请填写对应的审计目标和审计程序。

5. 注册会计师王某在审查烟台兴茂机械制造有限责任公司年度财务报表时，根据风险评估的结果，对该公司财务报表的若干项目分别提出了具体审计目标或审计程序，其中一部分如表3-9所示。所摘录的审计目标或审计程序对所述项目并不一定是最重要的。

表3-9　　　　　具体审计目标或审计程序对应的管理层认定

具体目标或程序	管理层认定的名称
(1) 确定所有的应收票据均已反映在账簿记录中	
(2) 检查生产设备的购货发票，核实付款人是否为烟台兴茂机械制造有限责任公司	
(3) 固定资产与低值易耗品的界限是否明确，披露是否充分	
(4) 应收票据明细账余额加计是否与总账余额相符	
(5) 期末存货按成本与可变现净值孰低法计价	
(6) 检查已入账销售业务的支持性凭证中是否包含顾客订单	

(续表)

具体目标或程序	管理层认定的名称
(7) 确定当年所购商品验收单的最大号码	
(8) 编制或获取营业收入项目的明细表,复核加计是否正确	
(9) 核实所记录的应付账款是否均已收到符合要求的材料	

要求：请指出与所列示的审计目标或审计程序最适应的管理层认定,并填入表中。

6. 注册会计师李某是烟台飞达机械设备有限责任公司财务报表审计的项目合伙人,以下是有关银行函证和应收账款函证的部分内容摘录：

(1) 烟台飞达机械设备有限责任公司在乙银行开立账户,注册会计师李某取得了该账户的银行对账单。银行对账单所示的银行存款余额与烟台飞达机械设备有限责任公司账面记录的金额一致。注册会计师李某认为无须实施函证程序。

(2) 烟台飞达机械设备有限责任公司在丙银行开立账户,注册会计师李某向丙银行寄发函证。丙银行通过邮寄方式向注册会计师李某回复了相关账户的存款证明,并加盖银行公章。注册会计师李某认为结果满意。

(3) 烟台飞达机械设备有限责任公司在丁银行开立账户,注册会计师李某向丁银行寄发函证。丁银行以自有格式的信函回复注册会计师李某,其中有关银行借款和资产抵押的相关内容被划线删除。注册会计师李某留意到银行存款余额经确认无误,认为结果满意。

(4) 烟台飞达机械设备有限责任公司在戊银行开立账户,注册会计师李某从财务人员处了解到烟台飞达机械设备有限责任公司在该银行无借款业务,因此将询证函中与借款有关的部分划线删除后寄出。戊银行回函显示无异常。注册会计师李某认为结果满意。

(5) 烟台飞达机械设备有限责任公司本年注销了在乙银行的账户,注册会计师李某取得了财务人员提供的银行账户注销证明,并验证了该账户的注销已经由适当层级的管理层批准。注册会计师李某认为无须实施函证程序。

(6) 烟台飞达机械设备有限责任公司本年向其联营企业庚公司销售商品,金额重大。考虑到关联方的客观性有限,注册会计师李某拟不对相关应收账款余额实施函证,另选一项第三方客户的样本进行替换。

要求：指出注册会计师李某的做法是否恰当,如不恰当,说明原因。

第三部分 参 考 答 案

一、单项选择题

1	2	3	4	5	6	7	8	9	10
C	B	C	C	D	D	C	A	D	C
11	12	13	14	15	16	17			
C	C	A	B	D	C	A			

重难点解析：

1. 选项A有未入账的借款，与"完整性"认定有关。选项B短期租赁和低价值资产租赁属于简单租赁业务，不能确认固定资产，与"存在"认定有关。选项D计入了错误的账户，与"分类"认定有关。选项C金额错误，与"准确性、计价和分摊"认定有关。

2. 抵押的固定资产属于所有权受到限制的资产，所以应当在报表附注中进行披露，如果没有披露会影响到完整性的认定。

3. 审计目标有2个层次，分别为审计的总体目标和具体审计目标。审计的总体目标是指注册会计师为完成整体审计工作而达到的预期目的。具体审计目标是指注册会计师通过实施审计程序以确定管理层在财务报表中确认的各类交易、账户余额、披露层次认定是否恰当。

4. 发生认定所要解决的问题是管理层是否把那些不曾发生的项目列入财务报表，它主要与财务报表组成要素的高估有关。

5. 发生和完整性两者强调的是相反的关注点。发生目标针对多记、虚构交易，也就是高估；而完整性目标则针对漏记交易，即与低估有关。

6. 选项AB是总体审计目标的内容。选项C是总体审计目标的含义。选项D是具体审计目标的含义。

7. 选项A发生认定只与利润表项目有关。选项B权利和义务认定和选项D准确性、计价和分摊认定只与资产负债表项目有关。

8. 权利和义务认定是指记录的资产由被审计单位拥有或控制，记录的负债是被审计单位应当履行的偿还义务，与资产负债表项目有关。

9. 选项D，所报告的交易和项目的金额是否正确指的是准确性认定。

10. 选项C，权利和义务认定只与资产负债表项目有关，与利润表项目无关。

11. 选项C，从主营业务收入明细账中抽取2021年12月31日的明细记录，检查相应的记账凭证、发运单和销售发票，可以帮助检查已入账的交易是否都真实发生，与发生认定有关，无法检查出没有登记入账的交易，很难测试主营业务收入的完整性。

12. 存在认定指的是记录的资产、负债和所有者权益是存在的，所以应当以会计记录为起点，查至支持性证据，证明记录在会计记录中的资产是存在的。

13. 凡涉及客户经营不善、存货周转缓慢、生产线更新淘汰，都往往与坏账准备、减值准备等相联系，要积极考虑是否与准确性、计价和分摊认定相关。

14. 选项A，会计师事务所人员是否能够保持职业怀疑，很大程度上取决于其胜任能力，与其他职业道德基本原则没有太多联系。选项C，职业怀疑是一种思维和态度，审计工作底稿有时难以全面反映注册会计师如何在整个审计过程中保持了职业怀疑，但是，审计工作底稿仍然可以为注册会计师按照审计准则和相关法律法规的要求保持职业怀疑提供证据。选项D，审计工作通常不涉及鉴定文件记录的真伪，如果在审计过程中识别出的情况使其认为文件记录可能是伪造的，注册会计师应当作出进一步调查。

15. 选项 A,重新计算运用于实质性程序,而不运用于控制测试。选项 B,重新执行仅运用于控制测试,而不运用于实质性程序。选项 C,分析程序运用于实质性程序,而不运用于控制测试。选项 D 正确,观察既可以运用于控制测试,也可以运用于实质性程序。

16. 涉及期末的交易、资产负债表日前后的事项,一般与截止认定相关,选项 C 正确。

17. 选项 B,职业怀疑要求客观评价管理层和治理层,注册会计师不应依赖以往对管理层和治理层诚信形成的判断,也不能直接假定管理层和治理层缺乏诚信。选项 C,注册会计师不是鉴别真伪的专家,通常不涉及鉴定文件记录的真伪。选项 D,保持职业怀疑,有助于使注册会计师认识到存在由于舞弊导致的重大错报的可能性,但并不要求注册会计师发现所有由于舞弊导致的重大错报。

二、多项选择题

1	2	3	4	5	6	7	8	9	10
ABCD	AC	BC	ABC	ABC	ABC	ABCD	ABCD	ABCD	BCD
11	12	13	14	15	16				
CD	ABC	ABC	AD	ABCD	ABCD				

重难点解析:

1. 选项 ABCD 分别对应存货的存在认定,准确性、计价和分摊认定,完整性认定以及权利和义务认定。

2. 选项 B 与财务报表组成要素的低估有关。选项 D 与金额无关。

3. 大多数企业倾向于隐瞒、低估负债,所以注册会计师在审计负债类项目时,更应关注完整性认定。选项 BC 属于负债类项目。

4. 选项 D 属于总体审计目标。

5. 计划阶段包括接受业务委托、实施重大错报风险评估程序和计划审计工作三项工作。分别对应选项 ABC。

6. 选项 D 是审计目标中,总体审计目标的内容。

10. 选项 A 准确性、计价和分摊属于与期末账户余额的认定。

11. 注册会计师关注利润的完整性,说明被审计单位有低估利润的可能性。选项 A,上市公司为了维持股价,一般倾向于高估利润。选项 B,企业为了获得长期借款,一般倾向于高估利润。选项 C,为了少发股利,被审计单位有低估利润的倾向。选项 D,为了避税,被审计单位有低估利润的倾向。

12. 准确性、计价和分摊认定是指资产、负债和所有者权益以恰当的金额包括在财务报表中,与之相关的计价或分摊调整已恰当记录,相关披露已得到恰当计量和描述。选项 D 是分类认定。

13. 分析程序通过研究不同财务数据之间以及财务数据与非财务数据之间的内在关系,对财务信息做出评价。内部控制不属于财务信息的范畴,其本质是被审计单位建立的规章制度,所以分析程序不运用于控制测试。

14. 注册会计师执行财务报表审计工作的总体目标可以浓缩为八个字,即"发表意见"和"出具报告"。

三、判断题

1	2	3	4	5	6	7	8	9	10
×	×	√	×	×	√	×	×	√	×
11	12	13	14	15	16	17	18	19	20
√	×	×	√	√					

重难点解析:

1. 注册会计师审计目标包括审计的总目标和审计具体目标。

2. 注册会计师审计的总目标是:①发表意见,对财务报表整体是否不存在由于舞弊或错误导致的重大错报获取合理保证,使得注册会计师能够对财务报表是否在所有重大方面按照适用的财务报告编制基础编制发表审计意见。②出具报告,按照审计准则的规定,根据审计结果对财务报表出具审计报告,并与管理层和治理层沟通。

4. 管理层在财务报表上的认定有些是明确表达的,有些则是隐含表达的。例如,管理层在资产负债表中列报存货及其金额,意味着作出下列明确的认定:①记录的存货是存在的。②存货以恰当的金额包括在财务报表中,与之相关的计价或分摊调整已恰当记录。同时,管理层也作出下列隐含的认定:①所有应当记录的存货均已记录。②记录的存货都由被审计单位所有。

5. 被审计单位管理层的认定是指管理层对财务报表各组成要素所作出的认定。

7. 审计具体目标包括与所审计期间各类交易、事项及相关披露相关的审计目标和与期末账户余额及相关披露相关的审计目标。

8. 完整性认定是指所有应当记录的交易和事项均已记录,所有应当包括在财务报表中的相关披露均已包括。

10. 被审计单位管理层对财务报表的编制承担完全责任。

12. 注册会计师的审计意见旨在提高财务报表的可信性,但是它不应被视为对被审计单位未来生存能力或管理层经营效率、效果提供的保证,审计工作不能对财务报表不存在重大错报提供担保。

13. 注册会计师要合理保证财务报表整体不存在重大错报。这里要强调的是合理保证而不是绝对保证,合理保证是指注册会计师通过积累必要的审计证据得出财务报表整体不存在重大错报的结论,对财务报表使用人提供一种高水平的但非绝对的保证。

四、实务分析题

1.【参考答案】

相关情形及其认定如表3-10所示。

表3-10　　　　　　　　　　　相关情形及其认定

情形	财务报表项目1		财务报表项目2	
	项目	认定	项目	认定
(1) 甲公司向关联方销售货物,信用期为1年,远超行业标准;注册会计师留意到甲公司未真实发货即确认了营业收入	营业收入	发生	应收账款	存在
(2) 乙公司是玩具生产企业,某批次电动小汽车因网传存在安全隐患被监管机构要求停售排查,注册会计师留意到乙公司尚未对此进行任何会计处理	资产减值损失	完整性	存货	准确性、计价和分摊
(3) 丙公司采购了一批货物,资产负债表日已签收,但尚未收到发票、款项也未支付,注册会计师留意到丙公司在次年年初收到发票后,在账面确认了存货和应付账款的金额	应付账款	完整性	存货	完整性
(4) 丁公司研发一项新型专利,目前处于研究阶段,注册会计师留意到丁公司将相关支出均确认为无形资产	研发费用	完整性	无形资产	存在
(5) 戊公司使用母公司的注册商标生产商品,母公司在本期无条件豁免了本应支付的商标使用费,注册会计师留意到戊公司将豁免的金额计入营业外收入	营业外收入	发生	资本公积	完整性

2.【参考答案】

审计工作底稿内容摘录如表3-11所示。

表3-11　　　　　　　　　　　审计工作底稿内容摘录

情况	具体说明	相关的财务报表项目	对应的认定
(1)	没有计提办公大楼的折旧	固定资产、管理费用	准确性、计价和分摊;完整性
(2)	没有计提生产设备的折旧	固定资产、存货、营业成本	准确性、计价和分摊;准确性
(3)	没有计提办公设备的减值准备	固定资产、资产减值损失	准确性、计价和分摊;完整性
(4)	存货项目没有包括在产品	存货	完整性
(5)	产成品没有计提跌价准备	存货、资产减值损失	准确性、计价和分摊;完整性
(6)	原材料跌价准备计提不足	存货、资产减值损失	准确性、计价和分摊;准确性

3.【参考答案】

应收账款的相关认定、审计目标和进一步审计程序如表 3-12 所示。

表 3-12　　　　应收账款的相关认定、审计目标和进一步审计程序

认定	审计目标	进一步审计程序
存在	资产负债表上列示的应收账款在资产负债表日是存在的	(1) 向烟台兴茂机械制造有限责任公司债务人发函询证 (2) 检查销售合同、销售发票副本和运单
权利和义务	记录的所有应收账款是否均为烟台兴茂机械制造有限责任公司所拥有	(1) 检查销售合同、销售发票副本和运单 (2) 以应收账款明细账为起点,检查合同,确定是否已贴现、出售或质押
完整性	所有应收账款是否均已记录	(1) 选取运单,追查至发票和银行存款日记账、应收账款明细账 (2) 选取发票,追查至运单和银行存款日记账、应收账款明细账
准确性、计价和分摊	应收账款是否可收回,坏账准备计提是否适当	(1) 检查期后已收回应收账款的情况 (2) 分析应收账款账龄,确定坏账准备计提是否适当

4.【参考答案】

项目的相关认定对应的审计目标与审计程序如表 3-13 所示。

表 3-13　　　　项目的相关认定对应的审计目标与审计程序

项目	认定	审计目标	审计程序
应收账款	准确性、计价和分摊	记录的应收账款计价准确,坏账计提准确	(1) 分析应收账款账龄,确定坏账准备计提是否准确充足 (2) 检查商品价目表和销售发票,重新计算发票金额
营业收入	发生	记录的营业收入是真实发生的	(1) 从营业收入的账簿记录追查至相应的销售发票 (2) 结合应收账款审计,选择主要客户函证本期销售额
固定资产	权利和义务	记录的固定资产由被审计单位拥有或控制	(1) 检查固定资产的抵押担保情况 (2) 对外购的固定资产,审核采购发票、采购合同等;对房地产类固定资产,查阅有关的合同、产权证明、财产税单和保险单等书面文件
应付账款	完整性	已存在的应付账款均已记录	(1) 检查期后付款情况,确定有无未入账的应付账款 (2) 从原始凭证追查至账簿记录
存货	存在	已记录的存货是真实存在的	(1) 实施存货监盘 (2) 对存放于外单位的存货,向外单位进行函证或前往外单位进行存货监盘

5.【参考答案】

具体审计目标或审计程序对应的管理层认定如表3-14所示。

表3-14　　具体审计目标或审计程序对应的管理层认定

具体目标或程序	管理层认定的名称
(1) 确定所有的应收票据均已反映在账簿记录中	完整性
(2) 检查生产设备的购货发票,核实付款人是否为烟台兴茂机械制造有限责任公司	权利和义务
(3) 固定资产与低值易耗品的界限是否明确,披露是否充分	分类和可理解性
(4) 应收票据明细账余额加计是否与总账余额相符	准确性、计价和分摊
(5) 期末存货按成本与可变现净值孰低法计价	准确性和计价
(6) 检查已入账销售业务的支持性凭证中是否包含顾客订单	发生
(7) 确定当年所购商品验收单的最大号码	截止
(8) 编制或获取营业收入项目的明细表,复核加计是否正确	准确性
(9) 核实所记录的应付账款是否均已收到符合要求的材料	存在

6.【参考答案】

(1) 不恰当。银行函证是"应当"实施的程序,检查银行对账单并不足以豁免函证程序。原理上,一方面,注册会计师在实务中经常从被审计单位处取得银行对账单,相比于从银行这一独立渠道取得回函,前者的可靠性相对较低;另一方面,银行对账单并不能提供与银行借款和其他重要信息有关的直接证据,不能替代银行函证。

(2) 不恰当。相比于银行函证,存款证明仅提供了与银行存款有关的审计证据,而在银行借款和其他重要信息的验证方面无法提供证据支持。

(3) 不恰当。丁银行划线删除了有关银行借款和资产抵押的相关内容,很可能意味着对这些信息未加以验证,注册会计师需要进一步核实。

(4) 不恰当。注册会计师依据被审计单位财务人员的答复而划线删除了部分内容,很可能给被询证的银行造成误解,认为无须对相关信息加以验证,进而无法取得独立来源的可靠证据。

(5) 不恰当。即使是本期注销的账户,注册会计师也应当实施函证程序。此外,案例中的注销账户证明来自被审计单位内部,可靠性相对不足。

(6) 不恰当。注册会计师应当对应收账款实施函证程序,除非有充分证据表明应收账款对财务报表不重要或函证很可能无效。案例中,被询证者是关联方并不是豁免函证的合理理由。

第四章 审计证据与审计工作底稿

第一部分 内容概要

一、审计证据

(一) 审计证据的概念与作用

1. 审计证据的概念

审计证据是指注册会计师为了得出审计结论和形成审计意见而使用的信息。构成财务报表基础的会计记录中含有的信息和其他信息共同构成审计证据,两者缺一不可。审计证据的类型如表 4-1 所示。

表 4-1 审计证据的类型

类型	具体内容
会计记录所含有的信息	(1) 会计记录是指初始会计分录形成的记录支持性记录。例如,原始凭证、记账凭证、明细账、总分类账、支持成本分配、计算、调节和披露的手工计算表和电子数据表 (2) 会计记录中含有的信息本身并不足以提供充分的审计证据作为对财务报表发表审计意见的基础,注册会计师还应当获取用作审计证据的其他信息
其他的信息	(1) 从被审计单位内部或外部获取的会计记录以外的信息,如被审计单位的会议记录、内部控制手册、询证函回函等 (2) 通过询问、观察和检查等审计程序获取的信息,如对存货进行监盘获取存货存在的证据等 (3) 自身编制或获取的可以通过合理推断得出结论的信息,如注册会计师编制的各种计算表、分析表等

2. 审计证据的作用

审计证据是确认被审计事项事实真相、形成审计意见的客观基础;是考核和评价审计工作质量的基本依据;是确定和解除被审计人员经济责任和法律责任的客观依据;有利于减轻或免除审计人员的法律责任。

(二) 审计证据的分类

审计证据按不同维度分类如表 4-2 所示。

表 4-2 审计证据的分类

分类依据	具体内容
按审计证据的表现形态分类	实物证据、书面证据、口头证据和环境证据
按审计证据的相关程度分类	直接证据、间接证据

(续表)

分类依据	具体内容
按获取审计证据的来源分类	外部证据、内部证据
按审计证据的重要性分类	基本证据、辅助证据和矛盾证据

(三) 审计证据的特征

审计证据的特征包括充分性和适当性。

1. 审计证据的充分性

充分性是关于审计证据的数量特征。审计人员判断审计证据是否充分时,应当考虑下列主要因素:

(1) 审计风险。错报风险越大,需要的审计证据越多。

(2) 具体审计项目的重要性。审计项目越重要,审计人员就越需要获取充分的审计证据以支持其审计结论或意见。

(3) 审计人员的经验。经验丰富的审计人员,往往可从较少的审计证据中判断出被审计事项是否存在错误或舞弊行为。

(4) 审计过程中是否发现错误或舞弊。

(5) 审计证据的类型与获取途径。如果审计人员获取的大多数是外部证据,则审计证据的质量较高,故可适当减少证据的数量;反之,数量就应相应增加。

2. 审计证据的适当性

适当性是关于审计证据的质量特征,可分为审计证据的相关性和可靠性,具体内容如表4-3所示。

表4-3　　　　　　　　　审计证据的相关性和可靠性

性质		具体内容
相关性	含义	审计证据的相关性是指审计证据应当与审计目标相关
	影响因素	(1) 特定的审计程序可能只为某些认定提供相关的审计证据,而与其他认定无关。同一证据与某一目标相关,但与另一目标可能就不相关 (2) 针对同一项认定可以从不同来源获取审计证据或获取不同性质的审计证据 (3) 只与特定认定相关的审计证据并不能替代与其他认定相关的审计证据
可靠性	含义	审计证据的可靠性是指审计证据应能如实反映客观事实
	判断原则	(1) 从被审计单位外部独立来源获取的审计证据比从其他来源获取的审计证据更可靠 (2) 相关控制有效时内部生成的审计证据比控制薄弱时内部生成的审计证据更可靠 (3) 直接获取的审计证据比间接获取或推论得出的审计证据更可靠 (4) 以文件记录形式(包括纸质、电子或其他介质)存在的审计证据比口头形式的审计证据更可靠 (5) 从原件获取的审计证据比从复印、传真或通过拍摄、数字化或其他方式转化成电子形式的文件获取的审计证据更可靠 (6) 不同来源或不同性质的审计证据相互印证时,审计证据更为可靠

(四) 获取审计证据时对成本的考虑

在保证获取充分、适当的审计证据的前提下,控制审计成本也是审计单位考虑的。但为了保证得出的审计结论、形成的审计意见是恰当的,审计人员不应将获取审计证据的成本高低和难易程度作为减少不可替代的审计程序的理由。

(五) 审计证据的收集、整理与分析

一般来说,审计证据的整理与分析没有固定模式,其方式随审计目的和审计证据的种类不同而不同。审计证据整理与分析的基本方法有分类、计算、比较、小结以及综合等。审计证据整理与分析应注意的几个问题包括:审计证据的取舍、分清事实的现象和本质以及排除伪证。

二、审计工作底稿

(一) 审计工作底稿的含义

审计工作底稿,是指审计人员对制定的审计计划、实施的审计程序、获取的相关审计证据,以及得出的审计结论作出的记录。审计工作底稿是审计人员将在审计工作过程中所采用的方法、步骤和收集的用来证明审计事项真实情况的经济事实和资料,按照一定的格式编制的档案性原始文件。

(二) 审计工作底稿的作用

审计工作底稿在计划和执行审计工作中发挥重要作用。审计工作底稿的编制目的如表4-4 所示。

表 4-4　　　　　　　　　　审计工作底稿的编制目的

类别	主要内容
主要目的	(1) 提供证据,作为注册会计师得出实现总体目标的结论的基础 (2) 提供证据,证明注册会计师按照审计准则和相关法律法规的规定计划和执行了审计工作
其他目的	(1) 有助于项目组计划和实施审计工作 (2) 有助于负责督导的项目组成员按照审计准则的规定,履行指导、监督与复核审计工作的责任 (3) 便于项目组说明其执行审计工作的情况 (4) 保留对未来审计工作持续产生重大影响的事项的记录 (5) 便于会计师事务所实施质量控制复核与检查 (6) 便于监管机构和注册会计师协会根据相关法律法规或其他相关要求,对会计师事务所实施执业质量检查

(三) 审计工作底稿的编制

1. 审计工作底稿编制的原则与要求

(1) 审计工作底稿的编制原则。根据审计业务编制符合需要的审计工作底稿,是审计人员执行审计业务的一项重要内容。为了保证审计人员编制的工作底稿符合审计业务要求,在编制审计工作底稿时应遵循如下原则:①完整性原则。②重要性原则。③真实性与相关性原则。④明确责任原则。

(2) 审计工作底稿的编制要求。审计人员在编制审计工作底稿时,应注意以下问题:①每一具体审计事项均应单独编制一份审计工作底稿,并在表头标明被审计单位的全称。

②所有审计过程中取得的审计证据,面谈询问过的人员,观察过的场所等,均应一一明确列示。③应编制一份工作备忘录,列明尚待解决的问题。④审计工作底稿应编制索引,便于查阅。⑤审计人员在编制审计工作底稿时,对其中的问题要中肯地表述自己的意见。⑥审计人员在提出审计报告后,审计工作底稿应归入审计档案,并妥善保管。

2. 审计工作底稿编制的内容

审计人员编制的审计工作底稿应包括下列基本内容:①被审计单位名称。②审计项目名称。③审计项目时点或期间。④审计过程记录。⑤审计标识及其说明。⑥审计结论。⑦索引号及页次。⑧编制者姓名及编制日期。⑨复核者姓名及复核日期。⑩其他应说明事项。

3. 审计工作底稿的格式

审计工作底稿的格式和繁简程度是审计工作详简程度的具体表现,合理确定其格式和繁简程度是保证审计工作质量不可忽视的方面。在确定审计工作底稿格式以及内容的繁简程度时,应根据实际工作需要,针对不同情况,采用多种格式。常用的格式包括:①工作事项表。②内部控制测试表。③试算表工作底稿。④调整工作底稿。⑤分析表、计算表。⑥盘点类工作底稿。⑦备忘录。

(四) 审计工作底稿的复核

在审计工作底稿编制完成后,通过一定的程序,经过多层次的复核显得十分必要。会计师事务所应结合本所实际情况制定出实用有效的复核制度。复核工作的基本要点包括以下几点:①所引用的有关资料是否翔实、可靠。②所获取的审计证据是否充分、适当。③审计判断是否有理有据。④审计结论是否恰当。

复核时应做好下面几项工作:①做好复核记录。②复核人签名的签署日期。③书面表示复核意见。④督促编制人及时修改、完善审计工作底稿。

(五) 审计工作底稿的归档

1. 审计档案的分类

审计工作底稿按其内容的稳定性和使用期限划分,可以分为永久性档案和当期档案。

(1) 永久性档案。永久性档案是指那些记录内容相对稳定,具有长期使用价值,并对以后审计工作具有重要影响和直接作用的审计档案,通常可分为三类:审计项目管理资料、被审计单位背景资料、法律事项资料。

(2) 当期档案。当期档案是指那些记录内容经常变化,只供当期审计使用和下期审计参考的审计档案,通常可分为五类:沟通和报告相关工作底稿、审计完成阶段工作底稿、审计计划阶段工作底稿、特定项目审计程序表和进一步审计程序工作底稿。

2. 审计档案的所有权

在我国,审计工作底稿的所有权属于承接该项业务的会计师事务所。

3. 审计工作底稿的归档和保存

(1) 审计工作底稿的归档期限。审计工作底稿的归档期限为审计报告日后的 60 天内。

(2) 审计工作底稿的保存年限。会计师事务所应当自审计报告日起,对审计工作底稿至少保存 10 年。

(3) 审计工作底稿归档期的变动。在审计报告日后将审计工作底稿归整为最终审计档案是一项事务性的工作,并不涉及实施新的审计程序或得出新的结论。在归档期内,注册会计师可以针对事务性的工作对审计工作底稿作出变动。

（4）审计工作底稿归档后的变动。一般情况下，在审计报告归档之后不需要对审计工作底稿进行修改或增加。在完成最终审计档案归整工作后，如果注册会计师发现有必要修改现有审计工作底稿或增加新的审计工作底稿，无论修改或增加的性质如何，注册会计师均应当记录：①修改或增加审计工作底稿的具体理由。②修改或增加审计工作底稿的时间和人员，以及复核的时间和人员。

4. 审计档案的保密与调阅

会计师事务所应当建立审计工作底稿保密制度，对工作底稿中涉及的商业秘密保密。但由于下列情况需要查阅工作底稿的，不属于泄密：

（1）法院、检察院及其他部门依法查阅，并按规定办理了必要手续。

（2）注册会计师协会对执业情况进行检查。

（3）因工作需要，并经委托人同意，在下列情况下，不同会计师事务所的注册会计师可以要求查阅工作底稿：①被审计单位更换会计师事务所。②审计合并报表。③联合审计。④会计师事务所认为合理的其他情况。

三、审计抽样

（一）审计抽样的定义

审计抽样是指注册会计师对具有审计相关性的总体中低于百分之百的项目实施审计程序，使所有抽样单元都有被选取的机会，为注册会计师针对整个总体得出结论提供合理基础。审计抽样应当具备三个基本特征：①对某类交易或账户余额中低于百分之百的项目实施审计程序。②所有抽样单元都有被选取的机会。③审计测试的目的是评价该账户余额或交易类型的某一特征。审计人员拟实施的审计程序将对运用审计抽样产生重要影响。

有些审计程序可以使用审计抽样，有些审计程序则不宜使用审计抽样。审计抽样的适用性如表 4-5 所示。

表 4-5　　　　　　　　　审计抽样的适用性

阶段	对抽样的规定
风险评估阶段	（1）通常不涉及审计抽样 （2）如果审计人员在了解控制的设计和确定其是否得到执行时，一并计划和实施控制测试，则会涉及审计抽样方法，但此时审计抽样仅适用于控制测试，不是针对风险评估程序
控制测试	（1）当控制的运行留下了轨迹，审计人员通常可以在控制测试中运用审计抽样方法 （2）对这些未留下运行轨迹的控制实施测试，审计人员应当考虑实施询问、观察等审计程序，以获取有关控制运行有效性的审计证据，此时不涉及使用审计抽样方法
实质性程序	（1）在实施细节测试时，审计人员可以使用审计抽样方法 （2）在实施实质性分析程序时，审计人员不宜使用审计抽样方法

（二）审计抽样的种类

1. 统计抽样和非统计抽样

根据抽样决策的依据不同，审计抽样可划分为统计抽样和非统计抽样两种，具体内容如

表 4-6 所示。

表 4-6　　　　　　　　统计抽样和非统计抽样的具体内容

类型	统计抽样	非统计抽样
定义	同时具备两个特征： (1) 随机选取样本项目 (2) 运用概率论评价样本结果、计量抽样风险	不同时具备两个特征
特点	(1) 客观计量抽样风险 (2) 成本较高	(1) 无法计量抽样风险 (2) 如果设计适当，也能提供与统计抽样同样有效的结果
决策	注册会计师在统计抽样与非统计抽样方法之间进行选择时主要考虑成本效益，并运用职业判断	

2. 属性抽样和变量抽样

按注册会计师所了解的总体特征的不同，可将审计抽样分为属性抽样和变量抽样，具体内容如表 4-7 所示。

表 4-7　　　　　　　　属性抽样和变量抽样的具体内容

类型	属性抽样	变量抽样
定义	对总体中某一事件发生率得出结论的统计抽样方法	对总体金额得出结论的统计抽样方法
运用环节	控制测试	细节测试
目的	测试某一设定控制的偏差率，而不考虑交易的金额大小	确定记录金额是否正确

四、抽样风险与非抽样风险

（一）抽样风险

1. 抽样风险的定义

抽样风险是指注册会计师根据样本得出的结论，可能不同于如果对整个总体实施与样本相同的审计程序得出的结论的风险。抽样风险与样本量成反比，样本量越大，抽样风险越小。

2. 控制测试中应关注的抽样风险

控制测试中的抽样风险如表 4-8 所示。

表 4-8　　　　　　　　控制测试中的抽样风险

类别	具体内容
信赖不足风险	(1) 含义：信赖不足风险是指推断的控制有效性低于其实际有效性的风险 (2) 后果：信赖不足风险与审计效率有关。注册会计师可能会增加不必要的实质性程序
信赖过度风险	(1) 含义：信赖过度风险是指推断的控制有效性高于其实际有效性的风险 (2) 后果：信赖过度风险与审计效果有关，更容易导致注册会计师发表不恰当的审计意见，因而更应予以关注

3. 实质性程序中应关注的抽样风险

实质性程序中的抽样风险如表 4-9 所示。

表 4-9　　　　　　　　　　实质性程序中的抽样风险

类别	具体内容
误受风险	(1) 含义：误受风险是指注册会计师推断某一重大错报不存在而实际上存在的风险 (2) 后果：误受风险影响审计效果，更容易导致注册会计师发表不恰当的审计意见，因而更应予以关注
误拒风险	(1) 含义：误拒风险是指抽样结果表明账户余额存在重大错报而实际上不存在重大错报的可能性 (2) 后果：误拒风险影响审计效率。注册会计师会扩大细节测试的范围

信赖不足风险与误拒风险一般会导致注册会计师执行额外的审计程序，降低审计效率。当注册会计师评估的控制有效性低于其实际有效性时，评估的重大错报风险水平高于实际水平，注册会计师可能会增加不必要的实质性程序。在这种情况下，审计效率可能降低。与信赖不足风险类似，误拒风险影响审计效率。信赖过度风险与误受风险很可能导致注册会计师形成不正确的审计结论。如果注册会计师评估的控制有效性高于其实际有效性，从而导致评估的重大错报风险水平偏低，注册会计师可能不适当地减少从实质性程序中获取的证据，因此审计的有效性下降。对于注册会计师而言，信赖过度风险更容易导致注册会计师发表不恰当的审计意见，因而更应予以关注。与信赖过度风险类似，误受风险影响审计效果。

（二）非抽样风险

非抽样风险是指因注册会计师采用不恰当的审计程序或方法，或因误解审计证据等而未能发现重大误差的可能性。产生这种风险的原因主要有：①人为错误，如未能找出样本文件中的错误等。②运用了不切合审计目标的程序。③错误解释样本结果。非抽样风险无法量化，但会计师事务所和注册会计师应当通过对审计工作适当的计划、指导和监督，以坚持质量控制标准，力争有效地降低非抽样风险。非抽样风险对审计工作的效率和效果都有一定影响。

五、审计抽样的过程

审计抽样的一般过程分为样本设计、样本选取和抽样结果评价三个阶段。

1. 样本设计

样本的设计是指注册会计师围绕样本的性质、样本量、抽样组织方式及抽样工作质量要求等方面所进行的规划工作。

（1）确定审计目标。确定测试目标是样本设计阶段的第一项工作。一般而言，控制测试是为了获取关于某项控制运行是否有效的证据，而细节测试的目的是确定某类交易或账户余额是否正确，获取与存在的错报有关的证据。

（2）定义总体及抽样单元。审计对象总体是审计人员为形成审计结论，拟采用抽样方法审计的经济业务及有关会计或其他资料的全部项目。审计人员在确定审计对象总体时，应保证其相关性和完整性。抽样单元是构成审计对象总体的个别项目。审计人员应当根据审计目的及被审计单位实际情况,确定抽样单元。

(3) 分层。如果总体项目存在重大的变异性,注册会计师应当考虑分层。分层可以降低每一层中项目的变异性,从而在抽样风险没有成比例增加的前提下减小样本规模。注册会计师应当仔细界定子总体,以使每一抽样单元只能属于一个层。

(4) 定义误差的构成条件。注册会计师必须事先准确定义构成误差的条件,否则执行审计程序时就没有识别误差的标准。在控制测试中,误差是指控制偏差,注册会计师要仔细定义所要测试的控制及可能出现偏差的情况;在细节测试中,误差是指错报,注册会计师要确定哪些情况构成错报。

(5) 确定审计程序。注册会计师必须确定能够最好地实现测试目标的审计程序组合。例如,如果注册会计师的审计目标是通过测试某一阶段的适当授权证实交易的有效性,审计程序就是检查特定人员已在某文件上签字以示授权的书面证据。注册会计师预计样本中每一张该文件上都有签名。

2. 样本选取

(1) 确定样本规模。样本规模是指从总体中选取样本项目的数量。确定样本规模时需考虑的因素如表 4-10 所示。

表 4-10　　　　　　　　　确定样本规模时需考虑的因素

影响因素	控制测试	细节测试	与样本规模的关系
可接受的抽样风险	可接受的信赖过度风险	可接受的误受风险	反向变动
可容忍误差	可容忍偏差率	可容忍错报	反向变动
预计总体误差	预计总体偏差率	预计总体错报	同向变动
总体变异性	—	总体变异性	同向变动
总体规模	总体规模	总体规模	影响很小

(2) 确定样本选取方法。在选取样本项目时,注册会计师应当使总体中的所有抽样单元均有被选取的机会。因此,不管使用统计抽样或非统计抽样方法,所有的审计抽样均要求注册会计师选取的样本对总体来讲具有代表性;否则,就无法根据样本结果推断总体。在实务工作中,常见的样本选取方法包括:简单随机选样、系统选样和随意选样。

完成了上述抽样计划设计工作,就要执行抽样计划,即根据抽样计划和样本选取方法选取样本项目,并对样本项目进行审计程序,从而确定同既定标准发生误差的性质和数量,以备评价抽样结果之用。

3. 抽样结果评价

注册会计师在对样本实施必要的审计程序后,应按以下步骤评价抽样结果:

(1) 分析样本误差。注册会计师应当考虑样本的结果、已识别的所有误差的性质和原因,及其对具体审计目标和审计的其他方面可能产生的影响。

(2) 根据样本结果推断总体。在实施控制测试时,注册会计师将样本中发现的偏差数量除以样本规模,即计算出样本偏差率。无论使用统计抽样还是非统计抽样方法,样本偏差率都是注册会计师对总体偏差率的最佳估计。

(3) 形成审计结论。在控制测试中,注册会计师应当将总体偏差率与可容忍偏差率比较,但必须考虑抽样风险。在细节测试中,注册会计师首先必须根据样本中发现的实际错报要求被审计单位调整账面记录金额,将被审计单位已更正的错报从推断的总体错报金额中减掉后,注册会计师应当将调整后的推断总体错报与该类交易或账户余额的可容忍错报相比较,但必须考虑抽样风险。

六、控制测试中的审计抽样

在控制测试中使用审计抽样可以分为样本设计、选取样本和评价样本结果三个阶段。

1. 样本设计

(1) 确定测试目标。注册会计师实施控制测试的目标是提供关于控制运行有效性的审计证据,以支持计划的重大错报风险评估水平。

(2) 定义总体和抽样单元。在控制测试中,注册会计师应当考虑总体的同质性,即总体中的所有项目应该具有同样的特征。在界定总体时,应当确保总体适合于特定的审计目标,同时确保总体的完整性。

(3) 定义偏差。注册会计师应定义所要测试的控制及可能出现偏差的情况。

(4) 定义测试期间。注册会计师通常在期中实施控制测试。由于期中测试获取的证据只与控制截至期中测试时点的运行有关,注册会计师需要确定如何获取关于剩余期间的证据。

2. 选取样本

(1) 确定样本规模。在控制测试中影响样本规模的因素如下:①可接受的信赖过度风险。②可容忍偏差率。③预计总体偏差率。

(2) 确定样本规模后,使用上节所述的选取样本的方法选取样本,并对选取的样本项目实施审计程序。

3. 评价样本结果

评价样本结果包括分析偏差的性质和原因、计算总体偏差率以及得出总体结论。

七、细节测试中的审计抽样

在细节测试中的审计抽样,通常被称作变量抽样。它是通过对样本检查的结果,推断总体金额的统计抽样方法。在进行实质性程序中的细节测试时,通常采用传统变量抽样和概率比例规模抽样。

1. 传统变量抽样

(1) 均值估计抽样。均值估计抽样是通过检查确定样本的平均值,再根据样本平均值推断总体的平均值和总值的方法。

(2) 比率估计抽样。比率估计抽样是指以样本的实际金额与账面金额之间的比率关系来估计总体实际金额与账面金额之间的比率关系,然后再以此比率乘以总体的账面金额,从而求出估计的总体实际金额的一种抽样方法。比率估计抽样的计算公式如下:

$$比率 = 样本审定金额合计 \div 样本账面金额 \times 100\%$$
$$估计的总体实际金额 = 总体账面金额 \times 比率$$
$$推断的总体错报 = 估计的总体实际金额 - 总体账面金额$$

(3) 差额估计抽样。差额估计抽样是指以样本实际金额与账面金额的平均差额来估计总体实际金额与账面金额的平均差额,然后再以这个平均差额乘以总体规模,从而求出总体的实际金额与账面金额的差额(总体错报)的一种抽样方法。差额估计抽样的计算公式如下:

$$平均错报 = 样本实际金额与账面金额的差额 \div 样本规模$$
$$推断的总体错报 = 平均错报 \times 总体规模$$

2. 概率比例规模抽样(简称 PPS 抽样)

PPS 抽样是一种运用属性抽样原理对货币金额而不是对发生率得出结论的统计抽样方法。PPS 抽样以货币单元作为抽样单元。在该方法下,总体中的每个货币单元被选中的机会相同,所以总体中某一项目被选中的概率等于该项目的金额与总体金额的比率。项目金额越大,被选中的概率就越大。

第二部分 练 习 题

一、单项选择题

1. 审计证据的相关性是指审计证据应与(　　)相关。
   A. 审计目标　　　B. 审计范围　　　C. 审计事实　　　D. 财务报表
2. 下列审计证据中,属于外部证据的是(　　)。
   A. 被审计单位声明书　　　　　　B. 被审计单位的会计记录
   C. 被审计单位提供的购货发票　　D. 被审计单位提供的销货发票
3. 下列审计证据中,既属于书面证据,又属于内部证据的是(　　)。
   A. 存货盘点表　　　　　　　　　B. 材料入库单
   C. 应收账款的回函　　　　　　　D. 审计人员编制的账龄分析表
4. 下列各项中,通常通过实物证据能够证明的是(　　)。
   A. 实物资产是否存在　　　　　　B. 实物资产的所有权
   C. 实物资产的计价准确性　　　　D. 有关会计记录是否正确
5. 下列各项中,与所需审计证据数量呈正比例关系的是(　　)。
   A. 可接受的检查风险　　　　　　B. 管理当局的可信赖程度
   C. 具体审计项目的重要性　　　　D. 审计人员的审计经验
6. 下列关于审计风险与审计证据的数量关系的描述中,正确的是(　　)。
   A. 审计人员对重大错报风险估计的水平越高,所需证据数量越多
   B. 审计人员对重大错报风险估计的水平越高,所需证据数量越少
   C. 审计人员对检查风险估计的水平越高,所需证据数量越多
   D. 以上都不对
7. 下列审计证据中,可靠性最强的是(　　)。
   A. 会议的同步书面记录　　　　　B. 应收账款函证回函
   C. 采购订货单副本　　　　　　　D. 销售发票

8. 充分性和适当性是审计证据的两个重要特征,下列关于审计证据的充分性和适当性的表述中,不正确的是（   ）。
   A. 审计证据质量越高,需要审计证据的数量可能越少
   B. 充分性和适当性两者缺一不可,只有充分且适当的审计证据才是有证明力的
   C. 如果审计证据的质量存在缺陷,仅靠获取更多的审计证据可能无法弥补其质量上的缺陷
   D. 适当性是关于审计证据的数量特征
9. 审计工作底稿的所有权属于（   ）。
   A. 被审计单位财务部门   B. 被审计单位董事会
   C. 执行该项目的会计师事务所   D. 负责该项目的项目经理
10. 下列各项中,属于永久性档案的是（   ）。
    A. 被审计单位的组织结构   B. 审计报告
    C. 有关控制测试工作底稿   D. 有关实质性测试工作底稿
11. 下列各项中,属于当期档案的是（   ）。
    A. 审计业务约定书原件   B. 有关设立、经营等文件的复印件
    C. 具体审计计划   D. 被审计单位背景资料
12. 审计工作底稿的归档期限为审计报告日后的（   ）日内。
    A. 30   B. 60
    C. 90   D. 180
13. 会计师事务所应当自审计报告日起,对审计工作底稿（   ）。
    A. 至少保存 8 年   B. 至少保存 10 年
    C. 至少保存 15 年   D. 永久保存
14. 下列各项中,审计人员在进行细节测试时应关注的抽样风险是（   ）。
    A. 信赖不足风险   B. 信赖过度风险
    C. 误受风险   D. 非抽样风险
15. 下列表述中,属于统计抽样的优点的是（   ）。
    A. 它能充分利用审计人员的经验和判断力
    B. 它所需要的样本量比较少,因而可以提高审计效率
    C. 它适用于会计资料比较齐全或总体较大的企业
    D. 它可以根据样本分布的规律计算抽样误差的范围,并通过调整样本量来控制抽样误差和风险
16. 下列关于抽样风险和非抽样风险的表述中,不正确的是（   ）。
    A. 抽样风险与样本规模呈反方向变动,注册会计师可以通过扩大样本规模降低抽样风险
    B. 通过采取适当的质量控制政策和程序可以将非抽样风险降至可接受的水平
    C. 抽样风险和非抽样风险均不能量化
    D. 非抽样风险对审计效率和效果均有影响

17. （　　）是指审计人员采用不恰当的审计程序或方法,或因误解审计证据等而未能发现重大误差的可能性。
   A. 非抽样风险　　　B. 抽样风险　　　C. 信赖不足风险　　　D. 误拒风险

二、多项选择题

1. 下列审计证据中,属于按重要性分类的有（　　）。
   A. 基本证据　　　B. 辅助证据　　　C. 矛盾证据　　　D. 直接证据
2. 下列审计证据中,属于按相关程度分类的有（　　）。
   A. 间接证据　　　B. 佐证证据　　　C. 矛盾证据　　　D. 直接证据
3. 下列审计证据中,属于按审计证据来源分类的有（　　）。
   A. 间接证据　　　B. 外部证据　　　C. 内部证据　　　D. 直接证据
4. 下列各项中,属于环境证据的有（　　）。
   A. 企业内部控制情况　　　　　　　B. 被审计单位管理人员的素质
   C. 被审计单位各种管理条件和管理水平　　　D. 销售发票
5. 下列情况中,需要审计人员收集更多的审计证据的有（　　）。
   A. 重要的审计项目
   B. 控制风险较高
   C. 审计过程中发现存在错误行为
   D. 审计证据的相关与可靠程度较低
6. 下列各项中,审计人员判断审计证据是否充分、适当,应考虑的主要因素有（　　）。
   A. 审计的成本与效益　　　　　　　B. 审计项目的重要性
   C. 审计人员的审计经验　　　　　　D. 审计证据的类型
7. 下列各项中,属于保守型风险,一般会导致审计人员执行额外的审计程序,降低审计效率的有（　　）。
   A. 信赖不足风险　　　　　　　　　B. 信赖过度风险
   C. 误拒风险　　　　　　　　　　　D. 误受风险
8. 只要使用审计抽样,总会存在抽样风险,但不同类型的抽样风险对审计的影响是不同的。下列各类抽样风险中,影响审计效果,即可能导致注册会计师发表不恰当的审计意见的审计风险的有（　　）。
   A. 在实施控制测试时,注册会计师推断的控制有效性高于其实际有效性的风险
   B. 在实施控制测试时,注册会计师推断的控制有效性低于其实际有效性的风险
   C. 在实施细节测试时,注册会计师推断某一重大错报存在而实际上不存在的风险
   D. 在实施细节测试时,注册会计师推断某一重大错报不存在而实际上存在的风险
9. 下列各项中,属于非抽样风险的产生原因的有（　　）。
   A. 人为错误　　　　　　　　　　　B. 运用不符合审计目标的审计程序
   C. 错误解释样本结果　　　　　　　D. 以上均不正确
10. 下列各项中,属于审计抽样的三个阶段的有（　　）。
    A. 样本的设计　　　B. 样本的选取　　　C. 评价抽样结果　　　D. 样本的分析

11. 下列各项中,属于审计工作底稿复核的要求的有( )。
    A. 做好复核记录
    B. 书面表示复核意见
    C. 复核人签名和签署日期,以划清审计责任
    D. 督促编制人及时修改和完善审计工作底稿
12. 下列各项中,属于项目组内部复核内容的有( )。
    A. 审计程序的目标是否实现
    B. 获取的审计证据是否充分、适当
    C. 重大事项是否已提请进一步考虑
    D. 审计工作是否已按照法律法规、职业道德规范和审计准则的规定执行
13. 项目质量控制复核与项目组内部复核在内容和目的等方面具有一定的相似性,但也存在一定的区别。下列各项中,属于二者区别的有( )。
    A. 复核主体不同   B. 复核对象不同
    C. 复核要求不同   D. 复核范围不同
14. 下列各项中,在审计抽样中与样本规模呈反向关系的有( )。
    A. 可接受的抽样风险   B. 可容忍误差
    C. 预计总体误差   D. 总体变异性
15. 下列各项中,在对总体进行分层时必须注意的有( )。
    A. 总体中的每一个抽样单位必须属于某一个层次,并且只属于这一层次
    B. 必须有事先确定的、有形的、具体的差别或标准来明确区分不同的层次
    C. 必须能够事先确定每一层次中抽样单位的准确数字
    D. 审计人员可以利用分层,着重审计可能存在较大错误的项目,并减少样本量
16. 下列各项中,确定审计工作底稿的格式、内容和范围时应考虑的因素有( )。
    A. 实施审计程序的性质   B. 已识别的重大错报风险
    C. 已获取审计证据的重要程度 D. 已识别的例外事项的性质和范围

三、判断题
1. 实物证据通常是证实被审计单位对其拥有所有权的非常有说服力的证据。( )
2. 检查有形资产可为其存在提供可靠的审计证据,但不一定能够为权利和义务或计价认定提供可靠的审计证据。( )
3. 被审计单位管理层声明不属于审计证据。( )
4. 注册会计师需要获取的审计证据的数量受重大错报风险的影响。重大错报风险越大,需要的审计证据可能越多。( )
5. 在审计过程中,注册会计师要把各种重要的口头证据做成文字记录,因而口头证据往往采取书面证据的形式。( )
6. 对于需要获取的内部控制在某段期间有效运行的审计证据,注册会计师可以通过获取与时点相关的审计证据予以替代。( )
7. 外部证据是由会计师事务所以外的组织机构或人士编制的书面证据。( )

8. 审计证据的充分性是对审计证据质量的衡量。   （   ）
9. 一般而言,内部证据不如外部证据可靠。   （   ）
10. 通常,直接获取的审计证据比间接获取或推论得出的审计证据更可靠。（   ）
11. 审计证据的充分性是注册会计师为形成审计意见所需要审计证据的最高数量要求。
                                                        （   ）
12. 注册会计师可以考虑获取审计证据的成本与所获取信息的有用性之间的关系。若获取审计证据很困难或成本很高,注册会计师可以成为由减少不可替代的审计程序。
                                                        （   ）
13. 审计证据的数量越多越好。   （   ）
14. 会计记录中含有的信息本身并不足以提供充分的审计证据作为对财务报表发表审计意见的基础,注册会计师还应当获取用作审计证据的其他信息。   （   ）
15. 如果完成审计业务,审计工作底稿归档期限为审计报告日后60日内。（   ）

四、实务分析题

1. 下列几组不同类型审计证据的可靠性存在一定的差异:
   (1) 银行询证函与银行对账单。
   (2) 注册会计师通过自行计算折旧额所取得的证据与被审计单位的累计折旧明细账。
   (3) 银行对账单与出库单。
   (4) 律师询证函回函与注册会计师和律师交谈取得的证据。
   (5) 内部控制良好时形成的领料单与内部控制较差时形成的领料单。
   (6) 销售发票与收货单。
   要求:比较上述每一组证据中哪个类型的证据更可靠。

2. 在注册会计师协会组织的对会计师事务所审计工作底稿质量检查中,检查人员发现烟台兴茂机械制造有限公司2021年财务报表审计工作底稿存在如下问题:
   (1) 审计工作底稿杂乱,底稿中没有交叉索引。
   (2) 现金盘点数与账面记录相差34.5元,没有进一步的说明或补充证据。
   (3) 应收账款回函约30份装订在一起,没有"应收账款回函汇总表",且对于回函不相符者,没有补充审计说明或补充审计证据。
   (4) "无形资产审定表"中确认"无形资产—××药品批号"320万元,但在无形资产审定表后面所附的该药品批号文件显示该药品批号归烟台兴茂机械制造有限公司的股东——烟台兴鲁机械制造有限公司所有。
   (5) 审计工作底稿形成中重视数据、资料的归集,缺少审计人员审计轨迹和专业判断的记录。

   于是,检查人员认为该项目负责人的项目组内部复核没有真正实施,但项目负责人认为"他们已经在每一份底稿中签名,实施了项目组内部有经验的人员、项目负责人的复核"。
   要求:指出检查人员是否有理由认为该项目负责人的项目组内部复核没有真正实施。

3. 2022年2月15日,ABC会计师事务所的A注册会计师完成对烟台兴茂机械制造有限公司2021年度财务报表的审计业务,于5月15日将审计工作底稿归整为审计档案,于5月18日私下又对其进行了修改。5月20日,烟台兴茂机械制造有限公司舞弊案爆发,A注册会计师擅自销毁了烟台兴茂机械制造有限公司审计工作底稿。

要求:

(1) 分析A注册会计师在归整审计档案时是否存在问题,并简要说明理由。

(2) 分析在归整审计档案后,A注册会计师私下修改审计工作底稿是否存在问题,并简要说明理由。

(3) 分析ABC会计师事务所在保存审计工作底稿方面是否存在问题,简要说明理由,并简要说明ABC会计师事务所应当对审计工作底稿实施哪些控制程序。

4. 在2021年烟台兴茂机械制造有限公司的财务报表审计中,项目负责人张某在复核审计小组其他注册会计师形成的审计工作底稿时发现:

(1) 注册会计师王某在没有参与烟台兴茂机械制造有限公司存货盘点的情况下,仅向客户索要了2021年12月28日的存货盘点计划、盘点明细表和汇总表,并按此后的收、发凭证数量推算出资产负债表日的存货数量,与账面价值核对后,就据此确认存货的真实性。

(2) 注册会计师刘某对烟台兴茂机械制造有限公司的应收账款实施函证程序后,没有考虑回函率很低应该实施替代程序的情况,就确认了应收账款。

(3) "固定资产增加、减少检查情况表""固定资产累计折旧计算表"和"固定资产、累计折旧明细检查表"之间的勾稽关系核对不相符。

(4) "财务费用审定表"中各个明细数额与应收票据的承兑费用、负债的利息费用、资产和负债的汇兑损益等勾稽关系核对相符。

于是,张某指导和督促王某等注册会计师实施了以下追加审计程序,以修改和完善审计工作底稿:

(1) 对存货执行监盘程序,即在评价烟台兴茂机械制造有限公司存货盘点计划、盘点明细表和汇总表等基础上,对存货项目进行抽点或全部盘点,并关注存货的残次冷背等品质状况,以实际盘点数量逆推计算出资产负债表日的存货数量。

(2) 对没有回函的应收账款实施替代程序,即抽查销售合同、销售订单、销售发票副本及发运凭证等有关的原始凭证,验证应收账款的真实性。

(3) 重新检查固定资产的增减变动和累计折旧的计算,找出勾稽关系不相符的原因,并纠正错误的工作底稿。

要求:说明项目负责人张某在复核审计小组其他注册会计师形成的审计工作底稿时重点关注了哪些方面。

5. 假定被审计单位应收账款明细账所附原始凭证销售发票的编号为0001至3500,注册会计师拟选择其中350份进行函证。随机数表(部分)如表4-11所示。

表4-11   随机数表(部分)

	1	2	3	5	6
1	04734	39426	91035	54939	76873
2	10417	19688	83404	42038	48226

(续表)

	1	2	3	5	6
3	07514	48374	35658	38971	53779
4	52305	86925	16223	25946	90222
5	96357	11486	30102	82679	57983
6	92870	05921	65698	27993	86406
7	00500	75924	38803	05286	10072
8	34826	93784	52709	15370	96727

要求：

（1）如利用随机数表（表4-11为该表的开始部分），从第2行第1个数字起，自左往右，以各数的后四位数为准，指出注册会计师选择的最初5个样本的号码分别是哪些。

（2）如采用系统抽样法，并确定随机起点为0005，指出注册会计师选择的最初5个样本的号码分别是哪些。

6. 注册会计师张某是烟台兴茂机械制造有限公司2021年度财务报表审计业务的项目负责人。根据评估的重大错报风险，注册会计师决定针对"应收账款"项目的准确性、计价和分摊目标实施传统变量抽样，以确认财务报表上列示的应收账款是否存在高估或低估。张某确定的"应收账款"项目的可容忍错报为21 000元。由于预计只存在少量审计差异，确定的预计总体错报为0。烟台兴茂机械制造有限公司应收账款按照账龄分析法计提坏账准备。其他相关情况如下：

（1）张某认为，只有传统变量抽样才能同时量化、控制误拒风险和误受风险，因非统计变量抽样无法量化控制风险，因而PPS抽样不需要特别控制误拒风险。

（2）张某将烟台兴茂机械制造有限公司2021年12月31日应收账款明细表中列示的全部应收账款定义为抽样总体，而将该明细表中涉及的每个客户定义为抽样单元。

（3）在确定样本规模时，为在确保审计效果的前提下提高审计效率，并考虑到风险后果的严重性，张某确定的可接受的误受风险为10%，误拒风险为5%。

（4）为实现计价和分摊目标，张某计划对抽取的抽样单元实施积极方式的函证程序，并针对无法收回回函等特殊情况计划了替代审计程序。

（5）对样本实施审计程序后，确认的样本审定金额与样本账面金额非常接近。张某据此认为在推断总体错报点估计时采用差额估计抽样法比比率估计抽样法更为适宜。

（6）因为计算的总体错报上、下限均落入了正负可容忍错报范围内，尽管该上限值与可容忍错报金额很接近，张某仍然作出了接受总体的结论。

要求：请分别考虑上述每一种情况，指出注册会计师张某的决策或做法是否存在不当之处。如认为存在不当之处，请简要说明理由。

7. 注册会计师王某通过对被审计单位销售环节内部控制的了解，将可容忍的偏差率规定为7%（即销售环节的内部控制如果出现7%的偏差是可以容忍的）。

在实施销售环节的内部控制测试时，假定分别出现以下两种情况：第一种，王某在100个测试样本中发现了2个偏差，实际上总体偏差率为8%。第二种，王某在100个测试样本中发现了 8 个偏差,而实际上总体的偏差率为 2%。

要求:分别针对上述两种抽样结果,王某应如何评价销售环节内部控制的有效性?王某面临何种抽样风险?对审计效率、审计效果有何影响?

8. 注册会计师张某负责审计烟台兴茂机械制造有限公司 2021 年度财务报表。在了解烟台兴茂机械制造有限公司内部控制后,张某决定采用审计抽样的方法对拟信赖的内部控制进行测试,部分做法摘录如下:

(1) 为测试 2021 年度信用审核控制是否有效运行,将 2021 年 1 月 1 日至 11 月 30 日期间的所有销售单界定为测试总体。

(2) 为测试 2021 年度采购付款凭证审批控制是否有效运行,将采购凭证缺乏审批人员签字或虽有签字但未按制度审批界定为控制偏差。

(3) 在使用随机数表选取样本项目时,由于所选中的 1 张凭证已经丢失,无法测试,直接用随机数表另选 1 张凭证代替。

(4) 在对存货验收控制进行测试时,确定样本规模为 60,测试后发现 3 例偏差。在此情况下,推断 2021 年度该项控制偏差率的最佳点估计为 5%。

(5) 在上述第(4)项的基础上,张某确定信赖过度风险为 5%,可容忍偏差率为 7%。由于存货验收控制的偏差率的最佳点估计不超过可容忍偏差率,认定该项控制运行有效(注:信赖过度风险为 5% 时,样本中发现偏差数"3"对应的控制测试风险系数为 7.8)。

要求:请分别考虑上述每一种情况,指出注册会计师的做法是否正确。如不正确,请简要说明理由。

第三部分 参 考 答 案

一、单项选择题

1	2	3	4	5	6	7	8	9	10
A	C	B	A	C	A	B	D	C	A
11	12	13	14	15	16	17			
C	B	B	C	D	C	A			

重难点解析:

1. 审计证据的相关性是指审计证据应当与审计目标相关。如果取得的证据与审计目标没有联系,即使其说服力很强,也不能用以证明或否定被审计事项。

2. 选项 ABD 均属于内部证据。选项 C,购货发票来源于被审计单位的供应商,属于外部证据。

3. 选项 A 属于实物证据,选项 CD 属于外部证据。

4. 实物证据是指以实物的外部特征和内含性能来证明事物真相的各种财产物资,实物证据主要用以查明实物存在的真实性、数量和计价的正确性。

5. 选项 ABD 均成反比例关系。选项 C,审计项目越重要,审计人员就越需要获取充分的审计证据以支持其审计结论或意见。

6. 错报风险越大，需要的审计证据越多。具体来说，在可接受的审计风险一定的情况下，重大错报风险越大，注册会计师就应实施越多的测试工作，将检查风险降至可接受水平，以将审计风险控制在可接受的低水平范围内。

7. 选项 B 属于外部证据，选项 ACD 均为内部证据，外部证据比内部证据更可靠。

8. 适当性是关于审计证据的质量特征，充分性是关于审计证据的数量特征。选项 D 错误。

9. 审计工作底稿的所有权属于承接该项业务的会计师事务所。

10. 永久性档案是指那些记录内容相对稳定，具有长期使用价值，并对以后审计工作具有重要影响和直接作用的审计档案，通常可分为三类：审计项目管理资料、被审计单位背景资料、法律事项资料。具体包括：审计业务约定书原件、各期审计档案清单、被审计单位的组织结构以及有关设立、经营的文件的复印件等。选项 A 属于永久性档案，选项 BCD 属于当期档案。

11. 当期档案是指那些记录内容经常变化、只供当期审计使用和下期审计参考的审计档案，通常可分为五类：沟通和报告相关工作底稿、审计完成阶段工作底稿、审计计划阶段工作底稿、特定项目审计程序表和进一步审计程序工作底稿。具体包括：审计报告和经审计的财务报表、重大事项概要、总体审计策略和具体审计计划、关联方、有关控制测试工作底稿、有关实质性测试工作底稿等。选项 C 属于当期档案，选项 ABD 属于永久性档案。

12. 审计工作底稿的归档期限为审计报告日后的 60 天内。如果注册会计师未能完成审计业务，审计工作底稿的归档期限为审计业务中止后的 60 天内。

13. 会计师事务所应当自审计报告日起，对审计工作底稿至少保存 10 年。如果注册会计师未能完成审计业务，会计师事务所应当自审计业务中止日起，对审计工作底稿至少保存 10 年。

14. 选项 AB 属于控制测试时应关注的抽样风险。细节测试时应关注的抽样风险包括误拒风险和误受风险。

15. 统计抽样的优点在于能够客观地选取样本，科学地计量抽样风险，并通过调整样本规模有效地控制抽样风险，定量地评价样本结果。

16. 注册会计师在统计抽样中可以量化抽样风险，不能量化非抽样风险，选项 C 不正确。

17. 非抽样风险是指因注册会计师采用不恰当的审计程序或方法，或因误解审计证据等而未能发现重大误差的可能性。

二、多项选择题

1	2	3	4	5	6	7	8	9	10
ABC	AD	BC	ABC	ABCD	BCD	AC	AD	ABC	ABC
11	12	13	14	15	16				
ABCD	ABCD	ABCD	AB	ABCD	ABCD				

重难点解析:

1. 按审计证据的重要性进行分类,可以分为基本证据、辅助证据和矛盾证据。分别对应选项 ABC。

2. 按审计证据的相关程度分类,可以分为直接证据和间接证据。

3. 按获取审计证据的来源分类,可以分为外部证据和内部证据。

4. 环境证据也称状况证据,是指对被审计单位产生影响的各种环境事实,具体而言,包括以下几种:①有关企业内部控制情况。②被审计单位管理人员的素质。③各种管理条件和管理水平。分别对应选项 ABC。选项 D 属于书面证据。

5. 审计人员判断审计证据是否充分时,应当考虑下列主要因素:①审计风险。错报风险越大,需要的审计证据越多。对应选项 B。②具体审计项目的重要性。审计项目越重要,审计人员就越需要获取充分的审计证据以支持其审计结论或意见。对应选项 A。③审计人员的经验。经验丰富的审计人员,往往可从较少的审计证据中判断出被审计事项是否存在错误或舞弊行为,从而可减少对审计证据数量的依赖程度。④审计过程中是否发现错误或舞弊。一旦审计过程中发现被审计事项存在错误或舞弊行为,则被审计单位整体财务报表存在问题的可能性就增大,因此需要增加审计证据的数量,以确保能得出合理的审计结论,形成恰当的审计意见。对应选项 C。⑤审计证据的类型与获取途径。如果审计人员获取的大多数是外部证据,则审计证据的质量较高,故可适当减少证据的数量;反之,数量就应相应增加。对应选项 D。

6. 在保证获取充分、适当的审计证据的前提下,控制审计成本也是审计单位考虑的。但为了保证得出的审计结论、形成的审计意见是恰当的,审计人员不应将获取审计证据的成本高低和难易程度作为减少不可替代的审计程序的理由。选项 A 错误。

7. 信赖过度风险和误受风险对注册会计师来说,是最危险的风险,因为它使审计无法达到预期的效果。而信赖不足风险和误拒风险则属于保守型风险,出现这两种风险后,审计效率虽不高,但其效果一般都能保证。

8. 选项 A 信赖过度风险和选项 D 误受风险影响审计的效果,选项 B 信赖不足风险和选项 C 误拒风险影响审计的效率。

9. 非抽样风险是指因注册会计师采用不恰当的审计程序或方法,或因误解审计证据等而未能发现重大误差的可能性。产生这种风险的原因主要有:①人为错误,如未能找出样本文件中的错误等。②运用了不切合审计目标的程序。③错误解释样本结果。分别对应选项 ABC。

10. 审计抽样的一般过程分为样本的设计、样本的选取和抽样结果的评价三个阶段。分别对应选项 ABC。

11. 复核是会计师事务所进行审计项目质量控制的一项重要程序,必须有严格和明确的规则。一般来说,复核时应做好下面几项工作:①做好复核记录,对审计工作底稿中存在的问题和疑点要明确指出,并以文字记录于审计工作底稿中。②复核人签名的签署日期,这样,有利于划清审计责任,也有利于上级复核人对下级复核人的监督。③书面表示复核意见。④督促编制人及时修改、完善审计工作底稿。分别对应选项 ABCD。

14. 选项 CD 与样本规模呈同向变动关系,选项 AB 与样本规模呈反向变动关系。

三、判断题

1	2	3	4	5	6	7	8	9	10
×	√	×	√	×	×	×	×	√	√
11	12	13	14	15					
×	×	×	√	√					

重难点解析：

1. 实物证据是指以实物的外部特征和内含性能来证明事物真相的各种财产物资。实物证据主要用以查明实物存在的真实性，但实物证据不能证明物资的所有权。

2. 检查有形资产获得的是实物证据，实物证据主要用以查明实物存在的真实性，但实物证据不能证明物资的所有权。

3. 被审计单位管理层声明是注册会计师必须获得的重要审计证据。

6. 时点相关的审计证据只能证明内部控制在某时点有效运行，不能证明内部控制在某期间有效运行。

7. 外部证据是由被审计单位以外的机构或人士编制的书面证据。

8. 审计证据的充分性是对审计证据数量的衡量。

9. 外部证据是由被审计单位以外的机构或人士编制的书面证据。内部证据是由被审计单位的内部机构或人员编制和提供的书面证据，包括被审计单位的会计记录、被审计单位管理当局的声明书和其他各种由被审计单位编制和提供的有关书面文件。外部证据比内部证据更可靠。

11. 充分性是关于审计证据的数量特征。它是指审计证据的数量能足以使审计人员形成审计意见，主要与注册会计师确定的样本量有关。

12. 在保证获取充分、适当的审计证据的前提下，控制审计成本也是审计单位考虑的。但为了保证得出的审计结论、形成的审计意见是恰当的，审计人员不应将获取审计证据的成本高低和难易程度作为减少不可替代的审计程序的理由。

13. 客观公正的审计意见必须建立在足够数量的审计证据的基础上，但这并不是说，审计证据的数量可以无限制地增多。除了数量之外，还需要考虑审计证据的质量。

四、实务分析题

1. 【参考答案】

每一组证据中更可靠的证据如下：

（1）银行询证函更可靠。

（2）注册会计师通过自行计算折旧额所取得的证据更可靠。

（3）银行对账单更可靠。

（4）律师询证函回函更可靠

（5）内部控制良好时形成的领料单更可靠。

（6）销售发票更可靠。

2.【参考答案】

有理由。项目组内部复核主要检查：已执行的审计工作是否支持形成的结论，并已得到适当记录；获取的审计证据是否充分及适当；审计程序的目标是否实现等。本案例中，现金盘点数与账面记录相差 34.5 元、回函不相符及无形资产审定表与后附的证据不相符事项，注册会计师应追加审计程序查证清楚，并将审计轨迹和专业判断记录在审计工作底稿中，但检查人员从底稿中没有发现这些记录。同时，"审计工作底稿杂乱，底稿中没有交叉索引""审计工作底稿形成中重视数据、资料的归集，缺少审计人员审计轨迹和专业判断的记录"，复核人员无法明了审计人员对某一项目或事项实施了哪些审计程序、获取的审计证据是否充分及适当、审计结论是什么。所以，检查人员有理由认为该项目负责人的项目组内部复核没有真正实施。

3.【参考答案】

（1）A 注册会计师在归整审计档案时存在问题。审计工作底稿归档期限为审计报告日后 60 天内，该业务审计报告日为 2 月 15 日，完成归档日期为 5 月 15 日，归档期限超过了 60 天。

（2）在归整审计档案后，A 注册会计师私下修改审计工作底稿存在问题。一般情况下，审计报告归档之后不需要对审计工作底稿进行修改或增加，如果发现有必要修改现有审计工作底稿或增加新的工作底稿，无论性质如何，均应当说明修改的具体理由，并由相关人员进行复核；修改现有工作底稿应该是在对原记录信息不予删除（包括涂改、覆盖等方式）的前提下，采用新信息的方式予以修改。

（3）ABC 会计师事务所在保存审计工作底稿方面存在问题。工作底稿应该自审计报告日起至少保存 10 年，在完成最终审计档案的归档工作后，注册会计师不得在规定的保存期限届满前删除或废弃审计工作底稿。

ABC 会计师事务所应当对审计工作底稿实施的控制程序包括：安全保管业务工作底稿并对业务工作底稿保密；保证业务工作底稿的完整性；设计和实施控制便于使用和检索业务工作底稿；按照规定的期限保存业务工作底稿。

4.【参考答案】

（1）计划的审计程序，注册会计师是否实施了。王某没有按照审计计划实施存货监盘这个公认的审计程序，就确认存货，容易招致审计风险。

（2）所实施的审计程序是否充分。刘某机械地实施了应收账款函证程序，而未考虑没有收到回函可能造成取证不充分，不能支持审计结论的情况。

（3）同一会计科目不同层次的审计工作底稿之间的勾稽关系是否核对相符。固定资产审计形成的不同层次工作底稿的勾稽关系核对不相符，这说明注册会计师对固定资产和累计折旧某些方面的确认不正确，应该追查原因，纠正错误的审计工作底稿。

（4）不同会计科目所形成的审计工作底稿之间的勾稽关系是否核对相符。不同会计科目可能同时反映同一经济业务，因此，不同会计科目所形成的审计工作底稿之间存在一定的勾稽关系。项目负责人可以通过复核不同审计工作底稿之间的勾稽关系，来交叉索引，佐证注册会计师的工作质量。

5.【参考答案】

（1）注册会计师选择的最初 5 个样本的号码分别是：0417、3404、2038、2305、0222。

(2) 注册会计师选择的最初 5 个样本的号码分别是：0005、0015、0025、0035、0045。

6.【参考答案】

(1) 妥当。

(2) 不妥当。与计价和分摊目标相关的审计程序是针对单笔应收账款实施的,应将明细表中列示的每一笔应收账款定义为抽样单元。

(3) 不妥当。误受风险影响审计的效果,误拒风险影响审计的效率,前者的后果更为严重。因此,可接受的误受风险水平应低于误拒风险水平。

(4) 不妥当。仅实施函证程序无法证实应收账款的计价和分摊认定,注册会计师应同时实施分析应收账款账龄、检查坏账准备计提等必要审计程序。

(5) 不妥当。使用统计抽样时,如果预计只发现少量差异,不应使用差额估计抽样和比率估计抽样法。

(6) 妥当。

7.【参考答案】

第一种,王某在 100 个测试样本中发现了 2 个偏差,推断样本偏差率为 2%,小于可容忍的偏差率 7%,王某评价销售环节内部控制总体上是有效的。但实际上总体偏差率为 8%。销售环节内部控制总体上应是无效的。重大错报风险应是高水平,应增加实质性程序的测试量,获取更多审计证据以便将检查风险降至低水平。王某面临信赖过度风险,影响审计效果。

第二种,王某在 100 个测试样本中发现了 8 个偏差,推断样本偏差率为 8%,大于可容忍的偏差率 7%,王某评价销售环节内部控制总体上是无效的。但实际上总体偏差率为 2%。销售环节内部控制总体上应是有效的。重大错报风险应是低水平,应减少实质性程序的测试量,获取较少审计证据便可将检查风险降至低水平。王某面临信赖不足风险,影响审计效率。

8.【参考答案】

(1) 不正确。确定的信用审核控制测试总体未包括 2021 年 12 月份开具的销售单,该总体不完整。应将 2021 年 1 月 1 日至 12 月 31 日开具的所有销售单作为测试的总体。

(2) 关于偏差的定义正确。"审批控制"包括审批和控制这两个要素,具体可分为未经审批的付款和未按制度审批办理的付款。

(3) 不正确。对于发现的凭证丢失情况,应视为控制未能有效运行,作为控制测试中发现的偏差处理。

(4) 总体偏差率的估计正确。在属性抽样中,样本偏差率就是总体偏差率的最佳点估计。样本偏差率为 5%(3÷60×100%),故总体偏差率的最佳点估计为 5%。

(5) 推断总体的方法和结论均不正确。不应将推断的总体偏差率直接与可容忍误差比较,而应将估计的总体偏差率上限 13%(7.8÷60×100%)与可容忍偏差率 7% 比较,并得出运行无效的推断结论。

第五章 计划审计工作

第一部分 内容概要

一、初步业务活动

（一）初步业务活动的目的和内容

初步业务活动的目的和内容如表 5-1 所示。

表 5-1　　　　　　　　　　初步业务活动的目的和内容

项目	具体内容
目的	（1）确保注册会计师具备执行业务所需的独立性和能力 （2）不存在因管理层诚信问题而可能影响注册会计师保持该项业务的意愿的事项 （3）与被审计单位之间不存在对业务约定条款的误解
内容	（1）针对保持客户关系和具体审计业务实施质量控制程序 （2）评价遵守相关职业道德要求的情况 （3）就审计业务约定条款达成一致意见

（二）审计的前提条件

审计的前提条件如表 5-2 所示。

表 5-2　　　　　　　　　　审计的前提条件

前提条件	具体内容
存在可接受的财务报告编制基础	在确定编制财务报表所采用的财务报告编制基础的可接受性时，注册会计师需要考虑下列相关因素： （1）被审计单位的性质 （2）财务报表的目的 （3）财务报表的性质 （4）法律法规是否规定了适用的财务报告编制基础
就管理层的责任达成一致意见	管理层和治理层认可并理解其对财务报表的责任包括： （1）按照适用的财务报告编制基础编制财务报表，并使其实现公允反映 （2）设计、执行和维护必要的内部控制，以使财务报表不存在由于舞弊或错误导致的重大错报 （3）向注册会计师提供必要的工作条件，包括允许注册会计师接触与编制财务报表相关的所有信息，向注册会计师提供审计所需要的其他信息

（三）审计业务约定书

1. 审计业务约定书的定义和作用

审计业务约定书是会计师事务所与被审计单位签订的，用于记录和确认审计业务的委托与受托关系、审计目标和范围、双方的责任以及报告的格式等事项的书面合同。其目的在于明确约定双方的责任与义务,促使双方遵守约定事项并加强合作,以保护会计师事务所与被审计单位的利益。审计业务约定书是编制审计计划的依据,其中包括审计工作的时间预算、进度安排以及相应的费用预算。

2. 审计业务约定书的内容

中国审计准则规范的审计业务约定书的基本内容主要包括以下几个方面:①签订双方的名称。②财务报表审计的目标。③双方的责任,包括被审计单位管理层的责任与注册会计师的责任。④管理层编制财务报表所使用的财务报表编制基础。⑤审计范围,包括指明在执行财务报表审计业务时遵守的中国注册会计师审计准则。⑥执行审计工作的安排,包括出具审计报告的时间要求。⑦审计业务执行结果的报告格式或其他沟通形式。⑧由于测试的性质和审计的其他固有限制,以及内部控制的固有局限性。⑨注册会计师不受限制地接触任何与审计有关的记录、文件和所需要的其他信息。⑩管理层对其做出的与审计有关的声明予以书面确认。

二、重要性

(一) 重要性的含义

重要性取决于在具体环境下对错报金额和性质的判断。在财务报表审计中,如果合理预期错报(包括漏报)单独或汇总起来可能影响财务报表使用者依据财务报表作出的经济决策,则通常认为错报是重大的。重要性概念可从以下几个方面进行理解:①重要性的判断与具体环境有关。②重要性的判断受错报的金额或性质的影响,或受两者共同作用的影响。③判断重要性是从财务报表使用者整体需求的角度出发。

(二) 重要性水平的确定

1. 财务报表整体的重要性

确定重要性需要运用职业判断。通常先选定一个基准,再乘以某一百分比作为财务报表整体的重要性。为选定的基准确定百分比需要运用职业判断。百分比和选定的基准之间存在一定的联系,如经常性业务的税前利润对应的百分比通常比营业收入对应的百分比要高。在选择基准时,需要考虑的因素包括:①财务报表要素(如资产、负债、所有者权益、收入和费用)。②是否存在特定会计主体的财务报表使用者特别关注的项目(如为了评价财务业绩,使用者可能更关注利润、收入或净资产)。③被审计单位性质、所处生命周期阶段及所处行业和经济环境。④被审计单位的所有权结构和融资方式。⑤基准的相对波动性。适当的基准取决于被审计单位的具体情况,需要考虑预期使用者最为关注的财务指标。确定财务报表整体的重要性常用的基准如表5-3所示。

表5-3　　　　　　　　确定财务报表整体的重要性常用的基准

被审计单位的情况	可能选择的基准
企业的盈利水平保持稳定	经常性业务的税前利润
企业近年来经营状况大幅度波动,盈利和亏损交替发生,或者由正常盈利变为微利或微亏,或者本年度税前利润因情况变化而出现意外增加或减少	过去3~5年经常性业务的平均税前利润或亏损(取绝对值),或其他基准(例如营业收入)

(续表)

被审计单位的情况	可能选择的基准
企业为新设企业,处于开办期,尚未开始经营,目前正在建造厂房及购买机器设备	总资产
企业处于新兴行业,目前侧重于抢占市场份额、扩大企业知名度和影响力	营业收入

2. 特定类别交易、账户余额或披露的重要性水平

根据被审计单位的特定情况,下列因素可能表明存在一个或多个特定类别的交易、账户余额或披露,其发生的错报金额虽然低于财务报表整体的重要性,但合理预期将影响财务报表使用者依据财务报表做出的经济决策,具体内容如表5-4所示。

表5-4　　确定特定类别交易、账户余额或披露的重要性水平时应考虑的因素

影响因素	举例
法律、法规或适用的财务报表编制基础是否影响财务报表使用者对特定项目计量或披露的预期	(1) 关联方交易 (2) 管理层和治理层的薪酬
与被审计单位所处行业相关的关键性披露	制药企业的研究与开发成本
财务报表使用者是否特别关注财务报表中单独披露的业务的特定方面	新收购的业务

3. 实际执行的重要性

确定实际执行的重要性并非简单机械地计算,需要注册会计师运用职业判断。财务报表层次实际执行的重要性是指注册会计师确定的低于财务报表整体重要性的一个或多个金额。实际执行的重要性通常为财务报表整体重要性的50%~75%。选择不同百分比来确定实际执行的重要性的情形如表5-5所示。

表5-5　　选择不同百分比来确定实际执行的重要性的情形

选择比例	情形
选择较低的百分比	(1) 首次接受委托的审计项目 (2) 连续审计项目,以前年度审计调整较多 (3) 项目总体风险较高 (4) 存在或预期存在值得关注的内部控制缺陷
选择较高的百分比	(1) 连续审计项目,以前年度审计调整较少 (2) 项目总体风险为低到中等 (3) 以前期间的审计经验表明内部控制运行有效

4. 审计过程中修改重要性

在整个业务过程中,随着审计工作的进展,注册会计师应当根据所获得的新信息更新重要性。由于存在下列原因,注册会计师可能需要修改财务报表整体的重要性和特定类别的交易、账户余额或披露的重要性水平(如适用):①审计过程中情况发生重大变化。

②获取新信息。③通过实施进一步审计程序,对被审计单位及其经营所了解的情况发生变化。

5. 在审计中运用实际执行的重要性

实际执行的重要性在审计中的作用主要体现在以下几个方面:①注册会计师在计划审计工作时可以根据实际执行的重要性确定需要对哪些类型的交易、账户余额和披露实施进一步审计程序,即通常选取金额超过实际执行的重要性的财务报表项目,因为这些财务报表项目有可能导致财务报表出现重大错报。②运用实际执行的重要性确定进一步审计程序的性质、时间安排和范围。

(三) 错报

1. 错报的定义

错报是指某一财务报表项目的金额、分类、列报或披露,与按照适用的财务报表编制基础应当列示的金额、分类、列报或披露之间存在的差异;或根据注册会计师的判断,为使财务报表在所有重大方面实现公允反映,需要对金额、分类、列报或披露做出的必要调整。错报可能是由错误或舞弊导致的。

2. 错报的分类

错报的分类如表 5-6 所示。

表 5-6　　　　　　　　　　　错报的分类

错报类型	含义
事实错报	事实错报是毋庸置疑的错报。这类错报产生于被审计单位收集和处理数据的错误,对事实的忽略或误解,或故意舞弊行为
判断错报	注册会计师认为存在管理层对会计估计做出不合理的判断或不恰当地选择和运用会计政策而导致的差异。这类错报产生于以下两种情况: (1) 管理层和注册会计师对会计估计值的判断差异 (2) 管理层和注册会计师对选择和运用会计政策的判断差异
推断错报	注册会计师对总体存在的错报做出的最佳估计数,涉及根据在审计样本中识别出的错报来推断总体的错报。推断错报是指通过测试样本估计出的总体的错报减去在测试中发现的已经识别的具体错报

3. 累积识别出的错报

注册会计师可能将低于某一金额的错报界定为明显微小的错报,对这类错报不需要累积,因为注册会计师认为这些错报的汇总数明显不会对财务报表产生重大影响。在确定明显微小错报的临界值时,注册会计师可能考虑以下因素:①以前年度审计中识别出的错报(包括已更正和未更正错报)的数量和金额。②重大错报风险的评估结果。③被审计单位治理层和管理层对注册会计师与其沟通错报的期望。④被审计单位的财务指标是否勉强达到监管机构的要求或投资者的期望。

4. 对错报的考虑

错报可能不会孤立发生,一项错报的发生还可能表明存在其他错报。抽样风险和非抽样风险可能导致某些错报未被发现。审计过程中累积错报的汇总数接近所确定的重要性,则表明存在比可接受的低风险水平更大的风险,即可能未被发现的错报连同审计过程中累积错报的汇总数,可能超过重要性。

三、审计风险

审计风险是指财务报表存在重大错报时,注册会计师发表不恰当审计意见的可能性。审计风险取决于重大错报风险和检查风险。

(一) 重大错报风险

重大错报风险是指财务报表在审计前存在重大错报的可能性。重大错报风险与被审计单位的风险相关,且独立于财务报表审计而存在。

1. 两个层次的重大错报风险

(1) 财务报表层次的重大错报风险。财务报表层次重大错报风险与财务报表整体存在广泛联系,它可能影响多项认定,但难以界定某类交易、账户余额、列报的具体认定。

(2) 认定层次的重大错报风险。《中国注册会计师审计准则第1231号——针对评估的重大错报风险采取的应对措施》对注册会计师针对评估的认定层次重大错报风险如何设计和执行进一步的审计程序提出了详细的要求。注册会计师应当考虑特定类别交易、账户余额和列报层次的重大错报风险,考虑的结果有助于注册会计师确定对认定层次实施进一步审计程序的性质、时间安排和范围。

2. 固有风险和控制风险

认定层次的重大错报风险又可以进一步细分为固有风险和控制风险,具体内容如表5-7所示。

表 5-7　　　　　　　　　固有风险和控制风险的具体内容

风险类别		具体内容
固有风险	含义	固有风险是指在考虑相关的内部控制之前,某类交易、账户余额或列报的某一认定易于发生错报的可能性
	理解要点	固有风险独立于内部控制,是由某一事项的内在性质、外在环境所决定的
	举例	(1) 复杂的计算比简单计算更可能出错 (2) 受重大计量不确定性影响的会计估计发生错报的可能性较大
控制风险	含义	控制风险是指某类交易、账户余额或列报的某一认定发生错报,该错报单独或连同其他错报是重大的,但没有被内部控制及时防止或发现并纠正的可能性
	理解要点	控制风险取决于与财务报表编制有关的内部控制的设计和运行的有效性。由于控制的固有局限性,某种程度的控制风险始终存在

(二) 检查风险

检查风险的具体内容如表5-8所示。

表 5-8　　　　　　　　　　检查风险的具体内容

维度	具体内容
定义	检查风险是指如果存在某一错报,该错报单独或连同其他错报可能是重大的,注册会计师为将审计风险降至可接受的低水平而实施程序后没有发现这种错报的风险

(续表)

维度	具体内容
理解要点	(1) 检查风险取决于审计程序设计的合理性和执行的有效性 (2) 检查风险不可能降低为零,主要原因:①通常并不对所有的交易、账户余额和列报进行检查。②注册会计师可能选择了不恰当的审计程序、审计过程执行不当,或者错误解读了审计结论
降低检查风险的途径	(1) 适当计划 (2) 在项目组成员之间进行恰当的职责分配 (3) 保持职业怀疑态度以及监督 (4) 指导和复核助理人员所执行的审计工作

(三) 审计风险模型

在既定的审计风险水平下,可接受的检查风险水平与认定层次重大错报风险的评估结果呈反向关系。评估的重大错报风险越高,可接受的检查风险越低;评估的重大错报风险越低,可接受的检查风险越高。检查风险与重大错报风险的反向关系用数学模型表示如下:

$$审计风险 = 重大错报风险 \times 检查风险$$

从上述风险模型可以看出,在审计风险一定的情况下,检查风险与重大错报风险之间呈反比例关系。也就是说,重大错报风险估计水平越低,可接受的检查风险就越高;重大错报风险估计水平越高,可接受的检查风险就越低。

(四) 审计风险模型的运用

1. 识别和评估重大错报风险

注册会计师应当识别和评估财务报表层次以及各类交易、账户余额、列报认定层次的重大错报风险。在识别和评估重大错报风险时,注册会计师应当实施下列审计程序:①在了解被审计单位及其环境的整个过程中识别风险,并考虑各类交易、账户余额、列报。②将识别的风险与认定层次可能发生错报的领域相联系。③考虑识别的风险的重大性。④考虑识别的风险导致财务报表发生重大错报的可能性。

2. 计算可接受的检查风险

审计风险要素之间存在着密切关系。重大错报风险的水平,决定着注册会计师可接受的检查风险水平。评估的重大错报风险水平越高,注册会计师可接受的检查风险水平也就越低;反之亦然。

3. 检查风险对确定实质性测试性质、时间、范围的影响

注册会计师实施的实质性测试,其性质、时间和范围的决定最终取决于根据重大错报风险水平所确定的可接受的检查风险。可接受的检查风险水平与实质性测试的性质、时间和范围的关系如表5-9所示。

表5-9　　　　检查风险与实质性测试的性质、时间和范围的关系

实质性测试可接受的检查风险	性质	时间	范围
高	分析程序和交易测试为主	期中审计为主	较小样本,较少证据

(续表)

实质性测试可接受的检查风险	性质	时间	范围
中	分析程序、交易测试以及余额测试结合运用	期中审计、期末审计和期后审计结合运用	适中样本,适量证据
低	余额测试为主	期末审计和期后审计为主	较大样本,较多证据

（五）重要性与审计风险的关系

重要性与审计风险（面临的）之间存在反向关系,即重要性水平越高,审计风险越低;重要性水平越低,审计风险越高。这里所说的重要性水平高低指的是金额的大小。可接受的审计风险和审计证据之间也是反向关系。

四、审计计划

（一）总体审计策略

总体审计策略是注册会计师对审计业务的范围、审计工作的时间安排和方向所作的规划,是注册会计师从接受审计委托到出具审计报告整个过程的基本工作的综合计划,是指导制订更为详细的具体审计计划的依据。在制定总体审计策略时,注册会计师应当明确四方面的内容包括：审计范围、报告目标、时间安排及所需沟通、审计方向以及审计资源。制定总体审计策略时应考虑的具体因素如表 5-10 所示。

表 5-10　　　　　　制定总体审计策略时应考虑的具体因素

审计范围	（1）编制财务报表适用的会计准则和相关会计制度
	（2）特定行业的报告要求,如某些行业监管部门要求提交的报告
	（3）预期的审计工作涵盖范围,包括审计的集团内部组成部分的数量及所在地点
	（4）母公司和集团内其他组成部分之间存在的控制关系的性质
	（5）其他注册会计师参与审计集团内组成部分的范围
	（6）需审计的业务分部性质,包括是否需要具有专门知识
	（7）外币业务的核算方法及外币财务报表折算和合并方法
	（8）内部审计工作的可利用性及对内部审计工作的拟依赖程度
	（9）被审计单位使用服务机构的情况
	（10）预期利用在以前期间审计工作中获取的审计证据的程度
	（11）信息技术对审计程序的影响
	（12）中期财务信息审阅及在审阅中所获信息对审计的影响
	（13）与为被审计单位提供其他服务的会计师事务所人员讨论可能影响审计的事项
	（14）被审计单位的人员和相关数据的可利用性

(续表)

报告目标、时间安排及所需沟通	(1) 被审计单位的财务报告时间表
	(2) 与管理层和治理层就审计工作的性质、范围和时间所举行会议的组织工作
	(3) 与管理层和治理层讨论预期签发报告和其他沟通文件的类型及提交时间
	(4) 报告和其他沟通文件
	(5) 就组成部分的报告及其他沟通文件的类型及提交时间与组成部分的注册会计师沟通
	(6) 项目组成员之间预期沟通的性质和时间安排
	(7) 是否需要跟第三方沟通
	(8) 与管理层讨论在整个审计过程中通报审计工作进展及审计结果的预期方式
审计方向	(1) 重要性方面
	(2) 重大错报风险较高的审计领域
	(3) 评估的报表层次的重大错报风险对指导、监督及复核的影响
	(4) 项目组人员的选择,包括向重大错报风险可能较高的审计领域分派具备适当经验的人员
	(5) 项目预算,包括考虑为重大错报风险可能较高的审计领域分配适当的工作时间
	(6) 向项目组成员强调在收集和评价审计证据过程中保持职业怀疑必要性的方式
	(7) 以往审计中对内部控制运行有效性评价的结果,包括所识别的控制缺陷性质及措施
	(8) 管理层重视设计和实施健全的内部控制的相关证据
	(9) 业务交易量规模,以基于审计效率的考虑确定是否依赖内部控制
	(10) 对内部控制重要性的重视程度
	(11) 影响被审计单位经营的重大发展变化
	(12) 重大的行业发展情况,如行业法规变化和新的报告规定
	(13) 会计准则及会计制度的变化
	(14) 其他重大变化,如影响被审计单位法律环境的变化
审计资源	(1) 向具体审计领域调配的资源,包括向高风险领域分派有适当经验的项目组成员,就复杂的问题利用专家工作
	(2) 向具体审计领域分配资源的数量,包括安排到重要存货存放地观察存货盘点的项目组成员的数量,对其他注册会计师工作的复核范围,对高风险领域安排的审计时间预算
	(3) 何时调配这些资源,包括是在期中审计阶段还是在关键的截止日期调配资源
	(4) 如何管理、指导、监督这些资源的利用,包括预期何时召开项目组预备会和总结会,预期项目负责人和经理如何进行复核,是否需要实施项目质量控制复核

审计计划(包括总体审计策略和具体审计计划)一般由审计项目负责人编制,并以书面的形式将其记录于审计工作底稿之中。

(二) 具体审计计划

具体审计计划是依据总体审计策略制定的,是对实施总体审计策略所需要的审计程序的性质、时间安排和范围所做的详细规划与说明。

1. 总体审计策略和具体审计计划之间的关系

制定总体审计策略和具体审计计划的过程紧密联系,并且两者的内容也紧密相关。注册会计师应当针对总体审计策略中所识别的不同事项,制定具体审计计划,并考虑通过有效利用审计资源以实现审计目标。虽然制定总体审计策略的过程通常在具体审计计划之前,但是两项计划活动并不是孤立、不连续的过程,而是内在紧密联系的,对其中一项的决定可能会影响甚至改变对另一项的决定。

2. 具体审计计划的内容

具体审计计划应当包括风险评估程序、计划实施的进一步审计程序和其他审计程序。

(1) 风险评估程序。具体审计计划应当包括按照《中国注册会计师审计准则第1211号——通过了解被审计单位及其环境识别和评估重大错报风险》的规定,为了足够识别和评估财务报表重大错报风险,注册会计师计划实施的风险评估程序的性质、时间安排和范围。

(2) 计划实施的进一步审计程序。具体审计计划应当包括按照《中国注册会计师审计准则第1231号——针对评估的重大错报风险采取的应对措施》的规定,针对评估的认定层次的重大错报风险,注册会计师计划实施的进一步审计程序的性质、时间安排和范围。进一步审计程序包括控制测试和实质性程序。

(3) 计划其他审计程序。根据审计准则的规定,计划应当实施的其他审计程序可以包括上述进一步审计程序的计划中没有涵盖的、根据其他审计准则的要求注册会计师应当执行的既定程序。

3. 具体审计计划的编制

具体审计计划是依据总体审计策略而制定的,因此具体审计计划所采用的审计程序的性质、时间安排和范围取决于总体审计策略中的基本内容。具体审计计划的编制除了要考虑被审计单位及其环境,还应当考虑如下几个因素:①总体审计策略中确定的重要会计问题及重点审计领域。②重要性水平。③时间安排和人员安排。

(三) 审计过程中对计划的更改

计划审计工作并非审计业务的一个孤立阶段,而是一个持续的、不断修正的过程,贯穿于整个审计业务的始终。由于未预期事项、条件的变化或在实施审计程序中获取的审计证据等,注册会计师应当在审计过程中对总体审计策略和具体审计计划作出必要的更新和修改。

第二部分 练 习 题

一、单项选择题

1. 下列各项中,主要是对被审计单位的情况和注册会计师自身的能力进行了解和评估,确定是否接受或保持审计业务,是控制审计风险的第一道屏障的是(　　)。
   A. 初步业务活动　　　B. 风险识别　　　C. 风险评估　　　D. 风险应对
2. 下列各项中,不属于初步业务活动的目的的是(　　)。
   A. 不存在因管理层诚信问题而可能影响保持该项业务的意愿的事项

B. 关于审计业务约定条款,注册会计师与被审计单位之间不存在误解

C. 注册会计师了解某项控制活动,预期控制运行无效,拟不进行控制测试

D. 注册会计师已具备执行业务所需要的独立性和专业胜任能力

3. 下列关于审计业务约定书的说法中,不正确的是(　　)。

　A. 约定书是被审计单位与审计组织共同签订,但也存在委托人与被审计人不是同一方的情况

　B. 约定书是一份经济合同文书,具有法定约束力,双方都要遵守

　C. 约定书确认了二者的委托与受托关系

　D. 约定书可以采用书面形式,也可以采用口头形式

4. 注册会计师张某负责对甲公司2021年度财务报表进行审计。在本期审计业务开始时,注册会计师张某应当开展的初步业务活动是(　　)。

　A. 就审计范围与甲公司管理层沟通　　B. 获取甲公司管理层声明书

　C. 就审计责任与甲公司治理层沟通　　D. 评价项目组成员的独立性

5. 下列有关审计计划的说法中,正确的是(　　)。

　A. 总体审计策略不受具体审计计划的影响

　B. 具体审计计划的核心是确定审计的范围和审计方案

　C. 进一步审计程序属于总体审计策略的内容

　D. 制定总体审计策略的过程通常在编制具体审计计划之前

6. 下列各项中,不属于审计计划阶段的主要工作的是(　　)。

　A. 初步评价被审计单位的内部控制制度　　B. 调查了解被审计单位的基本情况

　C. 确定重要性,分析审计风险　　D. 复核审计工作底稿,审计期后事项

7. 下列各项中,属于审计人员在运用重要性原则时应当考虑的是(　　)。

　A. 财务报表的金额和性质　　B. 错报的金额和性质

　C. 账户的金额和性质　　D. 交易的金额和性质

8. 下列各项中,不论重大错报风险的评估结果如何,审计人员都应对各重要账户或交易类别进行的是(　　)。

　A. 详细审计　　B. 抽样审计　　C. 实质性程序　　D. 控制测试

9. 在确定重要性水平时,下列各项中,通常不宜作为计算重要性水平基准的是(　　)。

　A. 持续经营产生的利润　　B. 非经常性收益

　C. 营业收入　　D. 资产总额

10. 如果资产负债表的重要性水平为10 000元,利润表的重要性水平为15 000元,则在计划审计工作时,注册会计师应确定的财务报表层次的重要性水平是(　　)元。

　A. 10 000　　B. 15 000　　C. 5 000　　D. 25 000

11. 编制审计计划时,注册会计师应对重要性水平作出初步判断,以确定(　　)。

　A. 所需审计证据的数量　　B. 可容忍误差

　C. 初步审计策略　　D. 审计意见类型

12. 下列关于重要性的说法中,不正确的是(　　)。

　A. 无论是笔误还是舞弊,金额小于重要性水平时均不重要

B. 恰当运用重要性水平有助于提高审计效率和保证审计质量

C. 重要性有数量和性质两个方面的特征

D. 注册会计师应从财务报表层次和认定层次来考虑重要性

13. 下列各项中,不属于审计过程中需要修改重要性的原因的是( )。

    A. 审计过程中情况发生重大变化

    B. 通过实施进一步审计程序,注册会计师对被审计单位及其经营所了解的情况发生变化

    C. 获取新信息

    D. 注册会计师在审计过程中发现,实际财务成果与最初确定财务报表整体的重要性使用的预期本期财务成果相比不存在很大差异

14. 下列说法中,正确的是( )。

    A. 注册会计师确定的财务报表重要性水平通常要高于实际执行的重要性水平

    B. 注册会计师确定的财务报表重要性水平通常要低于实际执行的重要性水平

    C. 注册会计师确定的财务报表重要性水平通常要等于实际执行的重要性水平

    D. 注册会计师确定的财务报表重要性水平与实际执行的重要性水平无关

15. 下列目标中,使用重要性水平可能无助于实现的是( )。

    A. 确定风险评估程序的性质、时间和范围

    B. 识别和评估重大错报风险

    C. 确定进一步审计程序的性质、时间和范围

    D. 确定重大不确定事项发生的可能性

16. 下列说法中,正确的是( )。

    A. 财务报表错报是指财务报表金额的错报和财务报表披露的错报

    B. 财务报表错报是指财务报表金额的错报

    C. 财务报表错报是指财务报表披露的错报

    D. 财务报表错报是指财务报表金额的漏报

17. 应收账款年末余额为 5 000 万元,注册会计师抽查样本发现金额有 200 万元的高估,高估部分为账面金额的 10%。据此,推断错报为( )万元。

    A. 200 B. 300 C. 400 D. 500

18. 在特定审计风险水平下,检查风险同重大错报风险之间的关系是( )。

    A. 同向变动关系   B. 反向变动关系

    C. 有时呈同向变动关系 D. 不明显的关系

19. 下列各项中,注册会计师通过设计的审计程序未能发现财务报表中存在重大错报的风险是( )。

    A. 程序风险 B. 控制风险 C. 检查风险 D. 固有风险

20. 下列说法中,正确的是( )。

    A. 注册会计师对重大错报风险的估计水平与所需审计证据的数量呈同向变动关系

    B. 注册会计师对重大错报风险的估计水平与所需审计证据的数量呈反向变动关系

    C. 注册会计师对重大错报风险的估计水平与所需审计证据的数量呈比例变动关系

D. 注册会计师对重大错报风险的估计水平与所需审计证据的数量不存在关系
21. 下列各项中,不属于审计风险包括的风险要素的是( )。
    A. 程序风险　　　　B. 检查风险　　　　C. 固有风险　　　　D. 控制风险
22. 财务报表在审计前存在重大错报的可能性,称为( )。
    A. 控制风险　　　　B. 检查风险　　　　C. 审计风险　　　　D. 重大错报风险
23. 在确定计划的审计程序后,如果 C 注册会计师决定接受更低的重要性水平,审计风险将增加。下列做法中,正确的是( )。
    A. 如有可能,通过扩大控制测试范围或实施追加的控制测试,降低评估的检查风险
    B. 通过修改计划实施的实质性程序的性质、时间和范围,降低检查风险
    C. 如有可能,通过扩大控制测试范围或实施追加的实质性程序,降低评估的重大错报风险
    D. 通过修改计划实施的实质性程序的性质、时间和范围,降低评估的审计风险

二、多项选择题

1. 下列各项中,注册会计师应当在本期审计业务开始时开展的初步业务活动有( )。
    A. 针对保持客户关系和具体审计业务实施相应的质量控制程序
    B. 评价遵守职业道德规范的情况,包括评价独立性
    C. 风险评估程序
    D. 就业务约定条款与被审计单位达成一致理解
2. 下列各项中,审计业务约定书应当包括的内容有( )。
    A. 重要性水平　　　　　　　　　　　B. 会计责任与审计责任
    C. 审计收费　　　　　　　　　　　　D. 审计范围
3. 下列方法中,注册会计师在编制审计计划前,了解被审计单位经营及所属行业基本情况时可以用到的有( )。
    A. 查阅去年的工作底稿　　　　　　　B. 查阅行业业务经营资料
    C. 确定关联方及其交易　　　　　　　D. 询问管理层和内部审计人员
4. 下列被审计单位的基本情况中,注册会计师在接受新客户业务前应了解的有( )。
    A. 业务性质、经营规模、经营情况及经营风险
    B. 以前年度接受审计的情况
    C. 财务会计机构及工作组织
    D. 厂房、设备及办公场所
5. 会计师事务所在签署审计业务约定书前,应评价自身的胜任能力。下列各项中,属于此评价内容的有( )。
    A. 评价执行审计的能力　　　　　　　B. 评价审计的独立性
    C. 评价保持应有的谨慎的能力　　　　D. 评价会计师事务所的质量控制情况
6. 下列各项中,属于具体审计计划应当包括的内容有( )。
    A. 为了识别和评估财务报表重大错报风险,注册会计师计划实施的风险评估程序的性质、时间和范围

B. 针对评估的认定层次的重大错报风险,注册会计师计划实施的进一步审计程序的性质、时间和范围
C. 注册会计师拟实施的内部控制有效性测试的范围
D. 注册会计师针对审计业务需要实施的其他审计程序

7. 在制定总体审计策略时,注册会计师应当考虑的主要事项有(　　)。
   A. 审计范围　　　　　　　　　　B. 报告目标、时间安排及所需沟通的性质
   C. 审计方向　　　　　　　　　　D. 审计资源

8. 下列各项中,属于具体审计计划的活动的有(　　)。
   A. 确定风险评估程序的性质、时间安排和范围
   B. 确定进一步审计程序的性质、时间安排和范围
   C. 计划其他审计程序
   D. 确定重要性

9. 下列对重要性概念的理解中,正确的有(　　)。
   A. 重要性概念中的错报包含漏报
   B. 重要性概念是针对财务报表编制者的信息需求而言的
   C. 重要性的确定离不开具体环境
   D. 对重要性的评估需要运用职业判断

10. 下列情形中,注册会计师通常考虑采用较低的百分比确定实际执行的重要性的有(　　)。
    A. 首次接受委托执行审计
    B. 预期本年被审计单位存在值得关注的内部控制缺陷
    C. 以前年度审计调整较少
    D. 本年被审计单位面临较大的市场竞争压力

11. 在确定财务报表层次的重要性水平时,下列情况中,注册会计师不应选用净利润作为判断基础的有(　　)。
    A. 被审计单位属于劳动密集型企业
    B. 被审计单位净利润接近于零
    C. 被审计单位净利润波动幅度较大
    D. 被审计单位财务报表各项目的金额波动幅度较大

12. 被审计单位应收账款金额为 300 万元,重要性水平为 2 万元,注册会计师李某现对其中的 50% 进行抽查,发现 0.95 万元的错报。下列各项中,注册会计师应当执行的有(　　)。
    A. 确认其金额　　　　　　　　　B. 追加审计程序
    C. 扩大审计范围　　　　　　　　D. 建议调整

13. 下列关于重要性的理解中,正确的有(　　)。
    A. 重要性是针对审计报告而言的
    B. 重要性应从财务报表使用者的角度考虑
    C. 重要性的判断离不开特定的环境

D. 重要性考虑个别财务报表使用者的需求
14. 下列情况中,注册会计师应当合理运用重要性原则的有(　　)。
   A. 确定是否接受委托　　　　　　B. 确定审计程序的性质、时间和范围
   C. 执行审计程序　　　　　　　　D. 评价审计结果

三、判断题

1. 无论是连续审计还是首次接受审计委托,注册会计师都应当考虑被审计单位的主要股东、关键管理人员和治理层是否诚信。（　　）
2. 评价遵守职业道德规范的情况,主要是要求注册会计师应保持专业胜任能力,拥有执行审计业务的专业知识和实践技能。（　　）
3. 注册会计师可以同被审计单位就总体审计策略进行讨论,并协调工作,因此,总体审计策略可以由注册会计师和被审计单位共同编制。（　　）
4. 进一步审计程序属于具体审计计划的内容,包括风险评估程序、计划实施的进一步审计程序和其他审计程序。（　　）
5. 重要性概念是针对财务报表编制者的信息需求而言的。（　　）
6. 重要性与审计风险之间存在正向关系。重要性水平越高,审计风险越高;重要性水平越低,审计风险越低。（　　）
7. 一般而言,重要性水平愈高,所需要证据的数量就愈大。（　　）
8. 为保证审计计划的严肃性,审计计划一旦制订,在执行中就不能作出任何修改。（　　）
9. 注册会计师确定重要性需要运用职业判断。通常先选定一个基准,再乘以某一百分比,经常性业务的税前利润对应的百分比通常比营业收入对应的百分比要低。（　　）
10. 在某些情况下,金额相对较小的错报可能会对财务报表产生重大影响。（　　）
11. 重大错报风险与被审计单位的风险相关,且独立存在于财务报表的审计中。（　　）
12. 进一步审计程序的总体方案主要是指注册会计师针对各类交易、账户余额和披露决定采用的总体方案(包括实质性方案和综合性方案)。（　　）
13. 通常而言,实际执行的重要性为财务报表整体重要性的50%。（　　）
14. 控制风险是指在考虑相关的内部控制之前,某类交易、账户余额或披露的某一认定易于发生错报(该错报单独或连同其他错报可能是重大的)的可能性。（　　）
15. 审计人员应该选择各财务报表中最高的重要性水平作为财务报表层次的重要性水平。（　　）

四、实务分析题

1. ABC会计师事务所接受委托,对烟台兴茂机械制造有限公司2021年度财务报表进行审计,并委派注册会计师张某为项目负责人。在接受委托后,注册会计师张某发现烟台兴茂机械制造有限公司业务流程采用计算机信息系统控制,审计项目组成员均缺少这方面的专业技能。注册会计师张某了解到某软件公司王先生曾参与计算机信息系统的设计工作,因此聘请王先生加入审计项目组,测试该系统并出具测试报告。

要求:指出ABC会计师事务所在初步业务活动中存在的问题,并简要说明理由。

2. 注册会计师李某是 ABC 会计师事务所的合伙人之一,业务专长是对工业企业进行财务报表审计。李某于 2022 年 1 月 5 日接到妻子的电话,说她弟弟开办的东华高科技公司拟委托 ABC 会计师事务所审计 2021 年度的会计报表,正在寻找合适的会计师事务所,希望李某能够承接对财务报表的审计。李某觉得,一方面受妻弟所托,另一方面也是一个开拓新客户的机会,于是爽快地答应了,并于 2022 年 1 月 19 日亲自带领审计小组到东华高科技公司实施审计。东华高科技公司属于民营企业,主营计算机软件开发,兼营计算机硬件、配件销售等,开业五年来业务发展态势很好,但从没有接受过注册会计师审计。

要求:请指出 ABC 会计师事务所李某承接此项业务是否合适,并说明原因。

3. 注册会计师张某负责对常年审计客户烟台兴茂机械制造有限公司 2021 年度财务报表进行审计,在制订审计计划、实施风险评估时,遇到下列与重要性有关的事项:

(1) 在确定财务报表整体的重要性水平时,张某特别考虑了烟台兴茂机械制造有限公司最大股东决策需要,以确保金额在重要性水平以下的错报不影响财务报表使用者的决策。

(2) 考虑到烟台兴茂机械制造有限公司处于新兴行业,目前侧重于抢占市场份额、扩大企业知名度和影响力,张某将净资产作为确定财务报表整体重要性的基准。

(3) 张某运用财务报表整体的重要性评价了已识别错报对财务报表和对审计报告中审计意见的影响。

(4) 在确定实际执行的重要性时,张某选取金额超过实际执行的重要性的财务报表项目实施进一步审计程序,而对低于实际执行的重要性的财务报表项目不实施进一步审计程序。

要求:逐一考虑上述每种情况,指出注册会计师张某的观点或做法是否恰当。如不恰当,请简要说明理由。

4. 注册会计师李某在评估被审计单位的审计风险时,分别设计了四种情况,如表 5-11 所示。

表 5-11 风险类别情况表

风险类别	情况一	情况二	情况三	情况四
可接受的审计风险	4%	4%	5%	5%
重大错报风险	80%	50%	80%	50%

要求:

(1) 请计算上述四种情况下的检查风险水平分别是多少。

(2) 请指出哪种情况需要注册会计师李某获取最多的审计证据,并说明原因。

5. 烟台兴茂机械制造有限公司未经审计的财务报表显示,2021 年度资产总额为 180 000 万元,净资产为 88 000 万元,营业收入为 240 000 万元,利润总额为 36 000 万元,净利润为 24 120 万元。为确定财务报表整体的重要性水平,注册会计师张某决定以烟台兴茂机械制造有限公司 2021 年度的资产总额、净资产、营业收入以及净利润作为判断基础,采用固定比率法,选定这些判断基础的固定比率分别为 0.5%、1%、0.5% 和 5%。

要求:请代为计算并确定烟台兴茂机械制造有限公司 2021 年度财务报表整体的重要性(请列示计算过程)。

6. 注册会计师张某负责对常年审计客户烟台兴茂机械制造有限公司 2021 年度财务报

表进行审计,撰写了总体审计策略和具体审计计划。部分内容摘录如下:

(1) 初步了解2021年度烟台兴茂机械制造有限公司及其环境未发生重大变化,拟依赖以往审计中对管理层、治理层的诚信形成的判断。

(2) 因对烟台兴茂机械制造有限公司内部审计人员的客观性和专业胜任能力存有疑虑,拟不利用内部审计工作。

(3) 如果对计划的重要性水平作出修正,拟通过修改计划实施的实质性程序的性质、时间和范围降低重大错报风险。

(4) 假定烟台兴茂机械制造有限公司在收入确认方面存在舞弊风险,拟将销售交易及其认定的重大错报风险评估为高水平,不再了解和评估相关控制设计的合理性并确定其是否已得到执行,直接实施细节测试。

要求:针对上述事项,逐项指出注册会计师张某拟订的计划是否存在不当之处。

第三部分 参考答案

一、单项选择题

1	2	3	4	5	6	7	8	9	10
A	C	D	D	D	D	B	C	B	A
11	12	13	14	15	16	17	18	19	20
C	A	D	A	D	A	B	B	C	A
21	22	23							
A	D	B							

重难点解析:

1. 初步业务活动是对被审计单位的情况和注册会计师自身的能力进行了解和评估,确定是否接受或保持审计业务,是控制审计风险的第一道屏障。

2. 注册会计师在计划审计工作前,需要开展初步业务活动,以实现三个主要目的:①确保注册会计师具备执行业务所需的独立性和能力。②不存在因管理层诚信问题而可能影响注册会计师保持该项业务的意愿的事项。③与被审计单位之间不存在对业务约定条款的误解。选项C属于风险评估程序中了解被审计单位及其环境六个方面中的了解被审计单位的内部控制。

3. 审计业务约定书必须采用书面形式而不能采用口头形式,选项D错误。

4. 初步业务活动是注册会计师在计划审计工作前需要开展的。选项ABC是签订业务约定书环节,需要确定的内容。

5. 选项A错误,虽然制定总体审计策略的过程通常在具体审计计划之前,但是两项计划活动并不是孤立的、不连续的过程,而是内在紧密联系的,对其中一项的决定可能会影响甚至改变对另一项的决定。选项B错误,审计的范围是总体审计策略的内容,不属于具体审计计划。选项C错误,进一步审计程序属于具体审计计划的内容,不属于总体审计策略。选项D正确。

6. 选项D,复核审计工作底稿不属于审计计划阶段的工作。

7. 根据《中国注册会计师审计准则第1221号——计划和执行审计工作时的重要性》，重要性取决于在具体环境下对错报金额和性质的判断。

8. 选项D控制测试并非在任何情况下都需要实施。当存在下列情形之一时，注册会计师应当实施控制测试：①在评估认定层次重大错报风险时，预期控制的运行是有效的。②仅实施实质性程序不足以提供认定层次充分、适当的审计证据。由于注册会计师对重大错报风险的评估是一种判断，可能无法充分识别所有的重大错报风险，并且由于内部控制存在固有局限性，无论评估的重大错报风险结果如何，注册会计师都应当针对所有重大的各类交易、账户余额、列报实施实质性程序。选项C正确。

9. 在选择基准时，需要考虑的因素包括基准的相对波动性，应选择波动性小基准的作为确定重要性水平的基准。选项B非经常性收益具有较强的波动性，不适宜作为计算重要性水平的基准。

10. 财务报表层次实际执行的重要性是指注册会计师确定的低于财务报表整体重要性的一个或多个金额，旨在将未更正和未发现错报的汇总数超过财务报表整体的重要性的可能性降至适当的低水平。当有多个金额时，应选择较低的作为重要性水平。

11. 重要性水平属于审计策略中审计方向中的重要内容。

12. 在有些情况下，某些金额的错报从数量上看并不重要，但从性质上考虑，则可能是重要的。从性质上考虑错报的重要性要注意以下几点：第一，错报是属于错误还是舞弊，如果属于舞弊，则性质相对严重。第二，错报是否会引起履行合同义务，如果错报致使履行了合同义务，则相对重要。第三，错报是否会影响收益趋势，如果改变了收益的趋势，则相对重要。因此，选项A错误。

13. 选项D，成果相比不存在很大差异，不需要修改重要性。

14. 通常而言，实际执行的重要性通常为计划财务报表整体重要性的50%～75%，因此财务报表整体重要性水平通常高于实际执行的重要性水平。

15. 注册会计师使用整体重要性水平的目的有：决定风险评估程序的性质、时间和范围；识别和评估重大错报风险；确定进一步审计程序的性质、时间和范围。选项ABC正确，选项D不是使用重要性水平的目的。

16. 错报是指某一财务报表项目的金额、分类、列报或披露，与按照适用的财务报表编制基础应当列示的金额、分类、列报或披露之间存在的差异；或根据注册会计师的判断，为使财务报表在所有重大方面实现公允反映，需要对金额、分类、列报或披露做出的必要调整。

17. 总体错报金额=5 000×10%=500(万元)，其中事实错报为200万元，因此推断错报=500-200=300(万元)。

18. 在既定的审计风险水平下，可接受的检查风险水平与认定层次重大错报风险的评估结果呈反向关系。评估的重大错报风险越高，可接受的检查风险越低；评估的重大错报风险越低，可接受的检查风险越高。

19. 检查风险是指如果存在某一错报，该错报单独或连同其他错报可能是重大的，注册会计师为将审计风险降至可接受的低水平而实施程序后没有发现这种错报的风险。

20. 在既定的审计风险水平下，评估的重大错报风险越高，可接受的检查风险越低，需要的审计证据越多；评估的重大错报风险越低，可接受的检查风险越高，需要的审计证据越少。

21. 在认定层次上,审计风险=重大错报风险×检查风险=检查风险×控制风险×检查风险,选项 A 程序风险不属于审计风险要素。

22. 重大错报风险是指财务报表在审计前存在重大错报的可能性。重大错报风险与被审计单位的风险相关,且独立于财务报表审计而存在。

23. 重大错报风险只可评估,不可改变。选项 CD 不正确。选项 A,检查风险是指如果存在某一错报,该错报单独或连同其他错报可能是重大的,注册会计师为将审计风险降至可接受的低水平而实施程序后没有发现这种错报的风险,检查风险不需要评估。

二、多项选择题

1	2	3	4	5	6	7	8	9	10
ABD	BCD	ABCD	ABCD	ABC	ABD	ABCD	ABC	ACD	ABD
11	12	13	14						
BC	BC	BC	BCD						

重难点解析:

1. 选项 C 属于风险评估程序,属于具体审计计划的内容,不属于初步业务活动,选项 C 错误。

2. 选项 A 重要性水平属于总体审计策略的内容,选项 A 错误。

6. 选项 C 审计范围属于总体审计策略的内容,不属于具体审计计划。具体审计计划包括:风险评估程序、进一步审计程序和其他审计程序。选项 ABD 正确。

7. 总体审计策略包括四方面的内容:审计范围;报告目标、时间安排及所需沟通;审计方向;审计资源,选项 ABCD 均正确。

8. 确定重要性属于总体审计策略中审计方向中的内容,选项 D 错误。

9. 重要性概念是针对财务报表使用者的信息需求而言的,选项 B 错误。

10. 如果存在下列情况,注册会计师可能考虑选择较低的百分比来确定实际执行的重要性:①首次接受委托的审计项目。②连续审计项目,以前年度审计调整较多。③项目总体风险较高,例如处于高风险行业、管理层能力欠缺、面临较大市场竞争压力或业绩压力等。④存在或预期存在值得关注的内部控制缺陷。

11. 在选择基准时,需要考虑的因素包括基准的相对波动性,应选择波动性小基准的作为确定重要性水平的基准。选项 B 接近于零、选项 C 波动较大均不适宜作为计算重要性水平的基准。

12. 注册会计师对 50%抽查发现 0.95 万元错报,则 100%检查错报金额将接近确定的重要性水平 2 万元,因此注册会计师应更加谨慎,应该追加审计程序、扩大审计范围,选项 BC 正确。

13. 重要性考虑财务报表使用者整体的需求,不考虑个别报表使用者的需求。

14. 实际执行的重要性在审计中的作用主要体现在以下几个方面:①注册会计师在计划审计工作时可以根据实际执行的重要性确定需要对哪些类型的交易、账户余额和披露实施进一步审计程序。②运用实际执行的重要性确定进一步审计程序的性质、时间安排和范围。③评价审计结果,发表审计意见出具审计报告。选项 BCD 正确,选项 A 属于初步业务活动不需要运用重要性原则。

三、判断题

1	2	3	4	5	6	7	8	9	10
√	√	×	√	×	×	×	×	×	√

11	12	13	14	15
√	√	×	×	×

重难点解析：

3. 审计计划（包括总体审计策略和具体审计计划）一般由审计项目负责人编制，并以书面的形式将其记录于审计工作底稿之中。

5. 重要性概念是针对财务报表使用者的信息需求而言的。

6. 重要性与审计风险（面临的）之间存在反向关系，即重要性水平越高，审计风险越低；重要性水平越低，审计风险越高。

7. 一般而言，重要性水平越高，所需要证据的数量就越小。

8. 计划审计工作不是审计业务的一个孤立阶段，而是一个持续、不断修正的过程，贯穿于整个审计业务的始终。

9. 注册会计师确定重要性需要运用职业判断。通常先选定一个基准，再乘以某一百分比，经常性业务的税前利润对应的百分比通常比营业收入对应的百分比要高。

10. 审计人员在运用重要性原则时，应当考虑错报的金额和性质，金额相对较小的错报如果性质严重，也会对财务报表产生重大影响。

13. 通常而言，实际执行的重要性为财务报表整体重要性的50%~75%。

14. 固有风险是指在考虑相关的内部控制之前，某类交易、账户余额或披露的某一认定易于发生错报（该错报单独或连同其他错报可能是重大的）的可能性。

15. 审计人员应该选择各财务报表中最低的重要性水平作为财务报表层次的重要性水平。

四、实务分析题

1. **【参考答案】**

（1）审计项目组负责人及项目组内成员均缺乏计算机系统方面的专业技能，存在缺陷。会计师事务所在接受烟台兴茂机械制造有限公司财务报表审计委托时，就应该考虑项目组成员是否具备必要素质和专业胜任能力，而不应该在接受委托后才考虑。违背了开展初步业务活动时项目组应具备执行审计业务的专业胜任能力以及必要的时间和资源这一规定。

（2）聘请参与烟台兴茂机械制造有限公司计算机信息系统设计的人员参与审计工作，存在缺陷。为鉴证客户提供属于鉴证业务对象的数据或其他记录会产生自我评价对独立性的威胁。王先生是参与烟台兴茂机械制造有限公司计算机信息系统设计工作的人员，如果参与审计工作对烟台兴茂机械制造有限公司计算机信息系统进行评价，属于自己评价自己的设计成果。这对注册会计师执行业务所需要的独立性产生了严重威胁。

2. **【参考答案】**

承接审计业务前，李某没能评价自身的独立性和专业胜任能力就接受了委托，是不合适的,这种做法容易导致审计失败。

从独立性的角度看,根据《中国注册会计师职业道德守则》的规定,当注册会计师与委托单位负责人和主管人员、董事或委托事项当事人为近亲关系时,应当回避。另外,从胜任能力的角度看,李某对高科技这一特殊行业的审计能力存在疑问。

如果要接受该公司的审计委托,从独立性和专业胜任能力方面考虑,不能派李某承担该项审计业务,应当派熟悉计算机行业,并具有丰富的软件开发审计经验的其他注册会计师承接该项业务,同时应当提请注册会计师在审计中注意东华高科技公司属于民营公司和以前年度没有接受过注册会计师审计这两个方面所带来的审计风险。

3.【参考答案】

(1) 不恰当。由于不同财务报表使用者对财务信息的需求可能差异很大,在确定重要性水平时,不应考虑错报对个别财务报表使用者可能产生的影响。

(2) 不恰当。侧重于抢占市场份额、扩大企业知名度和影响力的企业,应将营业收入作为确定财务报表整体重要性的基准。

(3) 恰当。

(4) 不恰当。单个金额低于实际执行的重要性的财务报表项目汇总起来可能金额重大(可能远远超过财务报表整体的重要性),注册会计师需要考虑汇总后的潜在错报风险,或者对存在舞弊、低估的项目需要实施进一步审计程序。

4.【参考答案】

(1) 四种情况下的检查风险分别是:

情况一:$(4\% \div 80\%) \times 100\% = 5\%$

情况二:$(4\% \div 50\%) \times 100\% = 8\%$

情况三:$(5\% \div 80\%) \times 100\% = 6.25\%$

情况四:$(5\% \div 50\%) \times 100\% = 10\%$

(2) 情况一需要获取最多的审计证据。因为审计风险、检查风险与所需的证据数量呈反向关系,而重大错报风险与所需的证据数量呈正向关系,因此情况一中审计风险、检查风险最低,重大错报风险最高,所需的审计证据最多。

5.【参考答案】

按照注册会计师确定的判断基础和相应的比例计算重要性水平。

按资产总额计算:$180\,000 \times 0.5\% = 900$(万元)

按净资产总额计算:$88\,000 \times 1\% = 880$(万元)

按营业收入计算:$240\,000 \times 0.5\% = 1\,200$(万元)

按净利润计算:$24\,120 \times 5\% = 1\,206$(万元)

注册会计师张某出于职业谨慎的考虑,应选取其中最小的数据880万元作为财务报表整体的重要性水平。

6.【参考答案】

(1) 存在不当之处。注册会计师不能仅仅根据烟台兴茂机械制造有限公司及其环境没有发生重大变化而直接信赖管理层、治理层的诚信,注册会计师还应该考虑被审计单位相关的战略、目标等的影响以及本年度的具体情况来考虑管理层、治理层的诚信问题。

（2）不存在不当之处。

（3）存在不当之处。重大错报风险是客观存在的，并不能够降低，可以通过控制测试，降低评估的重大错报风险，通过修改计划实施的实质性程序的性质、时间和范围降低检查风险，并不是重大错报风险。

（4）存在不当之处。对内部控制的了解是必须的，并不是可选择，判断收入确认方面存在舞弊风险，可以不执行控制测试，但是了解内部控制程序是必须的，可以了解内部控制程序后，根据评估的结果，直接进行细节测试。

第六章 风险评估

第一部分 内容概要

一、风险评估程序

了解被审计单位及其环境是一个连续和动态的收集、更新与分析信息的过程,贯穿于整个审计过程的始终。为了解被审计单位及其环境而实施的程序称为风险评估程序。

(一) 询问被审计单位管理层和内部其他相关人员

注册会计师执行分析程序过程中的主要询问对象和询问内容如表 6-1 所示。

表 6-1　　　　　　　　　　询问程序中的询问对象和询问内容

询问对象	询问内容
管理层 (主要信息来源)	经营情况、战略目标、竞争对手、客户、供应商、公司结构、新的税收法规的实施、所有权结构变化、内部控制的变化等
财务报告负责人 (主要信息来源)	财务状况、经营成果、现金流量、重大会计处理问题等
治理层	编制财务报表的环境
内部审计人员	内部控制的设计、执行和运行有效性等
内部法律顾问	诉讼、舞弊、产品质量保证、售后责任等
销售人员	营销策略、销售趋势、合同安排等
采购人员	采购程序、供应商选择、合同安排等
生产人员	生产流程、存货的升级换代、存货的周转等
仓库管理人员	存货的入库、出库、保管和盘点等

(二) 分析程序

分析程序是指注册会计师通过研究不同财务数据之间以及财务数据与非财务数据之间的内在联系,并对发现的与其他相关信息不一致或与预期数据有严重偏离、较大波动和异常数据关系的调查和分析,对财务信息作出评价的程序。运用分析程序的前提是数据之间存在某种关系,并且有理由预计这些关系将继续存在。分析程序的维度和分析内容如表 6-2 所示。

表 6-2　　　　　　　　　　分析程序的维度及相应分析内容

维度	分析内容
异常项目	事实与被审计单位财务数据之间存在的矛盾。例如,存货销路不畅、客户回款不力、广告投入增多

(续表)

维度	分析内容
行业情况	行业情况与被审计单位之前存在的不一致，是否有逆势。例如，行业低迷、宏观经济环境不利、原材料价格上涨
变动趋势	对比期内的增长率是否存在波动。例如，收入增长率、成本费用变动率、借款余额变动率
关键指标	关键指标是否异常，尤其是是否与行业及历史情况不一致。例如，毛利率、坏账率、折旧率、周转率
结构变化	内部结构是否异常。例如，各产品之间、不同地点、费用明细等

（三）观察和检查

注册会计师可实施的观察和检查程序包括以下五个方面：①观察被审计单位的生产经营活动和内部控制活动等。②检查有关书面文件和记录。③阅读由管理层和治理层编制的报告。④现场访问和实地察看被审计单位的生产经营场所和设备。⑤穿行测试，通过追踪某笔或某几笔交易在财务报告系统中如何生成、记录、处理和报告，以及相关内部控制如何执行，注册会计师可以确定被审计单位的交易流程和内部控制是否与之前通过其他程序所获得的了解一致，并确定内部控制是否得到执行。

（四）其他审计程序和信息来源

（1）其他审计程序。询问被审计单位聘请的外部法律顾问、专业评估师、投资顾问和财务顾问等；阅读外部的信息。

（2）其他信息来源。注册会计师可以考虑在承接新审计业务或保持既有审计业务过程中获取的信息，以及向被审计单位提供其他服务所获得的经验等。

二、了解被审计单位及其环境

注册会计师应当从"三层六点"上了解被审计单位及其环境，具体如图6-1所示。

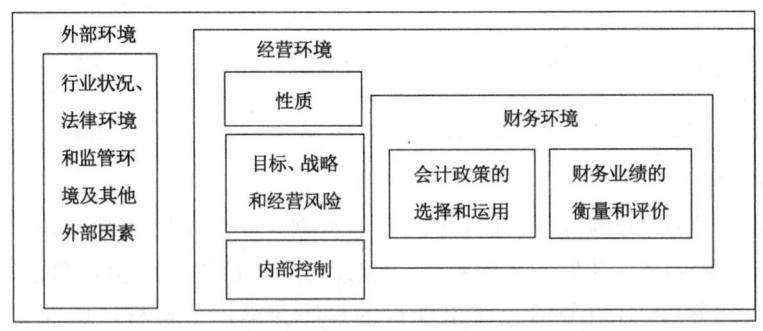

图6-1　了解被审计单位及其环境的"三层六点"图

（一）了解相关行业状况、法律环境和监管环境及其他外部因素

1. 了解的内容

注册会计师对行业状况、法律环境和监管环境及其他外部因素的了解内容包括：

（1）行业状况。应了解的内容包括：①所处行业的市场供求与竞争。②生产经营的季节性和周期性。③产品生产技术的变化。④能源供应与成本。⑤行业的关键指标和统计数据。

（2）法律环境和监管环境。应了解的内容包括：①适用的会计准则、会计制度和行业特定惯例。②对经营活动产生重大影响的法律法规及监管活动。③对开展业务产生重大影响的政府政策，包括货币、财政、税收和贸易等政策。④与被审计单位所处行业和所从事经营活动相关的环保要求。

（3）其他外部因素。应了解的内容包括：①宏观经济的景气度。②利率和资金供求状况。③通货膨胀水平及币值变动。④国际经济环境和汇率变动等。

2. 实施的风险评估程序

注册会计师可以运用的风险评估程序如表6-3所示。

表6-3　　　　　　　　　　注册会计师可以运用的风险评估程序

风险评估程序	程序内容
检查	（1）查阅以前年度的审计工作底稿 （2）查阅内部与外部的信息资料
询问	询问被审计单位管理层和员工。对于连续审计业务，询问重点是以前年度了解到的情况是否发生了变化
讨论	与项目组成员或熟悉被审计单位所处行业的其他人员讨论
分析程序	（1）将关键业绩指标与同行业平均数据或同行业中规模相近的其他单位的数据相比较 （2）利用从外部获取的市场份额变化趋势信息，识别竞争能力的重大变化 （3）按业务分部或地区分部分类计算的销售和毛利变动趋势

（二）了解被审计单位的性质

1. 了解的内容

了解被审计单位的性质有助于注册会计师了解预期在财务报表中反映的各类交易、账户余额和列报。具体需要了解的内容如表6-4所示。

表6-4　　　　　　　　　　被审计单位的性质及主要内容

性质	具体内容
所有权结构	（1）识别关联方关系和交易 （2）了解控股公司并评估相关舞弊风险
治理结构	一般与财务报表层次重大错报风险有关。注册会计师应考虑被审计单位治理层是否能够在独立于管理层的情况下对被审计单位事务作出客观判断
组织结构	复杂的组织结构可能导致某些特定的重大错报风险，包括财务报表合并、商誉减值测试、长期股权投资核算以及特殊目的实体核算等问题
经营活动	（1）主营业务的性质 （2）与生产产品或提供劳务相关的市场信息 （3）业务的开展情况 （4）联营、合营与外包情况 （5）从事电子商务的情况 （6）地区与行业分布 （7）生产设施、仓库的地理位置及办公地点 （8）关键客户 （9）重要供应商 （10）劳动用工情况 （11）研究与开发活动及其支出 （12）关联方交易

(续表)

性质	具体内容
投资类型	(1) 近期拟实施或已实施的并购活动与资产处置情况 (2) 证券投资、委托贷款的发生与处置 (3) 资本性投资活动,包括固定资产和无形资产投资,近期发生或计划发生的变动,以及重大的资本承诺等 (4) 不纳入合并范围的投资
筹资方式	(1) 债务结构和相关条款 (2) 固定资产的融资租赁 (3) 关联方融资 (4) 实际受益股东 (5) 衍生金融工具的运用

2. 实施的风险评估程序

了解被审计单位的性质时,除查阅以前年度的审计工作底稿、与项目组成员或其他有经验的人员和行业专家讨论、利用业务承接和续约过程中获取的信息外,注册会计师运用的风险评估程序还包括以下几个方面:①询问被审计单位管理层和内部其他相关人员。②查阅文件和报告。注册会计师可以查阅被审计单位的组织结构图,关联方清单,公司章程,对外签订的主要销售、采购、投资、债务合同等,以及被审计单位内部的管理报告、财务报告、生产经营情况分析、会议记录或纪要等,了解被审计单位的性质。③实地察看被审计单位的主要生产经营场所。④分析程序。注册会计师可以通过分析程序对财务数据之间以及财务数据与非财务数据之间的内在关系进行研究和评价。

(三) 了解被审计单位对会计政策的选择和运用

1. 了解的内容

注册会计师应当了解被审计单位对会计政策的选择和运用,是否符合适用的会计准则和相关会计制度,是否符合被审计单位的具体情况。了解的具体内容包括:①重要项目的会计政策和行业惯例。②重大和异常交易的会计处理方法。③在新领域和缺乏权威性标准或共识的领域,重要会计政策的采用产生的影响。④会计政策的变更,考虑变更的原因及其适当性。⑤被审计单位何时采用以及如何采用新颁布的会计准则和相关会计制度。

2. 实施的风险评估程序

注册会计师实施的风险评估程序包括:①查阅以前年度的审计工作底稿。②询问被审计单位管理层和员工。③查阅被审计单位的财务资料和内部报告等。

(四) 了解被审计单位的目标、战略以及可能导致重大错报风险的相关经营风险

1. 了解的内容

注册会计师应当了解被审计单位是否存在与下列方面有关的目标和战略,并考虑相应的经营风险,具体如表6-5所示。

表6-5 被审计单位目标和战略的影响因素及相应的经营风险

影响因素	相应的经营风险
行业发展	不具备足以应对行业变化的人力资源和业务专长等风险
开发新产品或提供新服务	被审计单位产品责任增加等风险

(续表)

影响因素	相应的经营风险
业务扩张	对市场需求的估计不准确等风险
新颁布的会计法规	执行相关会计要求不当或不完整，或会计处理成本增加等风险
监管要求	被审计单位法律责任增加等风险
本期及未来的融资条件	无法满足融资条件而失去融资机会等风险
信息技术的运用	信息系统与业务流程难以融合等风险
实施战略的影响	需要运用新的会计要求的影响

2. 实施的风险评估程序

注册会计师可通过与管理层沟通，以及查阅其经营规划和其他文件，获取对被审计单位目标和战略的了解。

（五）了解被审计单位财务业绩的衡量和评价

1. 了解的内容

注册会计师应当关注下列信息：①关键业绩指标。②业绩趋势。③预测、预算和差异分析。④管理层和员工业绩考核与激励性报酬政策。⑤分部信息与不同层次部门的业绩报告。⑥与竞争对手的业绩比较。⑦外部机构提出的报告。

2. 实施的风险评估程序

注册会计师通常通过询问被审计单位管理层，查阅被审计单位的内部报告和外部报告，以及实施分析程序，获得对被审计单位财务业绩的衡量和评价的了解。

三、了解被审计单位的内部控制

（一）内部控制的含义

内部控制是被审计单位为了合理保证财务报告的可靠性、经营的效率和效果以及对法律法规的遵守，由治理层、管理层和其他人员设计和执行的政策和程序。

（二）内部控制的局限性

内部控制的固有局限性包括：①在决策时人为判断可能出现错误和由于人为失误而导致的内部控制失效。②控制可能由于两个或更多的人员串通或管理层不当地凌驾于内部控制之上而被规避。此外，影响内部控制的其他因素包括：①人员素质不适应岗位要求。②实施内部控制的成本效益问题。

（三）了解被审计单位内部控制的要求

1. 了解被审计单位内部控制的目标

了解被审计单位内部控制的目标体现在以下四个方面：①财务报表审计的目标是对是否不存在重大错报发表审计意见，而不是对内部控制有效性发表审计意见。②目标注册会计师应当在所有审计项目中了解内部控制。③注册会计师需要了解和评价的只是与审计相关的内部控制，并非被审计单位所有的内部控制。④被审计单位通常有一些与内部控制目标相关但与审计无关的控制，注册会计师无须对其加以考虑。

2. 了解被审计单位内部控制的深度

对被审计单位内部控制了解的深度,包括评价控制的设计,并确定其是否得到执行,但不包括对控制是否得到一贯执行的测试。除非存在某些可以使控制得到一贯运行的自动化控制,否则注册会计师对控制的了解并不足以测试控制运行的有效性。

3. 风险评估程序

注册会计师通常实施下列风险评估程序:①询问被审计单位的人员。②观察特定控制的运用。③检查文件和报告。④追踪交易在财务报告信息系统中的处理过程(穿行测试)。

(四) 内部控制的要素

内部控制的要素包括控制环境、风险评估过程、信息系统与沟通、控制活动和对控制的监督。

1. 控制环境

控制环境包括治理职能和管理职能,以及治理层和管理层对内部控制及其重要性的态度、认识和措施。控制环境对重大错报风险的评估具有广泛影响,其主要内容如表6-6所示。

表 6-6　　　　　　　　控制环境的主要内容及其影响因素

内容	影响因素
对诚信和道德价值观念的沟通与落实	(1) 形成书面的行为规范并向所有员工传达 (2) 企业文化 (3) 管理人员的表率作用 (4) 惩罚措施
对胜任能力的重视	(1) 财务人员以及信息管理人员的胜任能力和培训 (2) 财务人员配备足够 (3) 财务人员的技能
治理层的参与程度	(1) 相对于管理层的独立性 (2) 经验和资历 (3) 参与程度,以及采取措施的适当性 (4) 与内部审计人员和注册会计师的互动等
管理层的理念和经营风格	(1) 对内部控制的关注 (2) 是否处于有效的监督下 (3) 经营风格 (4) 对内控缺陷和违规事项的反应
组织结构及职权与责任的分配	(1) 授权 (2) 职责划分
人力资源政策与实务	包括招聘、培训、考核、咨询、晋升和薪酬等

2. 风险评估过程

风险评估过程包括识别与财务报告相关的经营风险,以及针对这些风险所采取的措施。了解被审计单位的风险评估过程和结果有助于注册会计师识别财务报表的重大错报风险。

3. 信息系统与沟通

(1) 信息系统。信息系统包括用以生成、记录、处理和报告交易、事项和情况,对相关资产、负债和所有者权益履行经营管理责任的程序和记录。

(2) 沟通。注册会计师应当了解被审计单位内部如何对财务报告的岗位职责以及与财务报告相关的重大事项进行沟通。

4. 控制活动

控制活动是指有助于确保管理层的指令得以执行的政策和程序,其内容如表6-7所示。

表6-7 控制活动的具体内容

控制活动	相关内容
授权	(1) 一般授权,是指管理层制定的要求组织内部遵守的普遍适用于某类交易或活动的政策 (2) 特别授权,是指管理层针对特定类别的交易或活动逐一设置的授权
业绩评价	(1) 被审计单位分析评价实际业绩与预算(或预测、前期业绩)的差异 (2) 综合分析财务数据与经营数据的内在关系 (3) 将内部数据与外部信息来源相比较 (4) 评价职能部门、分支机构或项目活动的业绩 (5) 对发现的异常差异或关系采取必要的调查与纠正措施
信息处理	(1) 信息技术的一般控制,是指与多个应用系统有关的政策和程序,可能导致财务报表层次的重大错报风险 (2) 信息技术的应用控制,是指主要在业务流程层面运行的人工或自动化程序,与用于生成、记录、处理、报告交易或其他财务数据的程序相关,可能导致认定层次的重大错报风险
实物控制	安全保护,访问授权,定期盘点
职责分离	授权、记录、执行、保管、稽核必须分开

在了解控制活动时,注册会计师应当重点考虑一项控制活动单独或连同其他控制活动,是否能够以及如何防止或发现并纠正各类交易、账户余额和披露存在的重大错报。如果多项控制活动能够实现同一目标,注册会计师不必了解与该目标相关的每项控制活动。

5. 对控制的监督

对控制的监督是指被审计单位评价内部控制在一段时间内运行有效性的过程,涉及及时评估控制的有效性并采取必要的补救措施。通常管理层通过持续的监督活动、单独的评价活动或两者相结合,实现对控制的监督。其中:①持续的监督活动通常贯穿于被审计单位日常重复的活动中,包括常规管理和监督工作。②被审计单位可能使用内部审计人员或具有类似职能的人员对内部控制的设计和执行进行专门的评价,以找出内部控制的优点和不足,并提出改进建议。

(五)在整体层面和业务流程层面了解内部控制

整体层面控制与业务流程层面控制的关系如表6-8所示。

表6-8 整体层面控制与业务流程层面控制的关系

两个层面的控制	相关内容
整体层面控制 (主要与报表层次相关)	(1) 整体层面的控制(包括对管理层凌驾于内部控制之上的控制)和信息技术一般控制,通常在所有业务活动中普遍存在 (2) 整体层面的控制也包括对下列事项的控制:管理层凌驾于内部控制之上;集中处理;期末财务报告流程;针对关键经营风险的政策

(续表)

两个层面的控制	相关内容
业务流程层面控制 （主要与认定层次相关）	（1）确定重要业务流程和重要交易类别 （2）了解重要交易流程并进行记录。注册会计师可以通过询问、观察、检查和穿行测试了解被审计单位重要的交易流程；可以采用文字表述法、调查表法、流程图法记录业务流程 （3）初步评价和风险评估。注册会计师对控制的评价结论可能是以下三种情况之一：所设计的控制单独或连同其他控制能够防止或发现并纠正重大错报，并得到执行；控制本身的设计是合理的，但没有得到执行；控制本身的设计就是无效的或缺乏必要的控制
两种层面控制的关系：整体层面的控制对内部控制在所有业务流程中得到严格的设计和执行具有重要影响，整体层面的控制较差甚至可能使最好的业务流程层面控制失效	

（六）评估重大错报风险

1. 评估重大错报风险的审计程序

评估重大错报风险的审计程序包括：①在了解被审计单位及其环境的整个过程中，结合对财务报表中各类交易、账户余额和披露的考虑，识别风险。②将识别出的风险与认定层次可能发生错报的领域相联系。③评估识别出的风险，评价其是否更广泛地与财务报表整体相关，进而潜在地影响多项认定。④考虑发生错报的可能性，以及潜在错报的重大程度是否足以导致重大错报。

2. 识别两个层次的重大错报风险

两个层次的重大错报风险具体内容如表 6-9 所示。

表 6-9　　　　　　　　　两个层次的重大错报风险

层次	特点	情形
财务报表层次	与财务报表整体广泛相关，影响多项认定	（1）重大经营风险 （2）薄弱的控制环境 （3）频繁更换关键岗位人员 （4）信息技术一般控制缺陷 （5）管理层凌驾于内部控制之上 （6）舞弊风险 （7）持续经营能力的重大疑虑
认定层次	与特定的交易、账户余额和披露相关	通常对应具体的财务报表项目等

第二部分　练　习　题

一、单项选择题

1. 下列关于了解被审计单位及其环境的说法中，正确的是（　　）。
   A. 注册会计师无需在审计完成阶段了解被审计单位及其环境
   B. 注册会计师对被审计单位及其环境了解的程度，低于管理层为经营管理企业而对被审计单位及其环境需要了解的程度

C. 对小型被审计单位,注册会计师可以不了解被审计单位及其环境

D. 注册会计师对被审计单位及其环境了解的程度,取决于会计师事务所的质量管理政策

2. 下列关于注册会计师了解被审计单位对会计政策的选择和运用的说法中,错误的是(　　)。

 A. 如果被审计单位变更了重要的会计政策,注册会计师应当考虑会计政策的变更是否能够提供更可靠、更相关的会计信息

 B. 当新的会计准则颁布施行时,注册会计师应考虑被审计单位是否应采用新的会计准则

 C. 在缺乏权威性标准或共识的领域,注册会计师应协助被审计单位选用适当的会计政策

 D. 注册会计师应当关注被审计单位是否采用激进的会计政策

3. 下列关于经营风险对重大错报风险的影响的说法中,错误的是(　　)。

 A. 多数经营风险最终都会产生财务后果,从而可能导致重大错报风险

 B. 注册会计师在评估重大错报风险时,没有责任识别或评估对财务报表没有重大影响的经营风险

 C. 经营风险通常不会对财务报表层次重大错报风险产生直接影响

 D. 经营风险可能对认定层次重大错报风险产生直接影响

4. 下列关于注册会计师了解内部控制的说法中,错误的是(　　)。

 A. 注册会计师应当了解与特别风险相关的控制

 B. 注册会计师应当了解与超出被审计单位正常经营过程的重大关联方交易相关的控制

 C. 注册会计师应当了解与会计估计相关的控制

 D. 注册会计师应当了解与会计差错更正相关的控制

5. 注册会计师了解被审计单位及其环境时,下列各项中,既与外部因素有关、又与内部因素有关的是(　　)。

 A. 被审计单位财务业绩的衡量与评价

 B. 被审计单位的性质、目标、战略及经营风险

 C. 行业状况、法律与监管环境及其他外部因素

 D. 被审计单位内部控制和对会计政策的选择和运用

6. 下列关于控制环境的说法中,错误的是(　　)。

 A. 在审计业务承接阶段,注册会计师无须了解和评价控制环境

 B. 在实施风险评估程序时,注册会计师需要对控制环境的构成要素获取足够了解,并考虑内部控制的实质及其综合效果

 C. 在进行风险评估时,如果注册会计师认为被审计单位的控制环境薄弱,则很难认定某一流程的控制是有效的

 D. 在评估重大错报风险时,注册会计师应当将控制环境连同其他内部控制要素产生的影响一并考虑

7. (　　)是通过追踪交易在财务报告信息系统中的处理过程,来证实注册会计师对控制

的了解、评价控制设计的有效性以及确定控制是否得到有效执行的方法。
   A. 穿行测试　　　B. 观察　　　C. 重新执行　　　D. 检查
8. 内部控制无论如何设计和执行只能对财务报告的可靠性提供合理保证,其原因是(　　)。
   A. 建立和维护内部控制是被审计单位管理层的职责
   B. 内部控制的成本不应超过预期带来的收益
   C. 在决策时可能出现人为判断错误
   D. 对资产和记录采取适当的安全保护措施是被审计单位管理层应当履行的经管责任
9. 为了克服制度基础审计的局限性,审计界正在形成的一种新的审计模式是(　　)。
   A. 业务基础审计　　B. 风险基础审计　　C. 账目基础审计　　D. 判断抽样审计
10. 在了解控制环境时,注册会计师通常考虑的因素是(　　)。
    A. 内部控制的人工成分
    B. 内部控制的自动化成分
    C. 被审计单位董事会对内部控制重要性的态度和认识
    D. 会计信息系统
11. 保管某项财产物资的职务和该项财产物资的记录职务应予分离属于(　　)。
    A. 财产管理控制　　B. 授权批准控制　　C. 职务分离控制　　D. 内部审计控制
12. 企业设计和实施各项内部控制的责任主体是(　　)和其他人员,组织中的每个人都对内部控制负有责任。
    A. 治理层和管理层　　B. 注册会计师　　C. 股东大会　　D. 政府部门
13. 下列审计程序中,注册会计师在了解被审计单位内部控制时通常不采用的是(　　)。
    A. 询问　　　B. 观察　　　C. 分析程序　　　D. 检查
14. 下列各项中,不属于控制环境要素的是(　　)。
    A. 被审计单位的人力资源政策与实务　　　B. 被审计单位的组织结构
    C. 被审计单位管理层的理念　　　D. 被审计单位的信息系统
15. 注册会计师在执行财务报表审计时,首先应当了解被审计单位及其环境,以识别和评估(　　)。
    A. 可接受的检查风险　　　B. 审计风险水平
    C. 控制风险水平　　　D. 财务报表重大错报风险
16. 下列关于与审计相关的内部控制的说法中,正确的是(　　)。
    A. 与财务报告相关的内部控制均与审计相关
    B. 与审计相关的内部控制并非均与财务报告相关
    C. 与经营目标相关的内部控制与审计无关
    D. 与合规目标相关的内部控制与审计无关
17. 了解被审计单位及其环境一般(　　)。
    A. 在承接客户和续约时进行　　　B. 贯穿整个审计过程的始终
    C. 在进行期中审计时进行　　　D. 在进行审计计划时进行
18. 下列审计程序中,注册会计师在了解内部控制时通常不实施的是(　　)。

A. 了解控制活动是否得到执行　　　　B. 了解内部控制的设计
　　C. 记录了解的内部控制　　　　　　　D. 寻找内部控制运行中的缺陷
19. 下列说法中,不正确的是(　　)。
　　A. 在了解被审计单位的内部控制时,只需关注控制的设计
　　B. 内部控制只能为财务报告的可靠性提供合理的保证,而非绝对的保证
　　C. 特别风险通常与重大的非常规交易和判断事项有关
　　D. 在某些情况下,仅通过实施实质性程序不能获取充分、适当的审计证据
20. 下列各项中,属于对控制的监督的是(　　)。
　　A. 授权与批准　　　　　　　　　　　B. 职权与责任的分配
　　C. 业绩评价　　　　　　　　　　　　D. 内审部门定期评估控制的有效性

二、多项选择题

1. 下列审计程序中,通常用作风险评估程序的有(　　)。
　　A. 检查　　　　B. 分析程序　　　　C. 重新执行　　　　D. 观察
2. 在了解被审计单位财务业绩的衡量和评价时,下列各项中,属于注册会计师应当关注的信息有(　　)。
　　A. 关键业绩指标　　　　　　　　　　B. 预测、预算和差异分析
　　C. 外部机构提出的报告　　　　　　　D. 员工业绩考核与激励性报酬政策
3. 下列各项中,属于被审计单位设计和实施内部控制的责任主体的有(　　)。
　　A. 被审计单位的管理层
　　B. 被审计单位的普通员工
　　C. 负责被审计单位内部控制审计的注册会计师
　　D. 被审计单位的治理层
4. 下列关于内部控制的局限性的说法中,正确的有(　　)。
　　A. 内部控制无论如何有效,都只能为被审计单位实现财务报告目标提供合理保证
　　B. 在决策时可能出现人为判断错误和因人为失误导致内部控制失效
　　C. 控制可能由于两个人或更多的人员串通或管理层不当地凌驾于内部控制之上而被规避
　　D. 内部控制并非针对所有发生的业务设置的
5. 下列活动中,注册会计师认为属于控制活动的有(　　)。
　　A. 授权　　　　B. 业绩评价　　　　C. 风险评估　　　　D. 职责分离
6. 下列事项中,注册会计师在确定风险的性质时应当考虑的有(　　)。
　　A. 风险是否属于舞弊风险
　　B. 交易的复杂程度
　　C. 风险是否涉及重大的关联方交易
　　D. 风险是否涉及异常或超出正常经营过程的重大交易
7. 下列关于了解被审计单位内部控制的说法中,正确的有(　　)。
　　A. 注册会计师需要了解和评价的内部控制只是与财务报表审计有关的内部控制,并非

被审计单位所有的内部控制

B. 除非存在某些可以使控制得到一贯运行的自动化控制,否则注册会计师对控制的了解不足以测试控制运行的有效性

C. 注册会计师对内部控制了解的深度包括评价控制的设计,并确定其是否得到执行,包括对控制是否得到一贯执行的测试

D. 询问本身不足以评价控制的设计及确定其是否得到执行,注册会计师应将询问与其他风险评估程序结合使用

8. 下列各项中,属于描述内部控制的方法的有(　　)。
    A. 文字表述法　　　　　　　　B. 实验法
    C. 观察法　　　　　　　　　　D. 流程图法

9. 下列关于注册会计师了解被审计单位的风险评估过程的说法中,正确的有(　　)。
    A. 如果被审计单位的风险评估过程符合其具体情况,了解风险评估过程有助于注册会计师识别财务报表重大错报风险
    B. 在评价被审计单位的风险评估过程的设计和执行时,注册会计师应当了解管理层如何估计风险的重要性
    C. 注册会计师可以通过了解被审计单位及其环境的其他方面获取的信息,评价被审计单位风险评估过程的有效性
    D. 如果注册会计师识别出管理层未能识别出的重大错报风险,应当将与风险评估过程相关的内部控制评估为存在值得关注的内部控制缺陷

10. 下列情形中,通常表明可能存在财务报表层次重大错报风险的有(　　)。
    A. 被审计单位财务人员不熟悉会计准则　　B. 被审计单位频繁更换财务负责人
    C. 被审计单位内部控制环境薄弱　　　　　D. 被审计单位投资了多家联营企业

11. 下列各项中,属于注册会计师通过实施穿行测试可以实现的目的的有(　　)。
    A. 确认对业务流程的了解　　　　　　　　B. 评价控制设计的有效性
    C. 确认控制是否得到执行　　　　　　　　D. 确认对重要交易的了解是否完整

12. 下列各项中,属于内部控制要素的有(　　)。
    A. 控制环境和控制活动　　　　　　　　　B. 风险评估过程
    C. 信息系统与沟通　　　　　　　　　　　D. 对控制的监督

13. 下列审计程序中,注册会计师在识别和评估重大错报风险时,可能实施的有(　　)。
    A. 识别被审计单位的所有经营风险
    B. 考虑识别的错报风险导致财务报表发生重大错报的可能性
    C. 考虑识别的错报风险是否重大
    D. 将识别的错报风险与认定层次可能发生错报的领域相联系

14. 下列各项中,通常可能导致财务报表层次重大错报风险的有(　　)。
    A. 被审计单位新聘任的财务总监缺乏必要的胜任能力
    B. 被审计单位的长期资产减值准备存在高度的估计不确定性
    C. 被审计单位管理层缺乏诚信
    D. 被审计单位的某项销售交易涉及复杂的安排

15. 下列关于注册会计师了解内部控制的说法中,正确的有(　　)。
    A. 注册会计师在了解被审计单位内部控制时,应当确定其是否得到一贯执行
    B. 注册会计师不需要了解被审计单位所有的内部控制
    C. 注册会计师对内部控制的了解通常不足以测试控制运行的有效性
    D. 注册会计师询问被审计单位人员不足以评价内部控制设计的有效性

三、判断题

1. 健全严密的内部控制可以防止任何差错和舞弊。　　　　　　　　　　　　(　　)
2. 职责划分的内容既包括不相容职务在组织机构之间的分离,也包括不相容职务在组织机构内部的分离。　　　　　　　　　　　　　　　　　　　　　　(　　)
3. 了解被审计单位及其环境是必要程序,是一个连续和动态的收集、更新与分析信息的过程,贯穿于整个审计过程的始终。　　　　　　　　　　　　　　　(　　)
4. 可能由于两个或更多的人员进行串通或管理层凌驾于内部控制之上而使内部控制被规避。　　　　　　　　　　　　　　　　　　　　　　　　　　(　　)
5. 注册会计师应当了解被审计单位的所有内部控制。　　　　　　　　　　　(　　)
6. 控制环境本身能够防止或发现并纠正各类交易、账户余额、列报认定层次的重大错报,注册会计师在评估风险时应当将控制环境连同其他内部控制要素产生的影响一并考虑。　　　　　　　　　　　　　　　　　　　　　　　　　　　(　　)
7. 了解被审计单位及其环境是注册会计师必须执行的审计程序,注册会计师应有针对性地向被审计单位管理层和对财务报告负有责任的人员进行询问,还要考虑其他一些重要人员,如内部审计人员,但对级别较低或其他部门的人员,如采购人员、生产人员、销售人员等,不应浪费审计成本进行询问。　　　　　　　　　　　　(　　)
8. 如果注册会计师不打算依赖被审计单位的内部控制,则无须对内部控制进行了解。(　　)
9. 内部控制是被审计单位为了合理保证财务报告的可靠性、经营的效率和效果以及对法律法规的遵守,由治理层设计和执行的政策和程序。　　　　　　　(　　)
10. 为了解被审计单位及其环境而实施的程序称为风险应对程序。　　　　　(　　)
11. 分析程序既可用作风险评估程序和实质性程序,也可用来对财务报表进行总体复核。(　　)
12. 注册会计师了解内部控制后,对内部控制的评价不仅要确定设计是否合理,而且要确定控制是否得到执行。　　　　　　　　　　　　　　　　　　　　(　　)
13. 财务报表审计的目标是对财务报表是否不存在重大错报和内部控制是否有效发表审计意见。　　　　　　　　　　　　　　　　　　　　　　　　　　　(　　)
14. 注册会计师为了识别和评估财务报表重大错报风险,需要实施一定的程序来了解被审计单位及其环境,这些程序通常包括:询问、分析程序、观察和检查。(　　)
15. 被审计单位通常有一些与内部控制目标相关但与审计无关的控制,注册会计师无须对其加以考虑。　　　　　　　　　　　　　　　　　　　　　　　　(　　)
16. 询问本身并不足以评价控制的设计以及确定其是否得到执行,注册会计师应当将询问与其他风险评估程序结合使用。　　　　　　　　　　　　　　　(　　)

17. 在了解被审计单位对会计政策的选择和运用是否适当时,注册会计师应当关注重大和异常交易的会计处理方法。   （   ）
18. 注册会计师应当从所有权结构、治理结构、组织结构、经营活动、投资类型、筹资方式等方面了解被审计单位的性质。   （   ）
19. 对持续经营能力的疑虑通常产生认定层次的重大错报风险。   （   ）
20. 对管理层凌驾于内部控制之上的控制属于业务流程层面的控制。   （   ）

四、实务分析题

1. 烟台兴茂机械制造有限公司主要从事电子消费品的生产和销售。注册会计师王某负责审计烟台兴茂机械制造有限公司 2021 年度财务报表。

资料一：注册会计师王某在审计工作底稿中记录了所了解的烟台兴茂机械制造有限公司情况及其环境,部分内容摘录如下：

（1）烟台兴茂机械制造有限公司于 2021 年初完成了部分主要产品的更新换代。由于利用现有主要产品（A 产品）生产线生产的换代产品（B 产品）的市场销售情况良好,烟台兴茂机械制造有限公司自 2021 年 3 月起大幅减少了 A 产品的产量,并于 2021 年 4 月终止了 A 产品的生产和销售。A 产品和 B 产品生产所需原材料基本相同,原材料平均价格相比上年上涨了约 3%,由于 B 产品的功能更加齐全且设计新颖,其平均售价比 A 产品高约 11%。

（2）为加快新产品研发进度以应对激烈的市场竞争,烟台兴茂机械制造有限公司于 2021 年 6 月支付 480 万元购入一项非专利技术的永久使用权,并将其确认为使用寿命不确定的无形资产。最新行业分析报告显示,烟台兴茂机械制造有限公司竞争对手安泰公司已于 2021 年初推出类似新产品,市场销售良好。同时,安泰公司宣布将于 2022 年 11 月推出更新一代的换代产品。

（3）烟台兴茂机械制造有限公司生产过程中产生的噪音和排放的气体对环境造成一定影响。尽管周围居民要求给予补偿,但烟台兴茂机械制造有限公司考虑到现行法律并没有相关规定,以前并未对此作出回应。为改善与周围居民的关系,烟台兴茂机械制造有限公司董事会于 2021 年 12 月 23 日决定对居民给予总额为 90 万元的一次性补偿,并制定了具体的补偿方案。2022 年 1 月 10 日,烟台兴茂机械制造有限公司向居民公布了上述补偿决定和具体补偿方案。

（4）2021 年初,烟台兴茂机械制造有限公司董事会决定将每月薪酬发放日由当月最后一日推迟到次月 8 日,同时将员工薪酬水平平均上调 5%。烟台兴茂机械制造有限公司 2021 年员工队伍基本稳定。

（5）烟台兴茂机械制造有限公司除了于 2019 年 12 月借入的 2 年期、年利率 5% 的银行借款 4 000 万元外,烟台兴茂机械制造有限公司没有其他借款。上述长期借款专门用于扩建现有的一条生产线,以满足 C 产品的生产需要。该生产线总投资 5 500 万元,2019 年 12 月初开工,2021 年 6 月底完工投入使用。（假设不考虑利息收入）

（6）烟台兴茂机械制造有限公司财务总监已为烟台兴茂机械制造有限公司工作超过 8 年,于 2021 年 7 月劳动合同到期后被烟台兴茂机械制造有限公司的竞争对手高薪聘请。由于工作压力大,烟台兴茂机械制造有限公司会计部门人员流动频繁,除会计主管服务期超过5年外,其余人员的平均服务期少于2年。

资料二:注册会计师王某在审计工作底稿中记录了所获取的烟台兴茂机械制造有限公司财务数据,部分内容摘录如表6-10所示。

表6-10 烟台兴茂机械制造有限公司2020年和2021年部分财务数据

金额单位:万元

项目		2021年未审数		2020年已审数	
		B产品	A产品	B产品	A产品
营业收入		31 760	2 800	0	26 500
营业成本		26 400	2 730	0	25 700
存货	账面余额	2 460	160	0	1 960
	跌价准备	0	0	0	0
	账面价值	2 460	160	0	1 960
无形资产——非专利技术		480		0	
预计负债——居民环境污染补偿		90		0	
应付职工薪酬		8		6	
利息支出	总额	200		200	
	资本化金额	150		200	
	净额	50		0	

要求:针对资料一第(1)至(6)项,结合资料二,假定不考虑其他条件,请逐项指出资料一所列事项是否可能表明存在重大错报风险。如果认为存在重大错报风险,请简要说明理由,并分别说明该风险是属于财务报表层次还是认定层次。

2. 烟台兴茂机械制造有限公司是ABC会计师事务所的常年审计客户,主要从事车用消音器的加工和销售工作。注册会计师王某负责审计烟台兴茂机械制造有限公司2021年度财务报表,确定财务报表整体的重要性为100万元。审计报告日为2022年4月30日。

资料一:(1) 2021年3月15日,媒体曝光烟台兴茂机械制造有限公司的某批次产品存在严重的产品质量问题。在计划审计阶段,注册会计师王某就此事项及相关影响与管理层进行了沟通,部分内容摘录如下:

烟台兴茂机械制造有限公司每年向母公司支付商标使用费300万元,2021年母公司豁免了该项费用。

  借:管理费用   3 000 000
    贷:其他应付款   3 000 000

  借:其他应付款   3 000 000
    贷:营业外收入   3 000 000

(2) 2021年,烟台兴茂机械制造有限公司多名关键员工离职。管理层正在考虑一项员工激励计划,向服务至2024年年末的员工发放特别奖金。因计划未确定,管理层未在

2021年度财务报表中确认。

（3）为增收节支，烟台兴茂机械制造有限公司董事会决定将管理人员迁至厂区办公，并自2021年12月1日起将二号办公楼出租给乙公司，租期10年。管理层在起租日将该办公楼转为投资性房地产，采用公允价值模式进行计量。

注：到年底只有一个月的时间，成本10 000万元。

借：投资性房地产——公允价值变动　　　　　　　　　　　　　　　40 000 000
　　贷：公允价值变动损益　　　　　　　　　　　　　　　　　　　　40 000 000

资料二：注册会计师王某在审计工作底稿中记录了烟台兴茂机械制造有限公司的财务数据，部分内容摘录如表6-11所示。

表6-11　　　　　烟台兴茂机械制造有限公司2021年部分财务数据

金额单位：万元

项目	2021年未审数	2020年已审数
管理费用——商标使用费	300	300
营业外收入——母公司豁免商标使用费	300	0
公允价值变动收益——投资性房地产（二号办公楼）	4 000	0
投资性房地产——成本（二号办公楼）	10 000	0

要求：针对资料一第（1）至（3）项，结合资料二，假定不考虑其他条件，逐项指出资料一所列事项是否可能表明存在重大错报风险。如果认为可能表明存在重大错报风险，简要说明理由。

3. ABC会计师事务所的注册会计师王某负责审计烟台兴茂机械制造有限公司2021年度财务报表。审计工作底稿中与了解烟台兴茂机械制造有限公司及其环境相关的部分内容摘录如下：

（1）在了解公司内部控制时，注册会计师王某运用审计抽样方法。

（2）注册会计师王某认为控制环境本身能够防止或发现并纠正各类交易、账户余额和披露认定层次的重大错报，在评估重大错报风险时需格外关注。

（3）为了解公司各类重要交易在业务流程中发生、处理和记录的过程，A注册会计师执行了穿行测试，并在审计工作底稿中记录了穿行测试中查阅的文件、穿行测试的程序以及审计过程中的发现和得出的结论。

（4）针对识别出的超出正常经营过程的重大关联方交易的重大错报风险，A注册会计师将其确定为存在特别风险，予以特别考虑。

（5）注册会计师王某在了解公司内部控制后，发现公司会计记录的状况和可靠性存在重大问题，不能获取充分、适当的审计证据以发表无保留意见，遂要求公司管理层提交书面声明以消除重大疑虑。

要求：针对上述第（1）至（5）项，逐项指出注册会计师王某的做法是否恰当。如不恰当，简要说明理由。

4. ABC会计师事务所的注册会计师王某负责审计烟台兴茂机械制造有限公司2021年

度财务报表。审计工作底稿中与评估重大错报风险相关的部分内容摘录如下:

(1) 基于2020年度税前利润较2019年增长了25%,2021年度董事会确定的利润增长目标为30%,如完成或超额完成,将按照超额比例给予管理层薪金奖励,如未能完成,将按照未完成比例给予管理层薪金惩戒。

(2) 为实现年度经营目标,提高工作效率和各部门之间的相互协调性,烟台兴茂机械制造有限公司决定由销售经理兼任信用管理部门负责人。

(3) 2021年4月,由于开发商流动资金短缺,烟台兴茂机械制造有限公司委托某房地产开发公司承建的大型基建项目被迫停工,何时开工,尚难预料。

(4) 烟台兴茂机械制造有限公司自2019年起研发一项新产品技术,于2021年12月末完成技术开发工作,并确认无形资产300万元。烟台兴茂机械制造有限公司拟将其出售,因受国家产业政策的影响,市场对该类新产品尚无需求。

(5) 2021年12月初,烟台兴茂机械制造有限公司耗资500万元全面实现了会计电算化。为尽快适应信息技术环境,财务部门分期分批对全体财务人员进行了业务培训。

要求:针对上述第(1)至(5)项,假定不考虑其他条件,逐项指出是否可能表明存在重大错报风险。如认为存在重大错报风险,指明重大错报风险是属于财务报表层次还是认定层次。

第三部分 参 考 答 案

一、单项选择题

1	2	3	4	5	6	7	8	9	10
B	C	C	D	A	A	A	C	B	C
11	12	13	14	15	16	17	18	19	20
C	A	C	D	D	B	B	D	A	D

重难点解析:

1. 了解被审计单位及其环境是一个连续和动态的收集、更新与分析信息的过程,贯穿于整个审计过程的始终,选项A错误。了解被审计单位及其环境是必要程序,选项C错误。注册会计师应当运用职业判断确定需要了解被审计单位及其环境的程度,选项D错误。

2. 在缺乏权威性标准或共识的领域,注册会计师应当关注被审计单位选用了哪些会计政策、为什么选用这些会计政策以及选用这些会计政策产生的影响,选项C错误。

3. 经营风险可能对某类交易、账户余额和披露的认定层次重大错报风险或财务报表层次重大错报风险产生直接影响,选项C错误。

4. 注册会计师需要了解的内部控制是与财务报表审计相关的内部控制,选项D错误。

5. 选项B,被审计单位的性质、目标、战略及经营风险属于与内部因素有关的。选项C,行业状况、法律与监管环境及其他外部因素是与外部因素有关的。选项D,被审计单位内部控制和对会计政策的选择和运用属于与内部因素有关的。

6. 在审计业务承接阶段,注册会计师就需要对控制环境作出初步了解和评价。选项A不正确。

8. 内部控制存在固有局限性,无论如何设计和执行,只能对财务报告的可靠性提供合理保证。内部控制存在的固有局限性包括:①在决策时人为判断可能出现错误和由于人为失误而导致内部控制失效。②控制可能由于两个或更多的人员串通或管理层不当凌驾于内部控制之上而被规避。

9. 风险导向审计的基本理念,就是审计的实施要以评估风险为切入点,将对审计风险的识别、评估和应对贯穿于整个审计过程,以将审计风险降低至可接受的水平,为经审计的财务报表不存在重大错报提供合理保证。风险导向审计是为了克服制度基础审计的局限性而形成的一种新的审计模式。选项B正确。

10. 控制环境包括治理职能和管理职能,以及治理层和管理层对内部控制及其重要性的态度、认识和措施。选项C正确。

12. 内部控制是被审计单位为了合理保证财务报告的可靠性、经营的效率和效果以及对法律法规的遵守,由治理层、管理层和其他人员设计和执行的政策和程序。选项A正确。

13. 注册会计师通常实施下列风险评估程序,以获取有关控制的设计和控制得到执行的审计证据:①询问被审计单位的人员,但询问本身并不足以评价控制的设计以及确定其是否得到执行,注册会计师应当将询问与其他风险评估程序结合使用。②观察特定控制的运用。③检查文件和报告。④追踪交易在财务报告信息系统中的处理过程(穿行测试)。选项C不符合题目要求。

14. 控制环境包括以下要素:①对诚信和道德价值观念的沟通与落实。②对胜任能力的重视。③治理层的参与程度。④管理层的理念和经营风格。⑤组织结构及职权与责任的分配。⑥人力资源政策与实务。选项D不属于控制环境要素。

15. 通过被审计单位及其环境的了解,为识别和评估财务报表重大错报风险、设计和实施进一步审计程序,以将审计风险降至可接受的低水平提供了重要的判断基础。选项D正确。

16. 注册会计师在财务报表审计中只需要了解与审计相关的内部控制,并非被审计单位所有的内部控制,故选项B正确、选项A错误。如果与经营和合规目标相关的控制与注册会计师实施审计程序时评价或使用的数据相关,则这些控制也可能与审计相关,选项CD错误。

17. 审计过程的起点是获得对被审计单位及其环境的了解,包括对其内部控制的了解。了解被审计单位及其环境是必要程序。对被审计单位及其环境的了解需单独或者综合运用风险评估程序,是一个连续动态收集、更新、分析信息的过程,贯穿于整个审计过程的始终。选项B正确。

18. 选项D属于控制测试中测试控制运行有效性需要考虑的因素。

19. 对内部控制了解的深度,是指在了解被审计单位及其环境时对内部控制了解的程度,包括评价控制的设计,并确定其是否得到执行,但不包括对控制是否得到一贯执行的测试。选项A不正确。

20. 选项AC属于控制活动的内容,选项B属于控制环境的内容。

二、多项选择题

1	2	3	4	5	6	7	8	9	10
ABD	ABCD	ABD	ABCD	ABD	ABCD	ABD	AD	ABC	ABC
11	12	13	14	15					
ABCD	ABCD	BCD	AC	BCD					

重难点解析：

1. 重新执行用于控制测试，选项 C 错误。

2. 在了解对被审计单位财务业绩衡量和评价情况时，注册会计师应当关注下列信息：①关键业绩指标。②业绩趋势。③预测、预算和差异分析。④管理层和员工业绩考核与激励性报酬政策。⑤分部信息与不同层次部门的业绩报告。⑥与竞争对手的业绩比较。⑦外部机构提出的报告。选项 ABCD 都正确。

3. 设计和实施内部控制的责任主体是治理层、管理层和其他人员，组织中的每一个人都对内部控制负有责任。选项 ABD 正确。

5. 控制活动包括与授权、业绩评价、信息处理、实物控制和职责分离等相关的活动。选项 ABD 符合题目要求。

7. 对内部控制了解的深度，包括评价控制的设计，并确定其是否得到执行，但不包括对控制是否得到一贯执行的测试。选项 C 不正确。

8. 注册会计师可以通过询问、观察、检查和穿行测试了解被审计单位重要的交易流程；可以采用文字表述法、调查表法、流程图法记录业务流程。选项 AD 正确。

9. 选项 D 错误，如果识别出管理层未能识别的重大错报风险，注册会计师应当考虑被审计单位的风险评估过程为何没有识别出这些风险，以及评估过程是否适合于具体环境，或者确定与风险评估过程相关的内部控制是否存在值得关注的内部控制缺陷。

10. 选项 ABC 均与财务报表整体存在广泛联系。选项 D 表明长期股权投资账户的认定可能存在重大错报风险。

11. 执行穿行测试可获得下列方面的证据：①确认对业务流程的了解。对应选项 A。②确认对重要交易的了解是完整的。对应选项 D。③确认所获取的有关流程中的预防性控制和检查性控制信息的准确性。④评估控制设计的有效性。对应选项 B。⑤确认控制是否得到执行。对应选项 C。⑥确认之前所做的书面记录的准确性。

12. 内部控制的要素包括控制环境、风险评估过程、信息与沟通、控制活动和对控制的监督五个方面。选项 ABCD 均正确。

13. 在识别和评估重大错报风险时，注册会计师应当实施的审计程序包括：在了解被审计单位及其环境的整个过程中识别风险，并考虑各类交易、账户余额、披露；将识别的风险与认定层次可能发生错报的领域相联系；考虑识别的风险是否广泛；考虑识别的风险导致财务报表发生重大错报的可能性。选项 A 错误是因为注册会计师应当识别与财务报表有关的经营风险，并不是对所有经营风险均识别。

14. 选项 A，财务总监缺乏必要的胜任能力，被审计单位的财务报表可能"哪哪都不行"，进而导致财务报表层次重大错报风险。选项 B,被审计单位的长期资产减值准备存在高度的估计不确定性,影响的是长期资产的准确性、计价和分摊认定,属于认定层次的重大错报风险。选项 C,管理层缺乏诚信或承受异常的压力可能引发舞弊风险,这些风险与财务报表整体相关。选项 D,被审计单位的某项销售交易涉及复杂的安排,该项交易可能是虚构的,影响的是营业收入的发生认定,属于认定层次的重大错报风险。

15."了解内部控制"包含两层含义:一是评价控制的设计;二是确定控制是否得到执行。不包括对控制是否得到一贯执行的测试,选项 A 不正确。注册会计师需要了解和评价的内部控制只是与财务报表审计相关的内部控制,并非被审计单位所有的内部控制,选项 B 正确。除非存在某些可以使控制得到一贯运行的自动化控制,否则注册会计师对控制的了解并不足以测试控制运行的有效性,选项 C 正确。询问本身并不足以评价控制的设计以及确定其是否得到执行,注册会计师应当将询问与其他风险评估程序结合使用,因此选项 D 正确。

三、判断题

1	2	3	4	5	6	7	8	9	10
×	√	√	√	×	×	×	×	×	×
11	12	13	14	15	16	17	18	19	20
√	√	×	√	√	√	√	√	×	×

重难点解析:

1. 健全严密的内部控制可以有效地防止差错和舞弊,但并不能防止所有的差错和舞弊,因为内部控制存在固有的缺陷:①在决策时人为判断可能出现错误和由于人为失误而导致的内部控制失效。②控制可能由于两个或更多的人员串通或管理层不当地凌驾于内部控制之上而被规避。

5. 注册会计师无须了解被审计单位的所有内部控制,而只需了解与审计相关的内部控制。

6. 控制环境本身并不能防止或发现并纠正认定层次的重大错报,注册会计师在评估风险时应当将控制环境连同其他内部控制要素产生的影响一并考虑。例如,将控制环境与对控制的监督和具体控制活动一并考虑。

7. 注册会计师通过询问管理层和对财务报告负有责任的人员可获取大部分信息,但为了更好地识别和评估风险,注册会计师还应当考虑询问内部审计人员、采购人员、生产人员、销售人员等其他人员,并考虑询问不同层次的员工,以便从不同的视角获取对识别重大错报风险有用的信息。

8. 注册会计师应当在所有审计项目中了解内部控制,如果不打算依赖被审计单位的内部控制,则无须进行控制测试。

9. 内部控制是被审计单位为了合理保证财务报告的可靠性、经营的效率和效果以及对法律法规的遵守,由治理层、管理层和其他人员设计和执行的政策和程序。

10. 为了解被审计单位及其环境而实施的程序称为风险评估程序。

13. 财务报表审计的目标是对财务报表是否不存在重大错报发表审计意见,而不是对内部控制有效性发表审计意见。

19. 对持续经营能力的疑虑通常产生财务报表层次的重大错报风险。

20. 对管理层凌驾于内部控制之上的控制属于整体层面的控制。

四、实务分析题

1.【参考答案】

资料一所列事项是否存在重大错报风险情况说明,如表6-12所示。

表6-12　　　　　　资料一所列事项是否存在重大错报风险情况说明

事项序号	是否可能表明存在重大错报风险	理由	重大错报风险
(1)	是	(1) 2020年A产品的销售毛利率3.02%,2021年B产品的销售毛利率16.88%,两者比较,B产品销售毛利率高于A产品的销售毛利率13.86%。但了解公司情况及其环境时,发现A产品与B产品的原材料基本相同,材料价格上涨3%,同时B产品销售价格比A产品提高了11%,所以B产品的毛利率高于A产品的毛利率不应超过11%,可能存在高估收入或低估成本的重大错报风险 (2) A产品已经被B产品所替代,且公司已经停止生产A产品,但2021年年末还有库存,所以A产品已经发生了跌价,但公司未计提存货跌价准备,存在存货计价的重大错报风险	认定层次
(2)	是	竞争对手新产品的上市以及更新一代产品的即将推出,购入的非专利技术可能存在少提减值准备而高估无形资产账面价值的重大错报风险	认定层次
(3)	是	公司在2022年1月才对相关支付承担义务,但公司在2021年预计负债项目下核算,因此在2021年年末可能存在多计预计负债的风险	认定层次
(4)	是	公司董事会决定将每月薪酬发放日由当月最后一日推迟到次月8日,同时将员工薪酬水平平均上调5%。公司2021年员工队伍基本稳定。考虑到应付职工薪酬在资产负债表日要比年初数多出一个月的金额,且工薪上涨达5%,总体应付职工薪酬年末数应当远远大于年初数。而被审计单位账面仅有少量余额,与上年年末余额很接近,存在少计应付职工薪酬和成本费用的重大错报风险	认定层次
(5)	是	工程在6月份已经完工,但是资本化了9个月[150÷(200÷12)]的利息,很有可能高估了固定资产的成本、低估了2021年的财务费用	认定层次
(6)	是	公司关键人员的变动,以及由于会计人员频繁变动,缺乏具有胜任能力的会计人员,均可能存在重大错报风险	财务报表层次

2.【参考答案】

资料二所列事项是否存在重大错报风险情况说明,如表 6-13 所示。

表 6-13 资料二所列事项是否存在重大错报风险情况说明

事项序号	是否可能表明存在重大错报风险	理由
(1)	是	母公司豁免商标使用费应该计入资本公积,而不是营业外收入,所以存在多计营业外收入、少计资本公积的重大错报风险
(2)	否	—
(3)	是	该项投资性房地产的公允价值在一个月内上涨 40%,可能存在多计公允价值变动收益的风险

3.【参考答案】

(1) 不恰当。审计抽样方法不适用于风险评估阶段。

(2) 不恰当。控制环境本身并不能防止或发现并纠正各类交易、账户余额和披露认定层次的重大错报。

(3) 恰当。

(4) 恰当。

(5) 不恰当。应当考虑出具保留意见或者无法表示意见的审计报告,必要时,应当考虑解除业务约定。

4.【参考答案】

(1) 存在重大错报风险。可能导致财务报表层次的重大错报风险。管理层承受异常的动机或压力可能引发舞弊风险,与财务报表整体相关。

(2) 存在重大错报风险。可能导致认定层次的重大错报风险。由销售经理兼任信用管理部门负责人,使销售部门失去了制约,从而降低对顾客赊销信用的监督,增加了发生坏账的可能性,可能导致认定层次的重大错报风险。

(3) 存在重大错报风险。可能导致认定层次的重大错报风险。由于大型基建项目非正常原因停工,而且难以预料复工时间,可能导致认定层次的重大错报风险。

(4) 存在重大错报风险。可能导致认定层次的重大错报风险。甲公司无法证明该无形资产能够给企业带来经济利益,可能导致认定层次的重大错报风险。

(5) 存在重大错报风险。可能导致财务报表层次的重大错报风险。全面实现电算化很可能导致一段时期内的信息技术难以与经营活动融合,与财务报表整体相关。

第七章 风险应对

第一部分 内容概要

一、风险应对措施

(一) 财务报表层次重大错报风险的总体应对措施

1. 总体应对措施

财务报表层次重大错报风险的总体应对措施包括：

(1) 向项目组强调保持职业怀疑态度的必要性。

(2) 分派更有经验或具有特殊技能的审计人员，或利用专家的工作。

(3) 提供更多的督导。对于财务报表层次重大错报风险较高的审计项目，项目组的高级别成员对其他成员提供更详细、更经常、更及时的指导和监督，并加强项目质量复核。

(4) 注意增加进一步审计程序的不可预见性。

增加审计程序不可预见性的思路：①对某些未测试过的低于设定的重要性水平或风险较小的账户余额和认定实施实质性程序。②调整实施审计程序的时间，使被审计单位不可预期。③采取不同的审计抽样方法，使当期抽取的测试样本与以前有所不同。④选取不同的地点实施审计程序，或预先不告知被审计单位所选定的测试地点。

增加审计程序不可预见性对注册会计师的要求：①注册会计师需要与被审计单位的管理层事先沟通，要求实施具有不可预见性的审计程序，但不告知其具体内容。②注册会计师可以(不是必须)在签订审计业务约定书时明确提出这一要求。

(5) 对拟实施审计程序的性质、时间和范围作出总体修改。具体包括：①在期末而非期中实施更多的审计程序。②主要依赖实质性程序获取审计证据。③增加拟纳入审计范围的经营地点的数量。

2. 财务报表层次重大错报风险及其总体应对措施对总体方案的影响

注册会计师针对认定层次重大错报风险拟实施的进一步审计程序的总体审计方案包括实质性方案和综合性方案。实质性方案是指注册会计师实施的进一步审计程序以实质性程序为主。综合性方案是指注册会计师在实施进一步审计程序时，将控制测试与实质性程序结合使用。当评估的财务报表层次重大错报风险属于高风险水平时，拟实施的进一步审计程序的总体审计方案往往更倾向于实质性方案。反之，则采用综合性方案。

(二) 针对认定层次的重大错报风险的进一步审计程序

1. 进一步审计程序的含义和要求

进一步审计程序是相对风险评估程序而言的，是指注册会计师针对评估的各类交易、账户余额、列报认定层次重大错报风险实施的审计程序，包括控制测试和实质性程序。

注册会计师设计进一步审计程序时应考虑的因素包括：①风险的重要性。②重大错报发生的可能性。③涉及的各类交易、账户余额和披露的特征。④采用的特定控制的性质。⑤是否拟获取审计证据,以确定内部控制在防止或发现并纠正重大错报方面的有效性。

注册会计师选择进一步审计程序总体方案时应考虑的因素及审计方案如表7-1所示。

表7-1　　　　　　进一步审计程序总体方案选择应考虑的因素及审计方案

考虑因素	具体审计方案
出于成本的考虑	可采用综合性方案设计进一步审计程序,即将测试控制运行的有效性与实质性程序结合使用
出于质量的考虑	在某些情况下,如仅通过实质性程序无法应对的重大错报风险,则注册会计师必须通过实施控制测试,才可能有效应对评估出的某一认定的重大错报风险
特殊情况的考虑	在另一些情况下,如注册会计师的风险评估程序未能识别出与认定相关的任何控制,或注册会计师认为控制测试很可能不符合成本效益原则,注册会计师可能认为仅实施实质性程序就是适当的
无论选择何种方案,注册会计师都应当对所有重大类别的交易、账户余额和披露设计和实施实质性程序	

2. 进一步审计程序的性质

进一步审计程序的性质是指进一步审计程序的目的和类型,具体如表7-2所示。

表7-2　　　　　　　　　进一步审计程序的目的和类型

性质	目的	类型
控制测试	确定内部控制运行的有效性	询问、观察、检查、重新执行
实质性程序	发现认定层次的重大错报	询问、观察、检查、函证、重新计算和分析程序

影响进一步审计程序性质的因素包括:①认定层次重大错报风险的评估结果。②评估的认定层次重大错报风险产生的原因,包括考虑各类交易、账户余额、列报的具体特征以及内部控制。

3. 进一步审计程序的时间

进一步审计程序的时间是指注册会计师何时实施进一步审计程序,或审计证据适用的期间或时点。

注册会计师选择实施审计程序的时间的基本考虑因素为注册会计师评估的重大错报风险。当评估的重大错报风险较高时,注册会计师应当考虑:①在期末或接近期末实施实质性程序。②采用不通知的方式。③在管理层不能预见的时间实施审计程序。此外,注册会计师在确定何时实施审计程序时还应当考虑控制环境、何时能得到相关信息、错报风险的性质、审计证据适用的期间或时点。

4. 进一步审计程序的范围

进一步审计程序的范围是指实施进一步审计程序的数量,包括抽取的样本量,对某项控制活动的观察次数等。在确定审计程序的范围时,注册会计师应当考虑下列因素:

(1) 确定的重要性水平。重要性水平越低,进一步审计程序的范围越广。

(2) 评估的重大错报风险。重大错报风险越高,进一步审计程序的范围也越广。

(3) 计划获取的保证程度。保证程度越高,进一步审计程序的范围越广。

二、控制测试

(一) 控制测试的含义

控制测试是指用于评价内部控制在防止或发现并纠正认定层次重大错报方面的运行有效性的审计程序。注册会计师应从下列方面获取关于控制是否有效运行的审计证据：①控制在所审计期间的相关时点是如何运行的。②控制是否得到一贯执行。③控制由谁或以何种方式运行。

(二) 控制测试的要求

作为进一步审计程序的类型之一，控制测试并非在任何情况下都需要实施。当存在下列情形之一时，注册会计师应当实施控制测试，如表7-3所示。

表7-3　　　　　　　　　　　应当实施控制测试的情形

考虑因素	应当实施控制测试的情形
出于成本的考虑	在评估认定层次重大错报风险时，预期控制的运行是有效的
出于质量的考虑	仅实施实质性程序并不能够提供认定层次充分、适当的审计证据

了解内部控制与控制测试的区别如表7-4所示。

表7-4　　　　　　　　　　了解内部控制与控制测试的区别

区别	了解内部控制	控制测试
目的不同	(1) 评价控制的设计是否合理 (2) 确定控制是否得到执行	测试控制运行的有效性
重点不同	控制是否得到执行	控制运行的有效性
过程不同	实施风险评估程序时	实施进一步审计程序时
证据质量不同	(1) 某项控制是否存在 (2) 控制是否正在执行	(1) 控制在所审计期间的相关时点是如何运行的 (2) 控制是否得到一贯执行 (3) 控制由谁执行或以何种方式执行
证据数量不同	(1) 只需抽取少量的交易进行检查 (2) 观察某几个时点	(1) 需要抽取足够数量的交易进行检查 (2) 对多个不同时点进行观察
性质不同	(1) 询问被审计单位的人员 (2) 观察特定控制的运用 (3) 检查文件和报告 (4) 穿行测试	(1) 询问以获取与内部控制运行情况相关的信息 (2) 观察以获取控制的运行情况 (3) 检查以获取控制的运行情况 (4) 重新执行
要求不同	必要程序	当存在下列情形之一时，注册会计师应当实施控制测试： (1) 在评估认定层次重大错报风险时，预期控制的运行是有效的 (2) 仅实施实质性程序并不能够提供认定层次充分、适当的审计证据

(三)控制测试的性质

1. 控制测试的性质的含义

控制测试的性质是指控制测试所使用的审计程序的类型及其组合。

2. 控制测试应考虑的因素

计划从控制测试获取的保证水平是注册会计师决定控制测试的性质的主要因素之一,若拟实施的进一步审计程序以控制测试为主,应获取有关控制运行有效性的更高的保证水平。

3. 控制测试可采用的审计程序

注册会计师进行控制测试可采用的审计程序包括:①询问,其本身并不足以测试控制运行的有效性,需要与其他审计程序结合使用。②观察,其提供的证据仅限于观察发生的时点,注册会计师需要考虑不在场时可能未被执行的情况。③检查。④重新执行,若需要进行大量的重新执行,注册会计师应考虑通过实施控制测试以缩小实质性程序的范围是否有效率。

4. 确定控制测试性质时的考虑因素

(1) 考虑特定控制的性质。

(2) 考虑测试与认定直接相关和间接相关的控制。

(3) 对于自动化应用控制运行有效性的测试应紧密结合信息技术的特点。对于一项自动化的应用控制,注册会计师可以利用该项控制得以执行的审计证据和信息技术一般控制运行有效性的审计证据,作为支持该项控制在相关期间运行有效性的重要审计证据。

(4) 注册会计师可以考虑实施双重目的的测试。注册会计师可以考虑针对同一交易同时实施控制测试和细节测试,以实现双重目的。

(5) 实施实质性程序的结果会对控制测试结果产生的影响,如实施实质性程序未发现某项认定存在错报,不能说明相关的控制运行有效;如实质性程序发现某项认定存在错报,应考虑对相关控制运行有效性的影响,如降低对相关控制的信赖程度、调整实质性程序的性质、扩大实质性程序的范围等;如果实施实质性程序发现被审计单位未识别出的重大错报,通常表明内部控制存在值得关注的缺陷,注册会计师应就这些缺陷与管理层和治理层沟通。

(四)控制测试的时间

1. 控制测试的时间的含义

控制测试的时间包含两层含义:一是何时实施控制测试,二是测试所针对的控制适用的时间点或期间。

2. 对期中审计证据的考虑

在期中实施控制测试具有更积极的作用。如果已获取有关控制在期中运行有效性的审计证据,并拟利用该证据,注册会计师应当实施的审计程序如表7-5所示。

表7-5　注册会计师拟利用期中运行有效的审计证据应实施的审计程序

审计程序	相关内容
获取这些控制在剩余期间发生重大变化的审计证据	(1) 如果这些控制在剩余期间没有发生变化,注册会计师可能决定信赖期中获取的审计证据 (2) 如果这些控制在剩余期间发生了变化(如信息系统、业务流程或人事管理等),注册会计师需要了解并测试控制的变化对期中审计证据的影响

(续表)

审计程序	相关内容
确定针对剩余期间还需获取的补充审计证据	针对剩余期间还需获取的补充审计证据应当考虑下列因素： (1) 评估的重大错报风险的重要程度。影响越大，需要证据越多 (2) 在期中测试的特定控制以及自期中测试后发生的重大变动 (3) 在期中对有关控制运行有效性获取的审计证据的程度。期中证据越充分有效，可适当减少 (4) 剩余期间的长度。剩余期间越长，需要证据越多 (5) 在信赖控制的基础上拟缩小实质性程序的范围。越信赖，需要证据越多 (6) 控制环境。越薄弱，需要证据越多

3. 对以前审计证据的考虑

(1) 基本思路。注册会计师应当通过实施询问并结合观察或检查程序，考虑拟信赖的以前审计中测试的控制在本期是否发生变化。

(2) 具体要求。注册会计师可能面临两种结果：①控制在本期发生变化，并且这些变化对以前审计获取的审计证据的持续相关性产生影响，注册会计师应当在本期审计中测试这些控制运行的有效性。②控制在本期没有发生变化，注册会计师应当每三年至少对内部控制测试一次，并且在每年审计中测试部分控制。具体决策过程如图 7-1 所示。

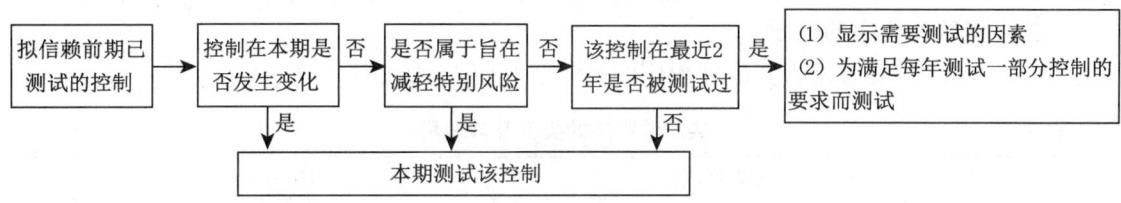

图 7-1　测试某项控制的决策图

(3) 对测试时间间隔的考虑因素。在确定利用以前审计获取的有关控制运行有效性的审计证据是否适当以及再次测试控制的时间间隔时，注册会计师应当考虑的因素或情况包括：①内部控制其他要素的有效性。②控制特征（如是人工控制还是自动化控制）产生的风险。③信息技术一般控制的有效性。④控制设计及其运行的有效性。⑤是否存在由于环境发生变化而特定控制缺乏相应变化导致的风险。⑥重大错报风险和对控制的信赖程度。

(4) 不得依赖以前审计所获证据的情形：评估的认定层次重大错报风险是特别风险，并拟信赖针对该风险实施的控制，注册会计师应在本期审计中测试这些控制运行的有效性。

(五) 控制测试的范围

控制测试的范围主要是指某项控制活动的测试次数。其影响因素如表 7-6 所示。

表 7-6　　　　　　　　　　确定控制测试范围的影响因素

影响因素	对控制测试范围的影响
执行控制的频率	正向影响
在所审计期间，注册会计师拟信赖控制运行有效性的时间长度	正向影响
证据的相关性和可靠性	正向影响

(续表)

影响因素	对控制测试范围的影响
通过测试与认定相关的其他控制获取的审计证据的范围	负向影响
在风险评估时拟信赖控制运行有效性的程度	正向影响
控制的预期偏差（也可称作预期偏差率）	正向影响/*无效

*注：如果控制的预期偏差率过高，注册会计师应当考虑实施的控制测试可能是无效的。

三、实质性程序

（一）实质性程序的含义

实质性程序是指注册会计师针对评估的重大错报风险实施的直接用于发现认定层次重大错报的审计程序，包括对各类交易、账户余额和披露的细节测试以及实质性分析程序。

由于内部控制的固有局限性，无论评估的重大错报风险结果如何，注册会计师都应当针对所有重大类别的交易、账户余额和披露实施实质性程序。

针对特别风险：①如果认为评估的认定层次重大错报风险是特别风险，注册会计师应当专门针对该风险实施实质性程序。②如果针对特别风险仅实施实质性程序，注册会计师应当使用细节测试，或将细节测试和实质性分析程序结合使用，而不能仅实施实质性分析程序。

（二）实质性程序的性质

实质性程序的性质是指实质性程序的类型及其组合，如表7-7所示。

表7-7　　　　　　　　实质性程序的类型及其适用

项目	细节测试	实质性分析程序
含义	对各类交易、账户余额、列报的具体细节进行测试	研究数据间关系，识别相关认定是否存在错报
审计程序	检查、询问、观察、函证、重新计算	分析程序
适用性	认定的测试，尤其是对存在或发生、准确性、计价和分摊认定的测试	一段时间内存在可预期关系的大量交易

（三）实质性程序的时间

1. 实质性程序的时间选择

实质性程序的时间选择与控制测试的时间选择的异同点如表7-8所示。

表7-8　　　　实质性程序的时间选择与控制测试的时间选择的异同点

时间		控制测试	实质性程序
区别	期中是否实施	获取期中关于控制运行有效性审计证据的做法更具有一种"常态"	在期中实施实质性程序时更需要考虑其成本效益的权衡
	以前证据适用性	拟信赖以前审计获取的有关控制运行有效性的审计证据，已经受到了很大的限制	采取了更加慎重的态度和更严格的限制
共同点		都面临着对期中审计证据和对以前审计获取的审计证据的考虑	

2. 如何考虑期中审计证据

如果在期中实施了实质性程序,注册会计师为了将期中测试得出的结论合理延伸至期末,应当针对剩余期间实施进一步的实质性程序或将实质性程序和控制测试结合使用。如果已识别出由于舞弊导致的重大错报风险,为将期中得出的结论延伸至期末而实施的审计程序通常是无效的,注册会计师应考虑在期末或者接近期末实施实质性程序。

3. 如何考虑以前审计获取的审计证据

以前审计获取的审计证据对本期只有很弱的证据效力或没有证据效力,不足以应对本期的重大错报风险。只有以前获取的审计证据及相关事项未发生重大变动时,以前的证据才可用作本期的有效证据。若拟利用以前获取的审计证据,应当在本期实施审计程序,以确定证据是否具有持续相关性。

(四) 实质性程序的范围

实质性分析程序的范围有两层含义:一是对什么层次上的数据进行分析,二是需要对什么幅度或性质的偏差展开进一步调查。

在确定实质性程序的范围时,注册会计师应当考虑:①评估的认定层次重大错报风险。②实施控制测试的结果。

在设计细节测试范围时,应主要考虑两个因素:①样本量。②选样方法的有效性。

第二部分 练 习 题

一、单项选择题

1. 下列各项审计措施中,不能应对财务报表层次重大错报风险的是( )。
   A. 在期末而非期中实施更多的审计程序
   B. 扩大控制测试的范围
   C. 增加拟纳入审计范围的经营地点的数量
   D. 增加审计程序的不可预见性

2. 下列有关审计程序不可预见性的说法中,错误的是( )。
   A. 增加审计程序的不可预见性是为了避免管理层对审计效果的人为干预
   B. 注册会计师无需量化审计程序的不可预见性程度
   C. 增加审计程序的不可预见性会导致注册会计师实施更多的审计程序
   D. 注册会计师在设计拟实施审计程序的性质、时间安排和范围时,都可以增加不可预见性

3. 下列有关针对重大账户余额实施审计程序的说法中,正确的是( )。
   A. 注册会计师应当实施实质性程序
   B. 注册会计师应当实施细节测试
   C. 注册会计师应当实施控制测试
   D. 注册会计师应当实施控制测试和实质性程序

4. 下列各项审计程序中,注册会计师在实施控制测试和实质性程序时均可以采用的是( )。
   A. 分析程序　　　B. 函证　　　C. 重新执行　　　D. 检查

5. 下列有关注册会计师实施进一步审计程序的时间的说法中,错误的是(   )。
   A. 如果被审计单位的控制环境良好,注册会计师可更多地在期中实施进一步审计程序
   B. 注册会计师在确定何时实施进一步审计程序时需要考虑能够获取相关信息的时间
   C. 对于被审计单位发生的重大交易,注册会计师应在期末或期末以后实施实质性程序
   D. 如果评估的重大错报风险为低水平,注册会计师可以选择资产负债表日前适当日期为截止日实施函证

6. 下列有关控制测试目的的说法中,正确的是(   )。
   A. 控制测试旨在评价内部控制在防止或发现并纠正认定层次重大错报方面的运行有效性
   B. 控制测试旨在发现认定层次发生错报的金额
   C. 控制测试旨在验证实质性程序结果的可靠性
   D. 控制测试旨在确定控制是否得到执行

7. 如果注册会计师已获取有关控制在期中运行有效的审计证据,下列有关剩余期间补充证据的说法中,错误的是(   )。
   A. 注册会计师可以通过测试被审计单位对控制的监督,将控制在期中运行有效的审计证据合理延伸至期末
   B. 被审计单位的控制环境越有效,注册会计师需要获取的剩余期间的补充证据越少
   C. 如果控制在剩余期间发生了变化,注册会计师可以通过实施穿行测试,将期中获取的审计证据合理延伸至期末
   D. 注册会计师在信赖控制的基础上拟减少的实质性程序的范围越大,注册会计师需要获取的剩余期间的补充证据越多

8. 对于财务报表审计业务,在决定是否信赖以前审计获取的有关控制运行有效性的审计证据时,下列各项中,注册会计师通常无需考虑的是(   )。
   A. 控制发生的频率   B. 控制是否是复杂的人工控制
   C. 控制是否是自动化控制   D. 控制在本年是否发生变化

9. 下列有关实质性分析程序的适用性的说法中,错误的是(   )。
   A. 实质性分析程序通常更适用于在一段时间内存在预期关系的大量交易
   B. 实质性分析程序不适用于识别出特别风险的认定
   C. 注册会计师无需在所有审计业务中运用实质性分析程序
   D. 对特定实质性分析程序适用性的确定,受到认定的性质和注册会计师对重大错报风险评估的影响

10. 下列情况中,应当实施控制测试的是(   )。
    A. 在评估认定层次重大错报风险时预期控制的运行是无效的
    B. 在评估认定层次重大错报风险时预期控制的运行是有效的
    C. 注册会计师在了解内部控制时发现控制很薄弱
    D. 即使现有控制得到执行也不足以防止财务报表发生重大错报

11. 下列有关实质性程序的时间安排的说法中,正确的是(   )。
    A. 应对舞弊风险的实质性程序应当在资产负债表日后实施

B. 针对账户余额的实质性程序应当在接近资产负债表日实施
C. 实质性程序应当在控制测试完成后实施
D. 实质性程序的时间安排受被审计单位控制环境的影响

12. 下列因素中，与控制测试范围不呈正向关系的是（　　）。
    A. 在风险评估时拟信赖控制运行有效性的程度
    B. 通过测试与认定相关的其他控制获取的审计证据的范围
    C. 执行控制的频率
    D. 对证据的相关性和可靠性的要求

13. 下列关于细节测试的表述中，不正确的是（　　）。
    A. 细节测试是对各类交易、账户余额、列报的具体细节进行的测试
    B. 测试的目的是直接识别财务报表认定是否存在错报
    C. 测试的设计和实施应针对认定层次的重大错报风险
    D. 实施细节测试需要大量使用分析手段研究数据间的关系

14. 实质性程序的类型分为（　　）。
    A. 控制测试和细节测试　　　　　B. 控制测试和实质性测试
    C. 细节测试和实质性分析程序　　D. 控制测试和实质性分析程序

15. 如果针对剩余期间还需大量的审计投入才能降低在期末未能发现重大错报的风险，那么注册会计师应当（　　）。
    A. 不在期中实施实质性程序　　　B. 在期中实施实质性程序
    C. 利用在期中获取的审计证据　　D. 重新评估重大错报风险

16. 在仅实施实质性程序不足以提供认定层次充分、适当的审计证据时，注册会计师应当（　　）。
    A. 实施分析程序　　　　　　　　B. 实施控制测试
    C. 重新评估认定层次的重大错报风险　D. 扩大样本规模

17. 拟信赖旨在应对超出正常经营过程的重大关联方交易的人工控制，假定该控制没有发生变化，下列有关测试该控制运行有效性的时间间隔的说法中，正确的是（　　）。
    A. 每年测试一次　　　　　　　　B. 每两年至少测试一次
    C. 每三年至少测试一次　　　　　D. 每四年至少测试一次

18. 下列有关实质性程序的说法中，错误的是（　　）。
    A. 细节测试的目的是发现认定层次的重大错报
    B. 如果针对特别风险实施的程序仅为实质性程序，这些程序应当包括细节测试
    C. 实质性程序包括细节测试与实质性分析程序
    D. 实质性程序通常更适用于在一段时间内存在可预期关系的大量交易

19. 下列有关总体应对措施的说法中，错误的是（　　）。
    A. 薄弱的控制环境带来的风险可能对财务报表产生广泛影响，应当采取总体应对措施
    B. 总体应对措施，对拟实施进一步审计程序的总体审计方案具有重大影响
    C. 存在与特定的某类交易、账户余额和披露的认定相关的重大错报风险，应当采取总体应对措施

D. 对拟实施的进一步审计程序增加不可预见性的程度无需量化

20. 下列有关注册会计师利用以前审计获取的审计证据的说法中,错误的是( )。

A. 如果注册会计师拟信赖针对特别风险的控制,应当在每次审计中都测试这类控制

B. 对于不属于旨在减轻特别风险的控制,如果拟信赖以前审计获取的某些控制运行有效性的审计证据,注册会计师应当在每次审计时从中选取足够数量的控制,测试其运行有效性

C. 对于旨在减轻特别风险的控制,不论该控制在本期是否发生变化,注册会计师都不应依赖以前审计获取的证据

D. 如果拟信赖的控制自上次测试后未发生变化,且不属于旨在减轻特别风险的控制,注册会计师应当运用职业判断确定是否在本期审计中测试其运行有效性,以及本次测试与上次测试的时间间隔,但每五年至少对控制测试一次

二、多项选择题

1. 下列做法中,可以提高审计程序的不可预见性的有( )。

A. 针对销售收入和销售退回延长截止测试期间

B. 向以前没有询问过的被审计单位员工询问

C. 对以前通常不测试的金额较小的项目实施实质性程序

D. 对被审计单位银行存款年末余额实施函证

2. 在确定进一步审计程序的性质时,注册会计师应当考虑的主要因素有( )。

A. 不同的审计程序应对特定认定错报风险的效力

B. 认定层次重大错报风险的评估结果

C. 认定层次重大错报风险产生的原因

D. 各类交易、账户余额、列报的特征

3. 在确定进一步审计程序的时间时,注册会计师应当考虑的主要因素有( )。

A. 评估的认定层次重大错报风险　　B. 审计意见的类型

C. 错报风险的性质　　　　　　　　D. 编制财务报表的时间

4. 在确定进一步审计程序的范围时,注册会计师应当考虑的主要因素有( )。

A. 审计证据适用的期间或时点　　　B. 评估的认定层次重大错报风险

C. 计划获取的保证程度　　　　　　D. 可容忍的错报或可容忍偏差率

5. 下列有关审计程序不可预见性的说法中,正确的有( )。

A. 注册会计师需要与被审计单位管理层事先沟通需拟实施具有不可预见性的审计程序的要求,但不能告知其具体内容

B. 注册会计师应当在签订审计业务约定书时明确提出拟在审计过程中实施具有不可预见性的审计程序,但不能明确其具体内容

C. 注册会计师通过调整实施审计程序的时间,可以增加审计程序的不可预见性

D. 注册会计师采用不同的抽样方法使当年抽取的测试样本与以前有所不同,可以增加审计程序的不可预见性

6. 在测试内部控制的运行有效性时,注册会计师应当获取的审计证据有(   )。
   A. 控制是否存在
   B. 控制在所审计期间不同时点是如何运行的
   C. 控制是否得到一贯执行
   D. 控制由谁执行

7. 如果在期中实施了控制测试,在针对剩余期间获取补充审计证据时,注册会计师通常考虑的因素有(   )。
   A. 控制环境
   B. 评估的重大错报风险水平
   C. 在期中对有关控制有效性获取的审计证据的程度
   D. 拟减少实质性程序的范围

8. 如果注册会计师已获取有关控制在期中运行有效性的审计证据,通常还应实施的审计程序有(   )。
   A. 获取这些控制在剩余期间变化情况的审计证据
   B. 仅获取这些控制在期末运行有效性的审计证据
   C. 获取信息技术一般控制变化情况的审计证据
   D. 确定针对剩余期间还需获取的补充审计证据

9. 下列项目中,属于财务报表层次重大错报风险总体应对措施的有(   )。
   A. 向项目组强调保持职业怀疑态度的必要性
   B. 分派更有经验或具有特殊技能的审计人员,或利用专家的工作
   C. 提供更多的督导
   D. 选择的进一步审计程序不被管理层预见或事先了解

10. 在确定控制测试的性质时,注册会计师正确的做法有(   )。
    A. 当拟实施的进一步审计程序以控制测试为主时,应当获取有关控制运行有效性的更高的保证水平
    B. 根据特定控制的性质选择所需实施审计程序的类型
    C. 询问本身不足以测试控制运行的有效性,应当与其他审计程序结合使用
    D. 考虑测试与认定直接相关和间接相关的控制

11. 下列表述中,正确的有(   )。
    A. 注册会计师应根据认定层次重大错报风险的评估结果选择审计程序
    B. 评估的认定层次的重大错报风险的高低可能影响进一步审计程序的类型
    C. 在拟定审计程序时,应考虑产生认定层次重大错报风险的原因
    D. 如果拟利用被审计单位信息系统生成的信息,需要对信息的准确性和完整性获取审计证据

12. 下列情形中,注册会计师不应利用以前年度获取的有关控制运行有效的审计证据的有(   )。
    A. 注册会计师拟信赖旨在减轻特别风险的控制
    B. 控制在过去两年审计中未经测试

C. 控制在本年发生重大变化
D. 被审计单位的控制环境薄弱

13. 下列有关实质性程序的说法中,正确的有( )。
    A. 针对所有重大类别的交易、账户余额和披露实施实质性程序
    B. 实质性程序是指用于发现报表层次重大错报的审计程序
    C. 特定重大账户的重大错报风险评估为低水平,且控制测试支持这一评估结果,无须实施实质性程序
    D. 不以获取审计证据的困难和成本为由减少不可替代的审计程序

14. 下列各项中,属于在确定实质性程序的范围时应当考虑的因素有( )。
    A. 预期内部控制有效   B. 认定层次重大错报风险
    C. 实施控制测试的结果   D. 是否利用内部审计工作

15. 控制测试采用的审计程序包括( )。
    A. 询问   B. 观察   C. 检查   D. 重新执行

三、判断题

1. 财务报表层次的重大错报风险与财务报表整体相关。 ( )
2. 注册会计师应该在签订审计业务约定书时明确提出实施具有不可预见性的审计程序,但不告知其具体内容。 ( )
3. 注册会计师应针对评估的认定层次重大错报风险确定总体审计策略。 ( )
4. 注册会计师如果对控制测试的结果不满意,应当考虑扩大实质性程序的范围。 ( )
5. 在整个拟信赖的期间,被审计单位执行控制的频率越低,控制测试的范围越大。 ( )
6. 实质性程序的时间可以选择在期末或期中。如果在期中实施了实质性程序,注册会计师无需再对剩余期间实施进一步的实质性程序。 ( )
7. 当评估的财务报表层次重大错报风险属于高风险水平时,拟实施进一步审计程序的总体方案往往更倾向于实质性方案。 ( )
8. 评估的认定层次的重大错报风险越高,则需要实施的实质性程序的范围就越广。 ( )
9. 注册会计师应当针对评估的财务报表层次的重大错报风险设计和实施进一步审计程序。 ( )
10. 控制测试的程序包括询问、分析程序、检查和观察及重新执行。 ( )
11. 无论选择何种方案,注册会计师都应当对所有重大类别的交易、账户余额和披露设计和实施实质性程序。 ( )
12. 重要性水平越高,进一步审计程序的范围越广。 ( )
13. 一般说来,评估的重大错报风险越高,审计程序的范围应越大。 ( )
14. 保证程度越高,进一步审计程序的范围越广。 ( )
15. 进一步审计程序是相对风险评估程序而言的,是指注册会计师针对评估的各类交易、账户余额、列报认定层次重大错报风险实施的审计程序,包括控制测试和实质性程序。 ( )

16. 注册会计师获取关于控制是否有效运行的审计证据时,无需评价控制是否得到一贯执行。
（　　）
17. 了解被审计单位内部控制和控制测试是注册会计师在审计过程中的必要程序。（　　）
18. 如实施实质性程序未发现某项认定存在错报,不能说明相关的控制运行有效;如实质性程序发现某项认定存在错报,应考虑对相关控制运行有效性的影响。（　　）
19. 控制测试的时间是指何时实施控制测试。（　　）
20. 注册会计师可以针对特别风险仅实施实质性分析程序。（　　）

四、实务分析题

1. ABC 会计师事务所的注册会计师王某负责审计烟台兴茂机械制造有限公司 2021 年度财务报表。审计工作底稿中与风险应对程序相关的部分内容摘录如下：

（1）针对识别出的与财务报表整体广泛相关的特别风险,注册会计师王某通过扩大控制测试和实质性程序的范围予以应对。

（2）实施应收账款函证程序时,注册会计师王某为提高函证程序的不可预见性,以资产负债表日为函证截止日实施函证。

（3）在评估销售业务重大错报风险时,通过了解烟台兴茂机械制造有限公司内部控制,预期其相关控制的运行是有效的,注册会计师王某实施控制测试。

（4）注册会计师王某针对截至 7 月 31 日的应付账款相关内部控制实施了控制测试,获取了该控制有效运行的审计证据,不再关注。

（5）针对识别出的销售收入的舞弊风险,注册会计师王某仅实施实质性分析程序予以恰当应对。

要求：针对上述第（1）至（5）项,逐项指出注册会计师王某的做法是否恰当。如不恰当,简要说明理由。

2. ABC 会计师事务所的注册会计师王某负责审计烟台兴茂机械制造有限公司 2021 年度财务报表,确定的财务报表整体的重要性为 200 万元。审计工作底稿中与进一步审计程序相关的部分内容摘录如下：

（1）注册会计师王某评估的存货认定相关控制的有效性较高,在设计进一步审计程序时,决定缩小控制测试的范围。

（2）针对烟台兴茂机械制造有限公司管理层凌驾于销售与收款循环控制之上的特别风险,注册会计师王某实施实质性分析程序以获取营业收入项目充分、适当的审计证据。

（3）针对烟台兴茂机械制造有限公司固定资产的存在认定,注册会计师王某从验收单中选取项目追查至固定资产明细账。

（4）烟台兴茂机械制造有限公司 2021 年度管理费用为 5 000 万元。注册会计师王某认为重大错报风险较低,拟仅实施控制测试。

要求：针对上述第（1）至（4）项,逐项指出注册会计师王某的做法是否恰当。如不恰当,简要说明理由。

3. ABC 会计师事务所负责审计烟台兴茂机械制造有限公司 2021 年度财务报表,审计工作底稿中与内部控制相关的部分内容摘录如下：

(1) 烟台兴茂机械制造有限公司营业收入的发生认定存在特别风险。相关控制在 2021 年度审计中经测试运行有效。因这些控制本年未发生变化，审计项目组拟继续予以信赖，并依赖了上年审计获取的有关这些控制运行有效的审计证据。

(2) 考虑到烟台兴茂机械制造有限公司 2021 年固定资产的采购主要发生在下半年，审计项目组从下半年固定资产采购中选取样本实施控制测试。

(3) 烟台兴茂机械制造有限公司与原材料采购批准相关的控制每日运行数次，审计项目组确定样本规模为 25 个。考虑到该控制自 2021 年 7 月 1 日起发生重大变化，审计项目组从上半年和下半年的交易中分别选取 12 个和 13 个样本实施控制测试。

(4) 审计项目组对银行存款实施了实质性程序，未发现错报，因此认为烟台兴茂机械制造有限公司与银行存款相关的内部控制运行有效。

(5) 烟台兴茂机械制造有限公司内部控制制度规定，财务经理每月应复核销售返利计算表，检查销售收入金额和返利比例是否准确，如有异常进行调查并处理，复核完成后签字存档。审计项目组选取了 3 个月的销售返利计算表，检查了财务经理的签字，认为该控制运行有效。

(6) 审计项目组拟信赖与固定资产折旧计提相关的自动化应用控制。因该控制在 2020 年度审计中测试结果满意，且在 2021 年未发生变化，审计项目组仅对信息技术一般控制实施测试。

要求：针对上述第(1)至第(6)项，逐项指出审计项目组的做法是否恰当，如不恰当，简要说明理由。

第三部分　参考答案

一、单项选择题

1	2	3	4	5	6	7	8	9	10
B	C	A	D	C	A	C	A	B	B
11	12	13	14	15	16	17	18	19	20
D	B	D	C	A	B	A	D	C	D

重难点解析：

1. 选项 B，控制测试是为了获取关于控制防止或发现并纠正认定层次的重大错报的有效性而实施的测试，不能应对财务报表层次的重大错报风险。

2. 选项 C，增加审计程序的不可预见性可能会导致注册会计师实施更多的审计程序。

3. 无论评估的重大错报风险结果如何，注册会计师均应当针对所有重大类别的交易、账户余额和披露设计实施实质性程序，选项 A 正确。

4. 控制测试采用的审计程序有询问、观察、检查和重新执行。实质性程序采用的审计程序有询问、观察、检查、函证、重新计算和分析程序。因此在实施控制测试和实质性程序时均可以采用的是检查程序，选项 D 正确。

5. 选项C,对于被审计单位发生的重大交易,注册会计师应当在期末或接近期末实施审计程序。

6. 选项A,控制测试旨在评价内部控制在防止或发现并纠正认定层次重大错报方面的运行有效性。选项D,确定控制是否得到执行属于了解内部控制的范畴。

7. 如果控制在剩余期间发生了变化,注册会计师不能通过实施穿行测试,将期中获取的审计证据合理延伸至期末,选项C错误。

8. 关于如何考虑以前审计获取的有关控制运行有效性的审计证据,基本思路是考虑拟信赖的以前审计中测试的控制在本期是否发生变化。对应选项D。在确定利用以前审计获取的有关控制运行有效性的审计证据是否适当以及再次测试控制的时间间隔时,注册会计师应当考虑的因素或情况包括:①内部控制其他要素的有效性,包括控制环境、对控制的监督以及被审计单位的风险评估过程。②控制特征(是人工控制还是自动化控制)产生的风险。对应选项BC。③信息技术一般控制的有效性。④控制设计及其运行的有效性。⑤由于环境发生变化而特定控制缺乏相应变化导致的风险。⑥重大错报的风险和对控制的信赖程度。

9. 如果针对特别风险实施的程序仅为实质性程序,这些程序应当包括细节测试,或将细节测试和实质性分析程序结合使用,以获取充分、适当的审计证据。选项B错误。

10. 控制测试并非在任何情况下都需要实施。当存在下列情形之一时,注册会计师应当实施控制测试:①在评估认定层次重大错报风险时,预期控制的运行是有效的。②仅实施实质性程序不足以提供认定层次充分、适当的审计证据。选项B正确。

11. 选项A,应对舞弊风险的实质性程序应当考虑在期末或接近期末实施。选项B,在适当的条件下,针对账户余额的实质性程序也可以在期中实施。选项C,注册会计师可能不执行控制测试,即使注册会计师采用综合性方案,实质性程序也不必然在控制测试完成后实施。例如,注册会计师可以考虑针对同一交易同时实施控制测试和细节测试,以实现双重目的。

12. 控制测试的范围主要是指某项控制活动的测试次数。控制测试范围的影响因素如表7-9所示。

表7-9　　　　　　　　控制测试范围的影响因素

影响因素	对控制测试范围的影响
执行控制的频率	正向影响
在所审计期间,注册会计师拟信赖控制运行有效性的时间长度	正向影响
证据的相关性和可靠性	正向影响
通过测试与认定相关的其他控制获取的审计证据的范围	负向影响
在风险评估时拟信赖控制运行有效性的程度	正向影响
控制的预期偏差(也可称作预期偏差率)	正向影响/*无效

因此,选项B符合题目要求。

13. 细节测试是对各类交易、账户余额、列报的具体细节进行测试,目的在于直接识别财务报表认定是否存在错报;实质性分析程序主要是通过研究数据间关系评价信息,只是将该技术方法用作实质性程序,即用以识别各类交易、账户余额、列报及相关认定是否存在错报。选项 D 错误,应改为"实质性分析程序需要大量使用分析手段研究数据间的关系"。

14. 实质性程序的性质是指实质性程序的类型及其组合。实质性程序的两种基本类型包括细节测试和实质性分析程序。选项 C 正确。

15. 期中实施实质性程序获取的审计证据不能直接作为期末财务报表认定的审计证据,注册会计师仍然需要消耗进一步的审计资源使期中审计证据能够合理延伸至期末,因此,注册会计师在期中实施实质性程序时更需要考虑其成本效益的权衡。所以如果针对剩余期间还需大量的审计投入才能降低在期末未能发现重大错报的风险,那么注册会计师应当不在期中实施实质性程序。选项 A 正确。

16. 控制测试并非在任何情况下都需要实施。当存在下列情形之一时,注册会计师应当实施控制测试:①在评估认定层次重大错报风险时,预期控制的运行是有效的。②仅实施实质性程序不足以提供认定层次充分、适当的审计证据。选项 B 正确。

17. 超出正常经营过程的重大关联方交易导致的重大错报风险属于特别风险,鉴于特别风险的特殊性,对于旨在减轻特别风险的控制,不论控制在本期是否发生变化,注册会计师都不应信赖以前审计获取的证据,应在本期审计中测试这些控制的运行有效性,选项 A 正确。

18. 选项 D 错误,实质性分析程序通常更适用于在一段时间内存在可预期关系的大量交易。实质性分析程序从技术特征上讲仍然是分析程序,主要是通过研究数据间关系评价信息,只是将该技术方法用作实质性程序,即用以识别各类交易、账户余额、列报及相关认定是否存在错报。

19. 选项 C 错误,存在财务报表层次重大错报风险,应当采取总体应对措施。存在与特定的某类交易、账户余额和披露的认定相关的重大错报风险应当实施进一步审计程序。

20. 选项 D 错误,如果拟信赖的控制自上次测试后未发生变化,且不属于旨在减轻特别风险的控制,注册会计师应当运用职业判断确定是否在本期审计中测试其运行有效性,以及本次测试与上次测试的时间间隔,但每三年至少对控制测试一次。

二、多项选择题

1	2	3	4	5	6	7	8	9	10
ABC	ABCD	ACD	BCD	ACD	BCD	ABCD	ACD	ABCD	ABCD
11	12	13	14	15					
ABCD	ABC	AD	BC	ABCD					

重难点解析:

1. 选项 D,对被审计单位银行存款期末余额实施函证属于注册会计师应当执行的审计程序,无法提高审计程序的不可预见性。

2. 选项 A,不同的审计程序应对特定认定错报风险的效力不同。选项 B,在确定进一步审计程序的性质时,注册会计师首先需要考虑的是认定层次重大错报风险的评估结果。选项C和选项D,注册会计师还要考虑认定层次重大错报风险产生的原因,包括考虑各类交易、账户余额和披露的具体特征以及内部控制。

3. 选项B,注册会计师通过实施审计程序,获取充分适当的审计证据,进而为发表审计意见提供基础,而非在确定进一步审计程序的时间时,"预设"审计意见的类型以作为考虑因素,否则存在本末倒置之谬误。

4. 选项A属于在确定进一步审计程序的时间时的考虑因素。

5. 选项B,审计业务约定书没有强制要求明确提出拟在审计过程中实施具有不可预见性的审计程序,因此,"应当"在签订审计业务约定书时明确提出拟在审计过程中实施具有不可预见性的审计程序的表述是不正确的。

6. 控制测试的目的是测试控制运行的有效性,除选项BCD外,还包括控制以何种方式运行。选项A属于了解内部控制的程序,不是控制测试的程序。

7. 针对剩余期间还需获取的补充审计证据应当考虑下列因素:①评估的重大错报风险的重要程度。影响越大,需要证据越多。②在期中测试的特定控制以及自期中测试后发生的重大变动。③在期中对有关控制运行有效性获取的审计证据的程度。期中证据越充分有效,可适当减少。④剩余期间的长度。剩余期间越长,需要证据越多。⑤在信赖控制的基础上拟缩小实质性程序的范围。越信赖,需要证据越多。⑥控制环境。越薄弱,需要证据越多。选项ABCD均符合题目要求。

8. 如果已获取有关控制在期中运行有效性的审计证据,并拟利用该证据,注册会计师应当实施下列审计程序:①获取这些控制在剩余期间发生重大变化的审计证据。②确定针对剩余期间还需获取的补充审计证据(在执行该规定时,还应当考虑的因素之一是在期中测试特定控制,比如对自动化运行的控制,注册会计师更可能测试信息系统一般控制的运行有效性,以获取控制在剩余期间运行有效性的审计证据)。选项ACD正确。

9. 财务报表层次重大错报风险的总体应对措施包括以下五个方面:①向项目组强调保持职业怀疑态度的必要性。②分派更有经验或具有特殊技能的审计人员,或利用专家的工作。③提供更多的督导。④注意增加进一步审计程序的不可预见性。⑤对拟实施审计程序的性质、时间和范围作出总体修改。选项ABCD均符合题目要求。

12. 选项A,鉴于特别风险的特殊性,对于旨在减轻特别风险的控制,不论该控制在本期是否发生变化,注册会计师都不应依赖以前审计获取的证据。选项B,每三年至少对控制测试一次,因此如果控制在过去两年审计中未经测试,则注册会计师应在本年测试,而不应利用以前年度获取的审计证据。选项C,关于如何考虑以前审计获取的有关控制运行有效性的审计证据,基本思路是考虑拟信赖的以前审计中测试的控制在本期是否发生变化,如果控制在本年发生重大变化,则不应利用以前年度获取的有关控制运行有效的审计证据。选项D,当被审计单位控制环境薄弱或对控制的监督薄弱时,注册会计师应当缩短再次测试控制的时间间隔(方案之一)或完全不信赖以前审计获取的审计证据(方案之二),可见,注册会计师仍然有可能利用以前年度获取的有关控制运行有效性的审计证据。

13. 实质性程序是指用于发现认定层次重大错报的审计程序,选项B错误;重大错报风险的评估是一种判断,并且由于内部控制的固有局限性,无论评估的重大错报风险结果如何,注册会计师都应当针对所有重大类别的交易、账户余额和披露实施实质性程序,选项 A 正确,选项 C 错误。获取审计证据需要考虑成本因素,但不能减少不可替代的审计程序,选项 D 正确。

14. 确定实质性程序的范围时,注册会计师应当考虑评估的认定层次重大错报风险和实施控制测试的结果。选项 BC 正确。

三、判断题

1	2	3	4	5	6	7	8	9	10
√	×	×	√	×	×	√	√	×	×
11	12	13	14	15	16	17	18	19	20
√	×	√	√	√	×	×	√	×	×

重难点解析:

1. 财务报表层次重大错报风险与财务报表整体存在广泛联系,它可能影响多项认定,但难以界定某类交易、账户余额、列报的具体认定。

2. 注册会计师可以(注意:不是必须)在签订审计业务约定书时明确提出实施具有不可预见性的审计程序,但不告知其具体内容。

3. 注册会计师应针对评估的财务报表重大错报风险确定总体审计策略。

4. 在确定实质性程序的范围时,注册会计师应当考虑评估的认定层次重大错报风险和实施控制测试的结果。注册会计师评估的认定层次的重大错报风险越高,需要实施实质性程序的范围越广。如果对控制测试结果不满意,注册会计师应当考虑扩大实质性程序的范围。

5. 在整个拟信赖的期间,被审计单位执行控制的频率越高,控制测试的范围越大。

6. 如果在期中实施了实质性程序,注册会计师为了将期中测试得出的结论合理延伸至期末,应当针对剩余期间实施进一步的实质性程序或将实质性程序和控制测试结合使用。如果已识别出由于舞弊导致的重大错报风险,为将期中得出的结论延伸至期末而实施的审计程序通常是无效的,注册会计师应考虑在期末或者接近期末实施实质性程序。

9. 注册会计师应当针对评估的认定层次的重大错报风险设计和实施进一步审计程序。

10. 控制测试采用的审计程序包括询问、观察、检查、重新执行。

12. 重要性水平越低,进一步审计程序的范围越广。

16. 注册会计师应从下列方面获取关于控制是否有效运行的审计证据:①控制在所审计期间的相关时点是如何运行的。②控制是否得到一贯执行。③控制由谁或以何种方式运行。

17. 作为进一步审计程序的类型之一,控制测试并非在任何情况下都需要实施。当存在下列情形之一时,注册会计师应当实施控制测试:①在评估认定层次重大错报风险时,预期控制的运行是有效的。②仅实施实质性程序并不能够提供认定层次充分、适当的审计证据。

19. 控制测试的时间包含两层含义:一是何时实施控制测试;二是测试所针对的控制适用的时间点或期间。

20. 如果认为评估的认定层次重大错报风险是特别风险,注册会计师应当专门针对该风险实施实质性程序;如果针对特别风险仅实施实质性程序,注册会计师应当使用细节测试,或将细节测试和实质性分析程序结合使用,而不能仅实施实质性分析程序。

四、实务分析题

1. 【参考答案】

(1) 不恰当。存在财务报表层次重大错报风险,应当采取总体应对措施。

(2) 不恰当。以资产负债表日为函证截止日实施函证属于常规程序,不能增加函证程序的不可预见性。

(3) 恰当。

(4) 不恰当。即使注册会计师已获取有关控制在期中运行有效性的审计证据,仍然需要考虑如何能够将控制在期中运行有效性的审计证据合理延伸至期末,以针对期中至期末这段剩余期间获取充分、适当的审计证据。

(5) 不恰当。仅实施实质性分析程序不足以获取有关特别风险的充分、适当的审计证据。

2. 【参考答案】

(1) 不恰当。评估的控制运行有效性越高,控制测试的范围应当越大。

(2) 不恰当。仅实施实质性分析程序不足以获取有关特别风险的充分、适当的审计证据。

(3) 不恰当。针对固定资产的存在认定,应当从固定资产明细账追查到验收单等原始凭证,再追查到固定资产实物。

(4) 不恰当。针对重大类别的交易仅实施控制测试不足够。应针对重大类别的交易实施实质性程序。

3. 【参考答案】

审计项目组情况说明,如表7-10所示。

表7-10　　　　　　　　　　　审计项目组情况说明

事项序号	是否恰当	理由
(1)	不恰当	因相关控制是应对特别风险的,应当在当年测试相关控制的运行有效性,不能利用以前审计中获取的审计证据
(2)	不恰当	控制测试的样本应当涵盖整个期间
(3)	不恰当	因为控制发生重大变化,应当分别测试2021年上半年和下半年与原材料采购批准相关的内部控制活动不同,应当分别测试25个
(4)	不恰当	通过实质性测试未发现错报,并不能证明与所测试认定相关的内部控制是有效的,注册会计师不能以实质性测试的结果推断内部控制的有效性
(5)	不恰当	只检查财务经理的签字不足够,应当检查财务经理是否按规定完整实施了该控制
(6)	恰当	—

第八章 审计报告

第一部分 内容概要

一、审计报告概述

(一) 审计报告相关概念

1. 审计报告的含义

审计报告是指注册会计师根据审计准则的规定,在执行审计工作的基础上,对财务报表发表审计意见的书面文件。审计报告是注册会计师在完成审计工作后向委托(委派)人递交的最终产品。它具有以下特征:

(1) 注册会计师应当按照审计准则的规定执行审计工作。

(2) 注册会计师在实施审计工作的基础上才能出具审计报告。

(3) 注册会计师应通过对财务报表发表意见履行业务约定书约定责任。

(4) 注册会计师应当以书面形式出具审计报告。

2. 注册会计师对审计报告的责任

审计报告是注册会计师在完成审计工作后向委托(委派)人递交的最终产品。为了明确责任,注册会计师应当在审计报告中清楚地表达对财务报表的意见,并对出具的审计报告负责。注册会计师应当根据由审计证据得出的结论,清楚表达对财务报表的意见。

3. 审计报告与已审计财务报表的关系

审计报告是注册会计师对财务报表是否在所有重大方面按照财务报告编制基础编制并实现公允反映发表审计意见的书面文件,因此,注册会计师应当将已审计财务报表附于审计报告之后,以便于财务报表使用者正确理解和使用审计报告,并防止被审计单位替换、更改已审计的财务报表。

(二) 审计报告的作用

注册会计师签发的审计报告,主要具有鉴证、保护和证明三方面的作用。

(1) 鉴证作用。注册会计师签发的审计报告,不同于政府审计和内部审计的审计报告,它是以超然独立的第三者身份,对被审计单位财务报表合法性、公允性发表意见。这种意见具有鉴证作用,得到了政府及其各部门和社会各界的普遍认可。

(2) 保护作用。注册会计师通过审计,可以对被审计单位财务报表出具不同类型审计意见的审计报告,以提高或降低财务报表信息使用者对财务报表的信赖程度,能够在一定程度上对被审计单位的财产、债权人和股东的权益及企业利害关系人的利益起到保护作用。

(3) 证明作用。审计报告是对注册会计师审计任务完成情况及其结果所做的总结,它可以表明审计工作的质量并明确注册会计师的审计责任。

(三) 审计报告的种类

(1) 审计报告按其使用目的或公开程度不同,可以分为公布的审计报告和非公布的审计报告。

(2) 审计报告按其性质不同,可以分为无保留意见审计报告和非无保留意见审计报告。具体内容如图 8-1 所示。

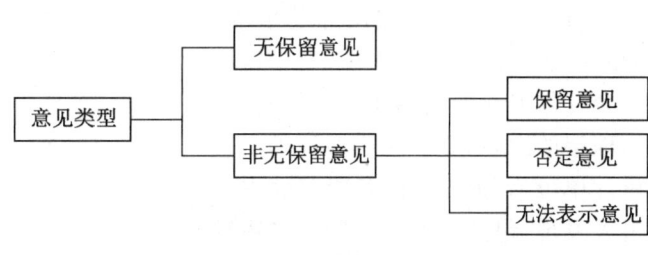

图 8-1　审计报告的类型

二、审计报告的基本内容

(一) 审计报告的要素

审计报告应当包括下列要素:①标题。②收件人。③审计意见。④形成审计意见的基础。⑤管理层对财务报表的责任。⑥注册会计师对财务报表审计的责任。⑦按照相关法律法规的要求报告的事项(如适用)。⑧注册会计师的签名和盖章。⑨会计师事务所的名称、地址和盖章。⑩报告日期。

(二) 无保留意见审计报告的签发条件

无保留意见,是指当注册会计师认为财务报表在所有重大方面按照适用的财务报告编制基础编制并实现公允反映时发表的审计意见。注册会计师经过审计后,认为被审计单位财务报表符合下列所有条件,注册会计师应当出具无保留意见的审计报告:①财务报表已经在所有重大方面按照适用的财务报告编制基础编制,公允反映了被审计单位的财务状况、经营成果和现金流量。②注册会计师已经按照中国注册会计师审计准则的规定计划和实施审计工作,在审计过程中未受到限制。

(三) 评价财务报表应考虑的内容

注册会计师应当就财务报表是否在所有重大方面按照适用的财务报告编制基础编制并实现公允反映形成审计意见。在得出结论时,注册会计师应当考虑下列方面:①是否已获取充分、适当的审计证据。②未更正错报单独或汇总起来是否构成重大错报。③财务报表是否在所有重大方面按照适用的财务报告编制基础编制并实现公允反映。

(四) 无保留意见审计报告的关键措辞

无保留意见审计报告应当以"我们认为"作为意见段的开头,并使用"在所有重大方面""公允反映了"等专业术语。对按照适用的财务报告编制基础(如企业会计准则)编制的财务报表出具的无保留意见审计报告。

三、在审计报告中沟通关键审计事项

《中国注册会计师审计准则第 1504 号——在审计报告中沟通关键审计事项》要求注册会计师在上市实体整套通用目的财务报表审计报告中增加关键审计事项部分,用于沟通关键审计事项。关键审计事项,是指注册会计师根据职业判断认为对当期财务报表审计最为重要的事项。

(一) 确定关键审计事项的决策框架

根据关键审计事项的定义,注册会计师在确定关键审计事项时,需要遵循的事项如图

8-2 所示。

(1) 以"与治理层沟通的事项"为起点选择关键审计事项。《中国注册会计师审计准则第 1151 号——与治理层的沟通》要求注册会计师与被审计单位治理层沟通审计过程中的重大发现,包括注册会计师对被审计单位的重要会计政策、会计估计和财务报表披露等会计实务的看法,审计过程中遇到的重大困难,已与治理层讨论或需要书面沟通的重大事项等,以便治理层履行其监督财务报告过程的职责。

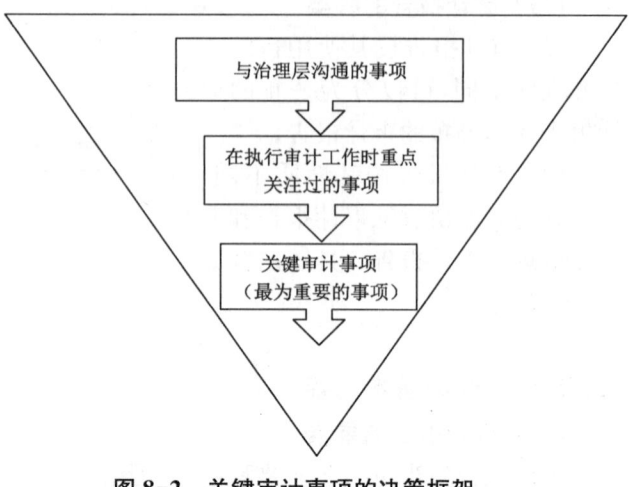

图 8-2　关键审计事项的决策框架

(2) 从"与治理层沟通的事项"中选出"在执行审计工作时重点关注过的事项"。注册会计师在确定哪些事项属于重点关注过的事项时,需要特别考虑下列方面:①评估的重大错报风险较高的领域或识别出的特别风险。②与财务报表中涉及重大管理层判断(包括被认为具有高度估计不确定性的会计估计)的领域相关的重大审计判断。③当期重大交易或事项对审计的影响。

(3) 从"在执行审计工作时重点关注过的事项"中选出"最为重要的事项"从而构成关键审计事项。在确定某一与治理层沟通过的事项的相对重要程度以及该事项是否构成关键审计事项时,下列考虑也可能是相关的:①该事项对预期使用者理解财务报表整体的重要程度,尤其是对财务报表的重要性。②与该事项相关的会计政策的性质或者与同行业其他实体相比,管理层在选择适当的会计政策时涉及的复杂程度或主观程度。③从定性和定量方面考虑,与该事项相关的由于舞弊或错误导致的已更正错报和累积未更正错报(如有)的性质和重要程度。④为应对该事项所需要付出的审计努力的性质和程度。⑤在实施审计程序、评价实施审计程序的结果、获取相关和可靠的审计证据以作为发表审计意见的基础时,注册会计师遇到的困难的性质和严重程度,尤其是当注册会计师的判断变得更加主观时。⑥识别出的与该事项相关的控制缺陷的严重程度。⑦该事项是否涉及数项可区分但又相互关联的审计考虑。

(二) 在审计报告中沟通关键审计事项

1. 在审计报告中单设关键审计事项部分

为达到突出关键审计事项的目的,注册会计师应当在审计报告中单设一部分,以"关键审计事项"为标题,并在该部分使用恰当的子标题逐项描述关键审计事项。关键审计事项部分的引言应当同时说明下列事项:①关键审计事项是注册会计师根据职业判断,认为对本期财务报表审计最为重要的事项。②关键审计事项的应对以对财务报表整体进行审计并形成审计意见为背景,注册会计师对财务报表整体形成审计意见,而不对关键审计事项单独发表意见。

2. 描述单一关键审计事项

注册会计师应当在审计报告中逐项描述每一关键审计事项,并同时说明下列方面:

(1) 该事项被认定为审计中最为重要的事项之一,因而被确定为关键审计事项的原因。

(2) 该事项在审计中是如何应对的。注册会计师可以描述下列要素:①审计应对措施或审计方法中,与该事项最为相关或对评估的重大错报风险最有针对性的方面。②对已实施审计程序的简要概述。③实施审计程序的结果。④对该事项的主要看法。

(三)不在审计报告中沟通关键审计事项的情形

一般而言,在审计报告中沟通关键审计事项,通常有助于提高审计的透明度,是符合公众利益的。除非法律法规禁止公开披露某事项,或者在罕见的情况下,如果合理预期在审计报告中沟通某事项造成的负面后果超过产生的公众利益方面的益处,注册会计师确定不应在审计报告中沟通该事项,否则注册会计师应当在审计报告中逐项描述关键审计事项。

(四)就关键审计事项与治理层沟通

注册会计师就下列方面与治理层沟通:①注册会计师确定的关键审计事项。②根据被审计单位和审计业务的具体情况,注册会计师确定不存在需要在审计报告中沟通的关键审计事项(如适用)。

四、非无保留意见审计报告

(一)非无保留意见的含义

非无保留意见,是指对财务报表发表的保留意见、否定意见或无法表示意见。当存在下列情形之一时,注册会计师应当在审计报告中发表非无保留意见:①根据获取的审计证据,得出财务报表整体存在重大错报的结论。②无法获取充分、适当的审计证据,不能得出财务报表整体不存在重大错报的结论。

(二)确定非无保留意见的类型

注册会计师确定恰当的非无保留意见类型,取决于下列事项:①导致非无保留意见的事项的性质,是财务报表存在重大错报,还是在无法获取充分、适当的审计证据的情况下,财务报表可能存在重大错报。②注册会计师就导致非无保留意见的事项对财务报表产生或可能产生影响的广泛性作出的判断。

根据注册会计师的判断,对财务报表的影响具有广泛性的情形包括:①不限于对财务报表的特定要素、账户或项目产生影响。②虽然仅对财务报表的特定要素、账户或项目产生影响,但这些要素、账户或项目是或可能是财务报表的主要组成部分。③当与披露相关时,产生的影响对财务报表使用者理解财务报表至关重要。

注册会计师对导致发表非无保留意见的事项的性质和这些事项对财务报表产生或可能产生影响的广泛性作出的判断,以及注册会计师的判断对审计意见类型的影响如表8-1所示。

表8-1　　　　　　　　注册会计师发表非无保留意见的情形

导致发表非无保留意见的事项的性质	这些事项对财务报表产生或可能产生影响的广泛性	
	重大但不具有广泛性	重大且具有广泛性
财务报表存在重大错报	保留意见	否定意见
无法获取充分、适当的审计证据	保留意见	无法表示意见

(三)保留意见审计报告

1. 签发保留意见审计报告的条件

当存在下列情形之一时,注册会计师应当发表保留意见审计报告:①在获取充分、适当的审计证据后,注册会计师认为错报单独或汇总起来对财务报表影响重大,但不具有广泛性。②注册会计师无法获取充分、适当的审计证据以作为形成审计意见的基础,但认为未发现的错报(如存在)对财务报表可能产生的影响重大,但不具有广泛性。

2. 保留意见审计报告的基本内容与专业术语

如果对财务报表发表保留意见,除在审计报告中包含规定的审计报告要素外,注册会计师应当对审计意见部分使用"保留意见"的标题并发表保留意见。当由于财务报表存在重大错报而发表保留意见时,注册会计师应当根据适用的财务报告编制基础在审计意见段中说明:注册会计师认为,除"形成保留意见的基础"部分所述事项产生的影响外等措辞。当无法获取充分、适当的审计证据而导致发表保留意见时,注册会计师应当在审计意见段中使用"除……可能产生的影响外"等措辞。

(四)否定意见审计报告

1. 签发否定意见审计报告的条件

否定意见是指注册会计师认为财务报表没有在所有重大方面按照适用的财务报告编制基础编制,未能实现公允反映被审计单位的财务状况、经营成果和现金流量而发表的审计意见。在获取充分、适当的审计证据后,如果认为错报单独或汇总起来对财务报表的影响重大且具有广泛性,注册会计师应当发表否定意见。

2. 否定意见审计报告的基本内容与关键措辞

在发表否定意见时,注册会计师应当对审计意见部分使用恰当的标题"否定意见"。当发表否定意见时,注册会计师应当根据适用的财务报告编制基础在审计意见部分说明:注册会计师认为,由于"形成否定意见的基础"部分所述事项的重要性,财务报表没有在所有重大方面按照适用的财务报告编制基础编制,未能实现公允反映。

(五)无法表示意见审计报告

1. 签发无法表示意见审计报告的条件

(1)如果无法获取充分、适当的审计证据以作为形成审计意见的基础,但认为未发现的错报(如存在)对财务报表可能产生的影响重大且具有广泛性,注册会计师应当发表无法表示意见。

(2)在罕见的情况下,可能存在多个不确定事项。尽管注册会计师对每个单独的不确定事项获取了充分、适当的审计证据,但由于不确定事项之间可能存在相互影响,以及可能对财务报表产生累计影响,注册会计师不可能对财务报表形成审计意见。在这种情况下,注册会计师应当发表无法表示意见。

2. 无法表示意见审计报告的基本内容与关键措辞

无法表示意见审计报告的基本内容,在标准无保留审计报告基本内容的基础上进行多方面的修正。

(1)在发表无法表示意见时,注册会计师应当对审计意见部分使用"无法表示意见"作为标题。在审计意见部分,只强调"我们接受委托",而非"我们审计了……"。

(2)"形成审计意见的基础"这一标题修改为"形成无法表示意见的基础",在该部分包含对导致发表无法表示意见的事项的描述,说明注册会计师无法获取审计证据的原因,以及注意到的、将导致发表无法表示意见的所有其他事项及其影响。

(3) 当注册会计师对财务报表无法表示意见时,注册会计师应当修改标准无保留意见审计报告中对注册会计师责任的表述。

(4) 当对财务报表发表无法表示意见时,注册会计师不得在审计报告中包含关键审计事项部分,除非法律法规另有规定。

五、在审计报告中增加强调事项段和其他事项段

(一) 强调事项段

1. 强调事项段的含义

审计报告的强调事项段,是指审计报告中含有的一个段落,该段落提及已在财务报表中恰当列报或披露的事项,且根据注册会计师的职业判断,该事项对财务报表使用者理解财务报表至关重要。增加强调事项段是为了提醒财务报表使用者关注某些事项,并不影响注册会计师的审计意见。

2. 需要增加强调事项段的情形

如果认为有必要提醒财务报表使用者关注已在财务报表中列报或披露,且根据职业判断认为对财务报表使用者理解财务报表至关重要的事项,在同时满足下列条件时,注册会计师当在审计报告中增加强调事项段:①按照《中国注册会计师审计准则第1502号——在审计报告中发表非无保留意见》的规定,该事项不会导致注册会计师发表非无保留意见。②当《中国注册会计师审计准则第1504号——在审计报告中沟通关键审计事项》适用时,该事项未被确定为在审计报告中沟通的关键审计事项。

3. 在审计报告中包含强调事项段时注册会计师采取的措施

如果在审计报告中包含强调事项段,注册会计师应当采取下列措施:①将强调事项段作为单独的一部分置于审计报告中,并使用包含"强调事项"这一术语的适当标题。②明确提及被强调事项以及相关披露的位置,以便能够在财务报表中找到对该事项的详细描述。强调事项段应当仅提及已在财务报表中列报或披露的信息。③指出审计意见没有因该强调事项而改变。

(二) 其他事项段

1. 其他事项段的含义

其他事项段,是指审计报告中含有的一个段落,该段落提及未在财务报表中列报或披露的事项,且根据注册会计师的职业判断,该事项与财务报表使用者理解审计工作、注册会计师的责任或审计报告相关。

2. 可能需要增加其他事项段的情形

如果认为有必要沟通虽然未在财务报表中列报或披露,但根据职业判断认为与财务报表使用者理解审计工作、注册会计师的责任或审计报告相关的事项,在同时满足下列条件时,注册会计师应当在审计报告中增加其他事项段:①未被法律法规禁止。②当《中国注册会计师审计准则第1504号——在审计报告中沟通关键审计事项》适用时,该事项未被确定为在审计报告中沟通的关键审计事项。

（三）与治理层的沟通

与治理层的沟通能使治理层了解注册会计师拟在审计报告中所强调的特定事项的性质，并在必要时为治理层提供向注册会计师作出进一步澄清的机会。对于连续审计业务，当某一特定事项在每期审计报告中的其他事项段中重复出现时，除非法律法规另有规定，注册会计师可能认为没有必要在每次审计业务中重复沟通。

第二部分 练 习 题

一、单项选择题

1. 下列各项中，不属于审计报告的作用的是（ ）。
   A. 鉴证作用　　　　　　　　　　B. 保护作用
   C. 证明作用　　　　　　　　　　D. 促进作用
2. 下列各项中，不属于审计报告要素的是（ ）。
   A. 形成审计意见的基础　　　　　B. 审计报告后附的财务报表和附注
   C. 注册会计师对财务报表的责任　D. 管理层对财务报表的责任
3. 在获取充分、适当的审计证据后，如果认为错报单独或汇总起来对财务报表影响重大且具有广泛性时，下列审计报告中，注册会计师应当出具的是（ ）审计报告。
   A. 无保留意见　　　　　　　　　B. 保留意见
   C. 否定意见　　　　　　　　　　D. 无法表示意见
4. 下列审计报告中，在审计意见段中使用术语"除……段所述事项产生的影响外"的是（ ）。
   A. 无保留意见审计报告　　　　　B. 保留意见审计报告
   C. 否定意见审计报告　　　　　　D. 无法表示意见审计报告
5. 下列审计报告中，在审计意见段中使用术语"由于……段所述事项的重要性，××公司财务报表没有在所有重大方面按照企业会计准则的规定编制"的是（ ）。
   A. 无保留意见审计报告　　　　　B. 保留意见审计报告
   C. 否定意见审计报告　　　　　　D. 无法表示意见审计报告
6. 如果对影响财务报表的重大事项无法实施必要的审计程序，在不考虑其他因素的情况下，下列审计意见中，注册会计师应当发表的是（ ）。
   A. 无保留意见　　　　　　　　　B. 保留意见或否定意见
   C. 保留意见或无法表示意见　　　D. 带强调事项段的无保留意见
7. 某位注册会计师在编写审计报告时，在审计意见段后增加了提请财务报表使用者关注事项，但不影响已发表的审计意见。这种审计报告是（ ）。
   A. 无保留意见审计报告　　　　　B. 保留意见审计报告
   C. 无法表示意见审计报告　　　　D. 带强调事项段的审计报告
8. 关键审计事项应该选自与（ ）沟通的事项。
   A. 管理层　　　　　　　　　　　B. 财务部门
   C. 治理层　　　　　　　　　　　D. 其他业务部门

9. 下列各项中,注册会计师在决定发表无法表示意见还是保留意见时应当重点考虑的是(　　)。
   A. 财务报表中错报性质的严重程度
   B. 被审计单位滥用会计政策的严重程度
   C. 被审计单位会计估计的不合理程度
   D. 审计范围受到限制的严重程度

10. 以前针对上期财务报表出具了非无保留意见的审计报告,如果导致非无保留意见的事项虽已解决,但对本期仍很重要,则下列各项中,注会计师应当做的是(　　)。
    A. 审计报告中增加强调事项段提及这一情况
    B. 针对这一事项出具保留意见的审计报告
    C. 不影响对本期财务报表的审计意见
    D. 针对这一事项出具非无保留意见的审计报告

11. 下列审计意见类型中,会在审计报告的审计意见部分出现"我们接受委托"字样的是(　　)。
    A. 保留意见   B. 否定意见
    C. 无法表示意见   D. 带强调事项段的无保留意见

12. 在因审计范围受到限制而出具的保留意见审计报告中,除了在意见段中使用,"除……能产生的影响外"之类的专业术语外,下列各项中,注册会计师还应当做的是(　　)。
    A. 在意见段之后增加强调事项段以说明这一情况
    B. 删除注册会计师的责任段
    C. 在管理层对财务报表的责任段中提及这一情况
    D. 在形成审计意见的基础部分说明无法获取审计证据的原因

13. 下列有关审计报告日的说法中,错误的是(　　)。
    A. 审计报告日可以晚于管理层签署已审计财务报表的日期
    B. 审计报告日不应早于管理层书面声明的日期
    C. 在特殊情况下,注册会计师可以出具双重日期的审计报告
    D. 审计报告日应当是注册会计师获取充分、适当的审计证据,并在此基础上对财务报表形成审计意见的日期

14. 下列有关关键审计事项的说法中,错误的是(　　)。
    A. 注册会计师应当以"与治理层沟通的事项"为起点选择关键审计事项
    B. 对关键审计事项作冗长的列举可能与这些事项是审计中最为重要的事项这一概念相抵触
    C. 已审计财务报表包含比较财务报表时,注册会计师确定的关键审计事项仅限于对本期财务报表审计最为重要的事项
    D. 注册会计师应当更新上期审计报告中的关键审计事项并考虑其对本期财务报表审计而言是否仍为关键审计事项

15. 下列各项中,属于注册会计师应当阅读和考虑其他信息的是(　　)。
    A. 外部分析师报告中包含的财务信息   B. 被审计单位的财务报表和审计报告

C. 被审计单位年度报告中的业务概览　　D. 被审计单位网站中对外披露的信息

16. 下列各项中,通常不构成被审计单位年度报告的是(　　)。

   A. 董事会报告

   B. 内部控制自我评价报告

   C. 高级管理人员保证年度报告不存在虚假记载的声明

   D. 独立发布的产品责任报告

17. 下列有关在审计报告中提及相关人员的说法中,错误的是(　　)。

   A. 注册会计师不应在无保留意见的审计报告中提及专家的相关工作,除非法律法规另有规定

   B. 注册会计师不应在无保留意见的审计报告中提及服务机构注册会计师的相关工作,除非法律法规另有规定

   C. 注册会计师对集团财务报表出具的审计报告不应提及组成部分注册会计师,除非法律法规另有规定

   D. 如果上期财务报表已由前任注册会计师审计,注册会计师不应在无保留意见审计报告中提及前任注册会计师的相关工作,除非法律法规另有规定

二、多项选择题

1. 下列各项中,注册会计师在进行审计意见类型的决策时要考虑的三个层面有(　　)。

   A. 是否获取了充分、适当的审计证据

   B. 财务报表存在的错报(或者在无法获取充分、适当的审计证据的情况下,财务报表可能存在的错报)是否重大

   C. 重大错报(或可能重大错报)对财务报表产生(或可能产生)影响的广泛性

   D. 被审计单位管理层是否诚信

2. 审计报告的审计意见段应当说明被审计单位的名称和财务报表已经过审计,下列各项中,还应包含的有(　　)。

   A. 指出构成整套财务报表的每张财务报表的名称

   B. 提及财务报表附注

   C. 指明财务报表的日期和涵盖的期间

   D. 提及财务报表附表的具体名称

3. 下列各项中,注册会计师出具无保留意见审计报告时应当符合的条件有(　　)。

   A. 财务报表已经在所有重大方面按照适用的财务报告编制基础的规定编制,并实现公允反映

   B. 注册会计师已经按照审计准则的规定执行了审计工作,取得了充分、适当的审计证据

   C. 未更正错报单独或汇总起来不构成重大错报

   D. 不存在应调整或披露而被审计单位未予调整或披露的重要事项

4. 下列各项错报中,通常对财务报表具有广泛影响的有(　　)。

   A. 被审计单位没有披露关键管理人员薪酬

   B. 信息系统缺陷导致的应收账款、存货等多个财务报表项目的错报

C. 被审计单位没有将年内收购的一家重要公司纳入合并范围

D. 被审计单位没有按照成本与可变现净值孰低的原则对存货进行计量

5. 如果财务报表没有实现公允反映，下列审计报告中，注册会计师可能出具的有（   ）。

   A. 无保留意见的审计报告　　　　　　B. 保留意见审计报告

   C. 否定意见审计报告　　　　　　　　D. 无法表示意见审计报告

6. 如果审计范围受到重大限制，下列审计报告中，注册会计师可能出具的有（   ）。

   A. 无保留意见的审计报告　　　　　　B. 保留意见的审计报告

   C. 否定意见的审计报告　　　　　　　D. 无法表示意见的审计报告

7. 下列措辞中，应当出现在否定意见审计报告中的有（   ）。

   A. "除……的影响外"

   B. "由于……所述事项的重要性"

   C. "公允反映了……"

   D. 后附的财务报表没有在所有重大方面按照企业会计准则的规定编制

8. 下列各项中，注册会计师应当就关键审计事项与治理层沟通的有（   ）。

   A. 关键审计事项与强调事项的区别

   B. 注册会计师确定的关键审计事项

   C. 根据被审计单位和审计业务的具体事实和情况，注册会计师确定不存在需要在审计报告中沟通的关键审计事项

   D. 注册会计师确定的在执行审计工作时重点关注过的事项

9. 如果在审计报告中包含强调事项段，下列各项措施中，注册会计师应当采取的有（   ）。

   A. 指出审计意见没有因该强调事项而改变

   B. 对财务报表附注中的内容进行补充披露

   C. 将强调事项作为单独的一部分置于审计报告中，并使用包含"强调事项"这一术语的适当标题

   D. 明确提及被强调事项以及相关披露的位置，以便能够在财务报表中找到对该事项的详细描述

10. 下列各项中，属于审计受到重大限制的情况有（   ）。

    A. 未能对存货进行监盘

    B. 未能对应收账款进行函证

    C. 未能取得被投资企业的财务报表

    D. 内部控制极度混乱，会计记录缺乏系统性与完整性等

11. 下列各项中，需要增加强调事项段予以说明的事项应当同时具备的条件有（   ）。

    A. 对财务报表有重大影响

    B. 该事项未被确定为将要在审计报告中沟通的关键审计事项

    C. 影响注册会计师的审计意见

    D. 不影响注册会计师的审计意见

12. 下列各项中，注册会计师应当在强调事项段中指明的有（   ）。

    A. 导致所发表审计意见的原因

B. 该段内容仅用于提醒财务报表使用者关注
C. 该段内容不影响注册会计师的审计意见
D. 重大事件对财务报表的影响程度

13. 下列情况中,可能应当对财务报表发表无法表示意见的有(　　)。
    A. 注册会计师未能对存货进行监盘
    B. 财务报表虚盈实亏
    C. 未能取得被投资单位的财务报表
    D. 被审计单位内部控制混乱,会计记录缺乏系统性和完整性

14. 下列各项中,体现无法表示意见的特殊性的有(　　)。
    A. 在审计报告中删除注册会计师的责任段
    B. 注册会计师无法对财务报表发表保留或否定意见
    C. 注册会计师没有获得充分、适当的审计证据,无从判断财务报表的公允性
    D. 审计报告的意见段中一般使用"我们接受委托"等专业术语

三、判断题

1. 审计报告是注册会计师在完成审计工作后向委托(委派)人递交的最终产品。(　　)
2. 注册会计师对被审计单位财务报表审计,发表的审计意见,具有鉴证作用,政府及有关部门和社会公众可以根据其意见作出相应决策。(　　)
3. 注册会计师应当根据审计证据得出结论,在审计报告中清楚地表达对财务报表的意见。注册会计师一旦在审计报告上签名并盖章,就表明对其出具的审计报告负责。(　　)
4. 公布的审计报告是指公之于世,供社会大众阅读,不具有保密性的审计报告。这种审计报告都附有被审计单位的财务报表,以供企业股东、投资者、债权人等阅读。(　　)
5. 当注册会计师出具保留意见、否定意见和无法表示意见的审计报告时,要在形成审计意见的基础部分之后增加强调事项段。(　　)
6. 在无法表示意见的审计报告中,要删除注册会计师的责任段。(　　)
7. 当被审计单位选择和运用的会计政策不符合会计准则和会计制度的要求时,注册会计师应当出具保留意见或否定意见的审计报告。(　　)
8. 审计报告的收件人一般为被审计单位管理层。(　　)
9. 强调事项段不仅仅用于提醒财务报表使用者关注,并且影响已发表的审计意见。(　　)
10. 审计报告的审计意见部分应当说明被审计财务报表的合法性和公允性。(　　)
11. 注册会计师签署审计报告的日期通常与治理层签署已审计财务报表的日期为同一天,或早于治理层签署已审计财务报表的日期。(　　)
12. 对财务报表报出日后知悉的审计报告日已经存在并可能导致修改审计报告的事实,注册会计师应考虑是否需要修改财务报表,并根据具体情况采取措施。(　　)
13. 注册会计师只有在已经对简要财务报表所依据的财务报表发表了审计意见的前提下,才可对简要财务报表出具审计报告。(　　)
14. 如果无法获取充分、适当的审计证据以作为形成意见的基础,但认为未发现的错报对财

务报表可能产生的影响重大且具有广泛性,应发表否定意见。   （ ）
15. 对按照特殊目的编制基础编制的财务报表,注册会计师不需要提醒财务报表使用者。
                                                                （ ）

四、实务分析题

1. ABC 会计师事务所接受烟台飞达机械设备有限公司的委托,对该公司 2021 年度的财务报表进行审计,注册会计师刘某和张某负责该公司审计。审计项目组进驻该公司以后,发现因几天连续的暴雨,该公司遭受严重的水灾,办公室进水,许多手工记账的会计账簿受损,该公司账簿记录部分手工处理,部分计算机处理,但主要还是依赖手工处理。由于保护得当,计算机处理的账簿记录未受损,张某试图根据计算机资料重建 2021 年度的账户系统,但由于缺少重要的数据而难以全面恢复当初的会计记录。

要求:
(1) 刘某和张某应编制哪种类型的审计报告?请说明理由。
(2) 请你替刘某和张某编制一份恰当的审计报告。

2. ABC 会计师事务所注册会计师张某担任多家被审计单位 2021 年度财务报表审计的项目合伙人,遇到下列与审计报告相关的事项:

(1) 2021 年 10 月上市公司甲公司因涉嫌信息披露违规被证券监管机构立案稽查。截至审计报告日,尚无稽查结论。管理层在财务报表附注中披露了上述事项。

(2) 乙公司管理层对固定资产实施减值测试,按照未来现金流量现值与固定资产账面净值的差额确认了资产减值损失。管理层无法提供相关信息以支持现金流量预测中假设的未来 5 年的营业收入,审计项目组也无法作出估计。

(3) 丁公司于 2021 年 9 月起停止经营活动,董事会拟于 2022 年内清算丁公司。2021 年 12 月 31 日,丁公司账面资产余额主要为货币资金、其他应收款以及办公家具等固定资产,账面负债余额主要为其他应付款和应付工资。管理层认为,如采用持续经营编制基础,对上述资产和负债的计量并无重大影响,因此,仍以持续经营假设编制 2021 年度财务报表,并在财务报表附注中披露了清算计划。

要求:假设上述情况都是独立的,请分别针对上述情况,说明注册会计师应当出具何种意见的审计报告,并简要说明理由。

3. 注册会计师张某已完成对烟台天明机械装备有限公司(以下简称天明公司)2021 年度财务报表的实地审计工作,现正草拟审计报告。假定 2020 年度的审计工作也由该注册会计师完成。2021 年度的审计工作已完成各项规定审计程序,在复核工作底稿时,除发现有以下几种情况需要在编制审计报告时加以考虑外,其他方面均符合出具无保留意见审计报告的要求:

(1) 2021 年天明公司变更了固定资产折旧方法,并已在财务报表附注中作了说明,但未经主管财政部门批准。

(2) 天明公司 2021 年年末产成品期末余额多记 2 万元影响了当年的利润,注册会计师提请该公司调整,但未被接受。

(3) 天明公司从 2021 年 7 月份起对产成品发出计价由先进先出法改为加权平均法,使当年主营业务成本上升 3.1 万元,这一变化未在财务报表中说明,确定应纳税所得额时也未做调整。

要求:针对上述三种情况,请分别逐项指出注册会计师张某应发表何种意见类型的审计报告,并简要说明理由。

4. ABC 会计师事务所接受委托对济南西城机械有限公司 2021 年度财务报表进行审计。注册会计师于 2022 年 3 月 18 日完成了审计工作,按审计业务约定书的要求,应于 2022 年 3 月 28 日提交审计报告。济南西城机械有限公司 2021 年度审计前的利润总额为 150 万元。注册会计师确定的财务报表层次的重要性水平为 10 万元。现假定存在以下几种情况:

(1)在某诉讼案中,济南西城机械有限公司被起诉侵权,原告要求赔偿 75 万元。至 2021 年 12 月 31 日胜负难以预料。诉讼案和可能产生的影响均已列示在财务报表附注中。

(2)济南西城机械有限公司 2021 年 7 月以面值 112 万元购买某公司发行的债券,确认为债权投资,2020 年 12 月 31 日的市价为 80 万元。济南西城机械有限公司仅在财务报表附注中揭示了该市价。

(3)济南西城机械有限公司在 2021 年 11 月购入一台管理用设备,当月投入使用,2021 年未提取折旧。该设备原始价值为 50 万元,月折旧率为 2%。

(4)在对应收账款项目进行函证时,其中对金额为 16 万元的客户 B 公司的函证未收到回函,注册会计师运用其他审计程序搜集了充分、适当的审计证据。

(5)济南西城机械有限公司利润总额中的 70%是由其境外子公司提供的,注册会计师无法赴国外对子公司的财务报表进行审查,也无法通过其他审计程序进行验证。

要求:假设上述五种情况都是独立的,请分别针对上述五种情况,说明注册会计师应当出具何种意见的审计报告,并简要说明理由。

5. 注册会计师张某作为 ABC 会计师事务所审计项目负责人,在审计以下单位 2021 年度财务报表时分别遇到的以下情况:

(1)甲公司拥有一项长期股权投资,账面价值 500 万元,持股比例 30%。2021 年 12 月 31 日,甲公司与 K 公司签署投资转让协议,拟以 350 万元的价格转让该项长期股权投资,已收到价款 300 万元,但尚未办理产权过户手续,甲公司以该项长期股权投资正在转让之中为由,不再计提减值准备。

(2)乙公司于 2020 年 5 月为 L 公司 1 年期银行借款 1 000 万元提供担保,因 L 公司不能及时偿还,银行于 2021 年 11 月向法院提起诉讼,要求乙公司承担连带清偿责任。2021 年 12 月 31 日,乙公司在咨询律师后,根据 L 公司的财务状况,计提了 500 万元的预计负债。对上述预计负债,乙公司已在财务报表附注中进行了适当披露。截至审计工作完成日,法院未对该项诉讼作出判决。

(3)丙公司于 2021 年 11 月 20 日发现,2019 年漏记固定资产折旧费用 200 万元。丙公司在编制 2021 年度财务报表时,对此项会计差错予以更正,追溯重述了相关财务报表项目,并在财务报表附注中进行了适当披露。

(4)丁公司于 2021 年年末更换了大股东,并成立了新的董事会,继任法定代表人以刚上任不了解以前年度情况为由,拒绝签署 2021 年度已审财务报表和提供管理层声明书。原法定代表人以不再继续履行职责为由,也拒绝签署2021年度已审计财务报表和提供的管理层声明书。

要求:假定上述情况对各被审计单位2021年度财务报表的影响都是重要的,且各被审计单位均拒绝接受注册会计师张某提出的审计处理建议(如有)。在不考虑其他因素影响的前提下,请分别针对上述四种情况,判断注册会计师张某应对2021年度财务报表出具何种类型的审计报告,并简要说明理由。

6. ABC会计师事务所的注册会计师王某负责审计多家上市公司2021年度财务报表,遇到下列与审计报告相关的事项:

(1) 甲公司管理层在2021年度财务报表中确认和披露了年内收购乙公司的交易。A注册会计师将其作为审计中最为重要的事项与治理层进行了沟通,拟在审计报告的关键审计事项部分沟通该事项。同时,因该事项对财务报表使用者理解财务报表至关重要,注册会计师王某拟在审计报告中增加强调事项段予以说明。

(2) 注册会计师王某无法就丙公司年末与重大诉讼相关的预计负债获取充分、适当的审计证据,拟对财务报表发表保留意见。注册会计师王某在审计报告日前取得并阅读了丙公司2021年年度报告,未发现其他信息与财务报表有重大不一致或存在重大错报,拟在保留意见审计报告的其他信息部分说明无任何需要报告的事项。

(3) XYZ会计师事务所担任丁公司海外重要子公司的组成部分注册会计师。注册会计师王某认为该事项与财务报表使用者理解审计工作相关,拟在对丁公司2021年度财务报表出具的无保留意见审计报告中增加其他事项段,说明该子公司经XYZ会计师事务所审计。

(4) 因原董事长以公司名义违规对外提供多项担保,导致戊公司2021年发生多起重大诉讼,多个银行账户被冻结,业务停止,主要客户和员工流失。管理层在2021年度财务报表中确认了大额预计负债,并披露了持续经营存在的重大不确定性。注册会计师王某认为存在多项对财务报表整体具有重要影响的重大不确定性,拟对戊公司财务报表发表无法表示意见。

(5) 乙公司的某重要子公司因环保问题被监管部门调查并停业整顿。注册会计师王某将该事项识别为关键审计事项。因乙公司管理层未在财务报表附注中披露该子公司停业整顿的具体原因,注册会计师王某拟在审计报告的关键审计事项部分进行补充说明。

要求:针对上述第(1)至(5)项,逐项指出注册会计师王某的做法是否恰当。如不恰当,简要说明理由。

7. ABC会计师事务所的注册会计师王某负责审计多家上市公司2021年度财务报表,遇到下列与审计报告相关的事项:

(1) 甲公司大量债务出现逾期,存在偿债压力。管理层在财务报表附注中披露了关联方提供补充资金支持的应对措施。注册会计师王某认为甲公司运用持续经营假设适当,拟发表无保留意见,并增加"与持续经营相关的重大不确定性"的单独部分,对甲公司尚未与主要债权人就偿还方案达成和解而导致的重大不确定性作出披露。

(2) 乙公司2021年年末预付款项余额重大,多数并无实际货物采购入库。注册会计师王某实施了函证、检查及访谈等程序,但仍无法判断交易对方是否与乙公司存在关联方关系。因该事项已作为审计工作中遇到的重大困难与治理层沟通,注册会计师王某拟在审计报告的关键审计事项部分进行沟通。

（3）丙公司外购的某重要子公司关键技术人员离职、重大合同收入确认存在不确定性，与业绩对赌方产生纠纷，管理层拒绝提供相关财务和业务信息。注册会计师王某拟在无法表示意见的审计报告中增加其他事项段，解释不能解除业务约定的原因。

（4）丁公司为其控股股东及关联方借款担保，担保事项已全部进入诉讼程序。注册会计师王某将该事项识别为关键审计事项。因丁公司未在财务报表附注中披露可能需要承担的担保损失金额，注册会计师王某拟在审计报告的关键审计事项部分进行补充说明。

（5）戊公司未按照会计准则的规定采用净额法确认代销收入，同时未能提供与商誉等长期资产减值测试相关的财务资料及预测资料。注册会计师王某拟对戊公司财务报表发表无法表示意见，无须在审计报告中另行披露注意到的与收入确认相关的重大错报。

要求：

针对上述第(1)至(5)项，逐项指出注册会计师王某的做法是否恰当。如不恰当，简要说明理由。

第三部分 参 考 答 案

一、单项选择题

1	2	3	4	5	6	7	8	9	10
D	B	C	B	C	C	D	C	D	A
11	12	13	14	15	16	17			
C	D	D	D	C	D	D			

重难点解析：

1. 注册会计师签发的审计报告，主要具有鉴证、保护和证明三方面的作用。

2. 审计报告应当包括下列要素：①标题。②收件人。③审计意见。④形成审计意见的基础。⑤管理层对财务报表的责任。⑥注册会计师对财务报表审计的责任。⑦按照相关法律法规的要求报告的事项（如适用）。⑧注册会计师的签名和盖章。⑨会计师事务所的名称、地址和盖章。⑩报告日期。选项B审计报告后附的财务报表和附注不属于审计报告的要素。

3. 注册会计师在获取充分、适当的审计证据后，只有当认为财务报表就整体而言是公允的，但还存在对财务报表产生重大影响的错报时，才能发表保留意见。如果注册会计师认为错报对财务报表产生的影响极为严重且具有广泛性，则应发表否定意见。

4. 当发表保留意见时，注册会计师应当在审计意见段中使用"除……可能产生的影响外"等措辞。

5. 我们认为，由于"形成否定意见的基础"部分所述事项的重要性，后附的集团合并财务报表没有在所有重大方面按照企业会计准则的规定编制，这种审计报告属于否定意见的审计报告。

6. 无法实施必要的审计程序属于审计范围受限应发表的审计意见为保留意见或者无

法表示意见。注册会计师无法获取充分、适当的审计证据以作为形成审计意见的基础,但认为未发现的错报(如存在)对财务报表可能产生的影响重大,但不具有广泛性,应发表保留意见;如果无法获取充分、适当的审计证据以作为形成审计意见的基础,但认为未发现的错报(如存在)对财务报表可能产生的影响重大且具有广泛性,注册会计师应当发表无法表示意见。

7. 审计报告的强调事项段,是指审计报告中含有的一个段落,该段落提及已在财务报表中恰当列报或披露的事项,且根据注册会计师的职业判断,该事项对财务报表使用者理解财务报表至关重要,但不影响已发表的审计意见,这种审计报告为带强调事项段的审计报告。

8. 关键审计事项属于与治理层沟通的事项。

9. 注册会计师无法获取充分、适当的审计证据以作为形成审计意见的基础,但认为未发现的错报(如存在)对财务报表可能产生的影响重大,但不具有广泛性,应发表保留意见;如果无法获取充分、适当的审计证据以作为形成审计意见的基础,但认为未发现的错报(如存在)对财务报表可能产生的影响重大且具有广泛性,注册会计师应当发表无法表示意见。

10. 审计报告的强调事项段,是指审计报告中含有的一个段落,该段落提及已在财务报表中恰当列报或披露的事项,且根据注册会计师的职业判断,该事项对财务报表使用者理解财务报表至关重要,但不影响已发表的审计意见,这种审计报告为带强调事项段的审计报告。选项A正确。

11. 在发表无法表示意见时,注册会计师应当对审计意见部分使用"无法表示意见"作为标题。在审计意见部分,只强调"我们接受委托",而非"我们审计了……"。

13. 选项D,审计报告日不应早于注册会计师获取充分、适当的审计证据,并在此基础上对财务报表形成审计意见的日期。

14. 选项D,注册会计师确定关键审计事项是为了本期财务报表审计,并不要求注册会计师更新上期审计报告中的关键审计事项,但注册会计师考虑上期财务报表审计的关键审计事项对本期财务报表审计而言是否仍为关键审计事项可能是有用的。

15. 其他信息,是指在被审计单位年度报告中包含的除财务报表和审计报告以外的财务信息和非财务信息。例如:实体的发展,未来前景、风险和不确定事项,治理层声明,以及包含治理事项的报告等信息,即选项C正确。选项AD分别来自外部分析师报告和被审计单位的网站,而非年度报告。选项B是财务报表和审计报告,均不属于其他信息的范畴。

16. 选项D,该报告是为满足特定利益相关者团体的信息、需求而编制和独立发布的报告,通常不是组成年度报告的系列文件的一部分。

17. 如果上期财务报表已由前任注册会计师审计,注册会计师在审计报告中可以提及前任注册会计师对对应数据出具的审计报告。当注册会计师决定提及时,应当在审计报告的其他事项段中说明:①上期财务报表已由前任注册会计师审计。②前任注册会计师发表的意见的类型(如果是非无保留意见,还应当说明发表非无保留意见的理由)。③前任注册会计师出具的审计报告的日期。

二、多项选择题

1	2	3	4	5	6	7	8	9	10
ABC	ABC	ABCD	BC	BC	BD	BD	BC	ACD	ABCD
11	12	13	14						
BD	BC	ACD	CD						

重难点解析:

1. 审计意见类型的决策需要考虑是否有重大错报、审计范围是否受限,选项 ABC 正确。

2. 审计报告的审计意见段应当说明被审计单位的名称和财务报表已经过审计,不需要提交财务报表附表的具体名称。选项 D 错误。

3. 注册会计师出具无保留意见审计报告应当符合的条件有:①财务报表已经在所有重大方面按照适用的财务报告编制基础编制,公允反映了被审计单位的财务状况、经营成果和现金流量。②注册会计师已经按照中国注册会计师审计准则的规定计划和实施审计工作,在审计过程中未受到限制。③不存在应调整或披露而被审计单位未予调整或披露的重要事项。选项 ABCD 均正确。

4. 广泛性是描述错报影响的术语,用以说明错报对财务报表的影响,或者由于无法获取充分、适当的审计证据而未发现的错报(如存在)对财务报表可能产生的影响。根据注册会计师的判断,对财务报表的影响具有广泛性的情形包括:①不限于对财务报表的特定要素、账户或项目产生影响。②虽然仅对财务报表的特定要素、账户或项目产生影响,但这些要素、账户或项目是或可能是财务报表的主要组成部分。③当与披露相关时,产生的影响对财务报表使用者理解财务报表至关重要。选项 BC 均属于影响报表的多个项目,选项 BC 正确。

5. 财务报表没有实现公允反映,属于重大错报,错报重大但不广泛,则发表保留意见审计报告,错报重大且广泛,则发表否定意见审计报告。选项 BC 正确。

6. 审计范围受限,注册会计师无法获取充分、适当的审计证据以作为形成审计意见的基础,但认为未发现的错报(如存在)对财务报表可能产生的影响重大,但不具有广泛性,应发表保留意见;如果无法获取充分、适当的审计证据以作为形成审计意见的基础,但认为未发现的错报(如存在)对财务报表可能产生的影响重大且具有广泛性,注册会计师应当发表无法表示意见。选项 BD 正确。

7. 选项 AC 属于保留意见审计报告的措辞,选项 BD 正确。

8. 注册会计师应就下列方面与治理层沟通:①注册会计师确定的关键审计事项。②根据被审计单位和审计业务的具体情况,注册会计师确定不存在需要在审计报告中沟通的关键审计事项(如适用)。选项 BC 正确。

9. 选项 B 属于被审计单位管理层的责任,不属于注册会计师应当采取的措施。

10. 典型的审计范围受到限制的情况有:①未能对存货进行监盘。②未能对应收账款进行函证。③未能取得被投资企业的财务报表。④内部控制极度混乱,会计记录缺乏系统性与完整性等。对应选项 ABCD。

11. 如果认为有必要提醒财务报表使用者关注已在财务报表中列报或披露,且根据职业判断认为对财务报表使用者理解财务报表至关重要的事项,在同时满足下列条件时,注册会计师当在审计报告中增加强调事项段:①按照《中国注册会计师审计准则第1502号——在审计报告中发表非无保留意见》的规定,该事项不会导致注册会计师发表非无保留意见。②当《中国注册会计师审计准则第1504号——在审计报告中沟通关键审计事项》适用时,该事项未被确定为在审计报告中沟通的关键审计事项。选项BD正确。

12. 如果认为有必要提醒财务报表使用者关注已在财务报表中列报或披露,且根据职业判断认为对财务报表使用者理解财务报表至关重要的事项,该事项不会导致注册会计师发表非无保留意见,注册会计师当在审计报告中增加强调事项段。选项BC正确。

13. 选项B应发表否定意见。选项ACD正确。

三、判断题

1	2	3	4	5	6	7	8	9	10
√	√	√	√	×	×	√	×	×	√
11	12	13	14	15					
×	√	√	×	×					

重难点解析:

5. 如果认为有必要提醒财务报表使用者关注已在财务报表中列报或披露,且根据职业判断认为对财务报表使用者理解财务报表至关重要的事项,在同时满足一定的条件时,注册会计师当在审计报告中增加强调事项段,不是所有的情况下都需要加强调事项段。

6. 在无法表示意见的审计报告中,不应当删除注册会计师的责任段。

8. 对于股份有限公司,审计报告收件人一般可用"××股份有限公司全体股东";对于有限责任公司,收件人一般可用"××有限责任公司董事会";对于合伙企业,收件人一般可用"××合伙企业全体合伙人";对于独资企业,收件人一般可直接用"××公司(企业)(该独资企业的名称)"。

9. 强调事项段不影响已发表的审计意见。

11. 注册会计师签署审计报告的日期通常与治理层签署已审计财务报表的日期为同一天,或晚于治理层签署已审计财务报表的日期。

14. 如果无法获取充分、适当的审计证据以作为形成意见的基础,但认为未发现的错报对财务报表可能产生的影响重大且具有广泛性,应发表无法表示意见。

15. 对按照特殊目的编制基础编制的财务报表,注册会计师在出具审计报告时增加强调事项段,指明财务报表是按特殊目的编制基础编制的,或提醒财务报表使用者注意财务信息附注中对特殊目的编制基础作出的说明。

四、实务分析题

1.【参考答案】

(1) 应发表无法表示意见审计报告。因为审计人员难以获得2021年度的手工账簿资料,而这些资料又非常重要,审计工作受到严重限制,无法收集到必要的审计证据。

(2) 审计报告如下：

审 计 报 告

烟台飞达机械设备有限公司董事会：

一、对财务报表出具的审计报告

（一）无法表示意见

我们接受委托，审计烟台飞达机械设备有限公司（以下简称"飞达公司"）的财务报表，包括2021年12月31日的资产负债表，2021年度的利润表、现金流量表和所有者权益变动表以及相关财务报表附注。

我们不对后附的飞达公司财务报表发表审计意见。由于"形成无法表示意见的基础"部分所述事项的重要性，我们无法获取充分、适当的审计证据以作为发表审计意见的基础。

（二）形成无法表示意见的基础

我们接受飞达公司的委托对其财务报表进行审计，飞达公司由于遭受水灾，手工记账的会计账簿受损，我们无法采用适当的审计程序来获得相关的审计证据。由于上述情况存在，我们无法获取充分、适当的审计证据以作为发表审计意见的基础。

（三）管理层对财务报表的责任

［按照《中国注册会计师审计准则第1501号——对财务报表形成审计意见和出具审计报告》的规定报告，参见教材参考格式8-1］

（四）注册会计师对财务报表审计的责任

我们的责任是按照中国注册会计师审计准则的规定，对飞达公司的财务报表执行审计工作，以出具审计报告。但由于"形成无法表示意见的基础"部分所述的事项，我们无法获取充分、适当的审计证据以作为发表审计意见的基础。

按照中国注册会计师职业道德守则，我们独立于飞达公司，并履行了职业道德方面的其他责任。

二、对其他法律和监管要求的报告

［按照《中国注册会计师审计准则第1501号——对财务报表形成审计意见和出具审计报告》的规定报告，参见教材参考格式8-1］

ABC会计师事务所	中国注册会计师：刘某
（盖章）	（签名并盖章）
	中国注册会计师：张某
	（签名并盖章）
中国××市	二〇二二年×月×日

2.【参考答案】

(1) 带强调事项段的无保留意见审计报告。证券监管机构的稽查结果存在不确定性。

(2) 保留意见或者无法表示意见审计报告。无法获取充分适当的审计证据，审计范围受到限制。

(3) 否定意见审计报告。运用持续经营假设不当。

3. 【参考答案】

(1) 按准则规定,变更固定资产折旧方法,应在财务报告中说明,并要符合变更条件,但不需财政部门的批准。对此应判断变更是否合理:如合理,可发表无保留意见;如不合理,对财务报表影响较大,应发表保留意见审计报告,若影响不大,可发表无保留意见审计报告。

(2) 产成品余额多记 2 万元,影响了 2021 年度的利润,对于这一未调整事项,如判断属重大事项,应持保留意见;如属非重大事项,可发表无保留意见。

(3) 变更产成品计价方法未在财务报表中说明,应判断对财务报表的影响如何。影响较大,应发表保留意见审计报告;影响不大,可发表无保留意见审计报告。

4. 【参考答案】

第(1)种情况,应出具带强调事项段的无保留意见的审计报告。济南西城机械有限公司的做法符合会计准则和制度的要求,但这一情况属于重大的不确定事项,注册会计师应在审计报告中加强调事项段说明这一情况,以提醒财务报表使用者的关注。

第(2)种情况,应出具保留意见的审计报告。济南西城机械有限公司应当对债权投资计提减值准备 32 万元,超过重要性水平 10 万元,构成重大错报,但考虑该错报仅影响债权投资和债权投资减值准备,因此该错报不具备广泛性的影响,还不至于导致注册会计师发表否定意见。

第(3)种情况,应出具无保留意见的审计报告。济南西城机械有限公司当年应计提设备折旧额为 1 万元($50 \times 2\% = 1$),远远低于重要性水平,这一错报事项不影响财务报表使用者的决策,因此不影响注册会计师的审计意见。

第(4)种情况,应出具无保留意见的审计报告。当应收账款的函证没有结果时,可以采用替代审计程序证实应收账款的真实性。

第(5)种情况,应出具无法表示意见的审计报告。因为济南西城机械有限公司利润总额中的 70% 无法验证,无法判断财务报表整体的公允性,审计范围受限,如果存在重大错报影响重大且广泛,所以应出具无法表示意见的审计报告。

5. 【参考答案】

(1) 保留意见或否定意见的审计报告。由于对该项长期股权投资转让交易尚未完成,甲公司应计提而未计提减值准备,不符合企业会计准则和相关制度的规定。

(2) 带强调事项段的无保留意见的审计报告(或标准无保留意见)。如果该或有事项对被审计单位的持续经营能力构成了影响,此时是应该考虑增加强调事项段的,如果没有对被审计单位的持续经营能力构成影响是可以出具标准的审计报告的。

(3) 标准无保留意见的审计报告。丙公司对重大会计差错进行了追溯重述,并在财务报表附注中进行了适当披露,符合企业会计准则和相关制度的规定。

(4) 无法表示意见的审计报告。由于管理层对已审计财务报表未予认定,且拒绝签署管理层声明书,注册会计师的审计范围受到极大限制。

6. 【参考答案】

(1) 不恰当。注册会计师已经在关键审计事项部分沟通该事项,不应增加强调事项段。

(2) 不恰当。注册会计师需要在其他信息部分说明无法判断与导致保留意见的事项相关的其他信息是否存在重大错报。

(3)不恰当。注册会计师对集团财务报表出具的审计报告不应提及组成部分注册会计师,除非法律法规另有规定。

(4)恰当。

(5)不恰当。注册会计师应要求管理层作出补充披露。

7.【参考答案】

(1)不恰当。还应提请管理层披露与持续经营相关的重大不确定性。

(2)不恰当。审计范围受到限制应当发表保留意见或无法表示意见。

(3)恰当。

(4)不恰当。注册会计师应要求管理层作出补充披露。

(5)不恰当。注册会计师即使发表无法表示意见,也应披露已注意到的重大错报。

第九章 销售与收款循环审计

第一部分 内容概要

一、销售与收款循环控制测试

（一）销售与收款循环涉及的主要业务活动

销售与收款循环涉及的主要业务活动如表 9-1 所示。

表 9-1　　销售与收款循环涉及的主要业务活动

主要业务活动	关键控制活动	主要单据与会计记录	目标和相关认定
接受客户订购单	（1）客户订购单只有在符合企业管理层的授权标准时才能被接受 （2）企业在批准客户订购单之后，签订销售合同，并编制一式多联的销售单	（1）客户订购单 （2）销售合同 （3）销售单	（1）客户订购单为有关销售交易的"发生"认定提供补充证据 （2）销售单和销售合同是证明销售交易的"发生"认定的凭据之一
批准赊销信用	（1）由信用管理部门根据赊销政策在每个客户经授权的信用额度内进行赊销审批，并在销售单上签署意见 （2）执行赊销信用检查时，销售部门与信用管理部门职责分离，避免销售人员为扩大销售而使企业承受不适当的信用风险	经赊销审批的销售单	设计信用批准控制的目的是降低坏账风险，因此与应收账款账面余额的"准确性、计价和分摊"认定有关
按销售单供货	仓库收到经过批准的销售单时才能编制发运凭证并供货，防止仓库在未经授权的情况下擅自发货	发运凭证	（1）发运凭证是证明销售交易的"发生"认定的凭据之一 （2）连续编号的发运凭证与销售交易的"完整性"认定相关
按销售单装运货物	（1）供货应当与装运部门员工职责分离 （2）运抵指定地点后，由客户验收无误，取得其签署的发运凭证或验收单	（1）发运凭证 （2）客户验收单	（1）发运凭证有助于避免负责装运货物的员工在未经授权的情况下装运产品 （2）客户验收单是证明销售交易的"发生"认定的重要凭据

(续表)

主要业务活动	关键控制活动	主要单据与会计记录	目标和相关认定
开具账单	(1) 信息系统生成连续编号的销售发票 (2) 负责开发票的员工在开具发票之前,检查是否存在经批准的销售单和发运凭证 (3) 依据已授权批准的商品价目表开具销售发票,并将发运凭证上的商品总数与相对应的销售发票上的商品总数进行比较	(1) 销售发票 (2) 商品价目表	(1) 连续编号与销售交易的"完整性"认定有关 (2) 检查销售单和发运凭证与销售交易的"发生"认定有关 (3) 商品价目表与销售交易的"准确性"认定有关
记录销售	(1) 依据有效的发运凭证和销售单记录销售 (2) 使用事先连续编号的销售发票并对发票使用情况进行监控 (3) 独立检查已销售发票上的销售金额与会计记录金额的一致性 (4) 记录销售的职责应与处理销售交易的其他功能相分离 (5) 对记录过程中所涉及的有关记录的接触权限予以限制,以减少未经授权批准的记录发生 (6) 定期独立检查应收账款的明细账与总账的一致性 (7) 由不负责现金出纳和销售及应收账款记账人员定期向客户寄发对账单,对不符事项进行调查,必要时调整会计记录,编制对账情况汇总报告并交管理层审核	(1) 客户签收单 (2) 转账凭证、收款凭证 (3) 应收账款明细账 (4) 主营业务收入明细账 (5) 客户对账单	销售交易的多项认定
办理和记录现金、银行存款收入	企业通过出纳与现金记账的职责分离、现金盘点、编制银行存款余额调节表、定期向客户发送对账单等控制来实现货币资金的安全	(1) 收款凭证 (2) 现金日记账 (3) 银行存款日记账 (4) 汇款通知书	销售交易的多项认定
办理和记录销售退回、销售折扣与折让	定期核查销售退回手续是否齐全,退回货物是否及时入库	入库单	与销售交易的"发生"认定、存货的"完整性"认定有关
注销坏账		坏账核销审批表	与应收账款"准确性、计价和分摊"认定有关
提取坏账准备	(1) 企业定期对应收账款的信用风险进行评估,并根据预期信用损失计提坏账准备 (2) 对于可能成为坏账的应收账款应当报告有关决策机构,由其进行审查,确定是否确认为坏账	应收账款预期信用损失计算表	与应收账款"准确性、计价和分摊"认定有关

(二)销售交易的内部控制和控制测试

销售交易的内部控制和控制测试的具体内容如表 9-2 所示。

表 9-2　　　　　　　　　　销售交易的内部控制和控制测试

内部控制	控制测试
适当的职责分离	观察被审计单位有关人员的活动,以及与这些人员进行讨论
恰当的授权审批	检查凭证是否经过审批
充分的凭证和记录	清点各种凭证
凭证的预先编号	清点各种凭证
按月寄送对账单	观察指定人员寄送对账单,并检查客户复函档案
内部核查程序	检查内部审计人员的报告,或检查其他独立人员在他们核查的内容上的签字

(三)收款交易的内部控制和控制测试

1. 收款交易的内部控制

收款交易的内部控制主要包括:

(1) 企业应当按照《现金管理暂行条例》及《支付结算办法》等规定,及时办理销售收款。

(2) 企业应将销售收入及时入账,不得账外设账,不得擅自坐支现金。销售人员应当避免接触销售现款。

(3) 企业应当建立应收账款账龄分析制度和逾期应收账款催收制度。

(4) 企业应当按客户设置应收账款台账,及时登记每一客户应收账款余额增减变动情况和信用额度使用情况。

(5) 企业对于可能成为坏账的应收账款应当报告有关决策机构,由其进行审查确定是否确认为坏账。

(6) 企业注销的坏账应当进行备查登记,做到账销案存。已注销的坏账又收回时应当及时入账,防止形成账外资金。

(7) 企业应收票据的取得和贴现必须经由保管票据以外的主管人员的书面批准。

(8) 企业应当定期与往来客户通过函证等方式核对应收账款,应收票据、预收款项等往来款项。

2. 收款交易的控制测试

收款交易的控制测试主要包括:①测试应收账款记录的收款与银行存款是否一致。②测试收款是否被记入不正确的应收账款账户。③测试登记入账的现金收入与企业已经实际收到的现金是否一致。④测试坏账准备的计提是否充分与核销是否经审批。

(四)评估重大错报风险

收入确认是审计的高风险领域,注册会计师应当考虑影响收入交易的重大错报风险,并对被审计单位经营活动中可能发生的重大错报风险保持警觉。营业收入存在的风险主要包括:①收入确认存在的舞弊风险。②收入的复杂性可能导致的错误。③期末收入交易和收款交易的截止错误。④收款未及时入账或记入不正确的账户。⑤应收账款坏账准备的计提不准确。

二、营业收入审计

(一) 营业收入的审计目标

营业收入审计目标与认定的对应关系如表 9-3 所示。

表 9-3　　　　　　　　审计目标与认定对应关系表

审计目标	财务报表认定					
	发生	完整性	准确性	截止	分类	列报
利润表中记录的营业收入已发生,且与被审计单位有关	√					
所有应当记录的营业收入均已记录		√				
与营业收入有关的金额及其他数据已恰当记录			√			
营业收入已记录于正确的会计期间				√		
营业收入已记录于恰当的账户					√	
营业收入已按照企业会计准则的规定在财务报表中做出恰当的列报						√

(二) 主营业务收入的实质性程序

1. 获取或编制主营业务收入明细表

复核加计主营业务收入金额是否正确,并与总账数和明细账合计数核对是否相符;结合其他业务收入科目与报表数核对是否相符;检查以非记账本位币结算的主营业务收入的折算汇率及折算是否正确。

2. 检查主营业务收入的确认方法是否符合《企业会计准则》的规定

根据《企业会计准则第 14 号——收入》的规定,企业应当在履行了合同中的履约义务,即在客户取得相关商品控制权时确认收入。取得相关商品控制权是指能够主导该商品的使用并从中获得几乎全部的经济利益。

3. 实施实质性分析程序

注册会计师应实施分析程序,检查主营业务收入是否有异常变动和重大波动,从而在总体上对主营业务收入的真实性做出初步判断。实质性分析程序的步骤包括：①建立有关数据的期望值。②确定可接受的差异额。③将实际的情况与期望值相比较,识别需要进一步调查的差异。④如果其差额超过可接受的差异额,调查并获取充分的解释和恰当的、佐证性质的审计证据。⑤评估分析程序的测试结果。

4. 审查产品售价是否合理

从销售发票中选取样本,将其单价与经批准的产品价格目录比较,并分析价格的合理性,并注意销售给关联方或关系密切的重要客户的产品价格是否合理,有无以低价或高价结算的方法相互之间转移利润的现象。

5. 核对收入交易的原始凭证与会计记录

以主营业务收入明细账中的会计分录为起点,检查相关原始凭证,以评价已入账的营业收入是否真实发生。同时,还要检查原始凭证中的交易日期,以确认收入记入了正确的会计期间。

6. 从发运凭证中选取样本,追查至销售发票存根和主营业务收入明细账

这一程序的目的是检查是否存在遗漏事项,注册会计师需要确认全部发运凭证是否均已归档,这点可以通过检查发运凭证的顺序编号查明。

7. 结合对应收账款实施的函证程序

结合对应收账款实施的函证程序,选择主要客户函证本期销售额。

8. 实施销售截止测试

实施截止测试的目的、可能实施的程序和应用前提如表9-4所示。

表9-4 截止测试的目的、可能实施的程序和应用前提

	具体内容
目的	主要在于确定被审计单位主营业务收入的会计记录归属期是否正确:记入本期或下期的主营业务收入是否被推延至下期或提前至本期
程序	(1) 选取资产负债表日前后若干天一定金额以上的发运凭证,与应收账款和收入明细账进行核对;同时,从应收账款和收入明细账中选取在资产负债表日前后若干天一定金额以上的凭证,与发运凭证核对,以确定销售是否存在跨期现象 (2) 复核资产负债表日前后销售和发货水平,确定业务活动水平是否异常,并考虑是否有必要追加截止测试程序 (3) 取得资产负债表日后所有的销售退回记录,检查是否存在提前确认收入的情况 (4) 结合对资产负债表日应收账款的函证程序,检查有无未取得对方认可的大额销售
前提	实施截止测试的前提是注册会计师充分了解被审计单位的收入确认会计实务,并识别能够证明某笔销售符合收入确认条件的关键单据

截止测试的审计路线如表9-5所示。

表9-5 截止测试的审计路线

测试起点	目的	优点	缺点
以账簿记录为起点	防止多计收入	比较直观,容易追查至相关凭证记录,检查跨期收入十分便捷,可以提高审计效率	缺乏全面性和连贯性,只能查多记,无法查漏记
以发运凭证为起点	防止少计收入	较全面、连贯,容易发现漏记的收入	较费时费力,有时难以查找相应的发货及账簿记录,而且不易发现多记的收入

9. 检查销售退回

如果被审计单位存在销售退回,注册会计师应检查相关手续是否符合规定,结合相关原始凭证检查其会计处理是否正确;结合存货项目检查其是否真实发生。

10. 检查销售折扣与折让

注册会计师应注意检查销售折扣与折让业务是否真实,内容是否完整,相关手续是否符合规定,折扣与折让的数额计算是否正确,会计处理是否恰当。

11. 确认主营业务收入在利润表上的列报是否恰当

利润表中的"营业收入"项目,应该根据"主营业务收入"和"其他业务收入"账户的贷方净发生额分析填列。

三、应收账款审计

(一) 应收账款的审计目标

应收账款审计目标与认定的对应关系如表 9-6 所示。

表 9-6　　　　　　　　　审计目标与认定对应关系表

审计目标	财务报表认定					
	存在	完整性	权利和义务	准确性、计价和分摊	分类	列报
资产负债表中记录的应收账款是存在的	√					
所有应当记录的应收账款均已记录		√				
记录的应收账款由被审计单位拥有或控制			√			
应收账款以恰当的金额包括在财务报表中,与之相关的计价调整已恰当记录				√		
应收账款已记录于恰当的账户					√	
应收账款已按照企业会计准则的要求在财务报表中作出恰当的列报						√

(二) 应收账款的实质性程序

1. 取得或编制应收账款明细表

取得或编制应收账款明细表后,注册会计师需要:①复核加计正确。②检查非记账本位币应收账款的折算汇率及折算是否正确。③分析有贷方余额的项目,查明原因,必要时,建议作重分类调整。

2. 分析与应收账款相关的财务指标目标

注册会计师需要执行的分析程序主要包括:①复核应收账款借方累计发生额与主营业务收入是否配比,并将当期应收账款借方发生额占销售收入净额的百分比与管理层考核指标和被审计单位相关赊销政策比较,如存在差异,应查明原因。②计算应收账款周转率、应收账款周转天数等指标,并与被审计单位上年指标,同行业同期相关指标对比分析,检查是否存在重大异常。

3. 检查应收账款账龄分析是否正确

注册会计师可以通过获取或编制应收账款账龄分析表来分析应收账款的账龄,以便了解应收账款的可收回性。从账龄分析表中抽取一定数量的项目,追查至相关原始凭证,如销售发票、运输记录等,测试账龄核算的准确性。

4. 对应收账款实施函证程序

函证的目的主要是证实应收账款账户余额是否真实准确。函证的程序及其具体内容如

表 9-7 所示。

表 9-7　　　　　　　　　　函证的程序及其具体内容

函证的程序	具体内容
函证决策	总体原则：无特殊情况必须函证 (1) 除非有充分证据表明应收账款对被审计单位财务报表而言是不重要的，或者函证很可能是无效的，否则，注册会计师应当对应收账款进行函证 (2) 如果注册会计师不对应收账款进行函证，应当在工作底稿中说明理由 (3) 如果认为函证很可能是无效的，注册会计师应当实施替代审计程序，获取相关、可靠的审计证据
函证范围	函证范围是由诸多因素决定的，主要有： (1) 应收账款在全部资产中的重要程度 (2) 被审计单位内部控制的有效性 (3) 以前期间的函证结果。若以前期间函证中发现过重大差异，或欠款纠纷较多，则函证范围应相应扩大一些
函证对象	在一般情况下，注册会计师应选择以下项目作为函证对象： (1) 大额或账龄较长的项目 (2) 与债务人发生纠纷的项目 (3) 重大关联方项目 (4) 主要客户（包括关系密切的客户）项目 (5) 交易频繁但期末余额较小甚至余额为零的项目 (6) 可能产生重大错报或舞弊的非正常的项目
函证方式	(1) 注册会计师可采用积极的或消极的函证方式实施函证，也可将两种方式结合使用 (2) 由于应收账款通常存在高估风险，且与之相关的收入确认存在舞弊风险假定，因此实务中通常对应收账款采用积极的函证方式
函证时间的选择	基本原则：注册会计师通常在资产负债表日后适当时间内实施函证 特殊情况：如果重大错报风险评估为低水平，可选择资产负债表日前适当日期为截止日实施函证，并对所函证项目自该截止日起至资产负债表日止发生的变动实施实质性程序
函证的控制	注册会计师应直接控制询证函的发送和回收，对函证实施过程应采取必要的控制措施
对不符事项的处理	对回函中出现的不符事项，注册会计师需要调查核实原因，确定其是否构成错报
对未回函项目实施替代程序	如果未收到被询证方的回函，注册会计师应当实施下列替代审计程序： (1) 检查资产负债表日后收回的货款 (2) 检查相关的销售合同、销售单、发运凭证等文件 (3) 检查被审计单位与客户之间的往来邮件，如有关发货、对账、催款等事宜邮件
对函证结果的总结和评价	如果函证结果表明没有审计差异，则可以合理地推论全部应收账款总体是正确的；如果函证结果表明存在审计差异，则应当估算应收账款总额中可能出现的累计差错是多少，估算未被选中进行函证的应收账款的累计差错是多少

5. 确定已收回的应收账款金额

注册会计师应请被审计单位协助，在应收账款明细账上标出至审计时已收回的应收账款金额。

6. 对应收账款余额实施函证以外的细节测试

在未实施应收账款函证的情况下,注册会计师需要实施其他审计程序获取有关应收账款的审计证据。

7. 检查坏账的冲销和转回

在检查坏账的确认时,注册会计师应检查有无债务人破产或者死亡的,以及破产或遗产清偿后仍无法收回的,或者债务人长期未履行清偿义务的应收账款。在检查坏账的处理时,注册会计师应检查被审计单位坏账的处理是否经授权批准,有关会计处理是否正确。

8. 确定应收账款的列报是否恰当

"应收账款"项目应根据"应收账款"和"预收账款"两个账户所属的相关明细账户中期末借方余额合计数减去"坏账准备"账户中相关期末余额后的净额分析填列。

四、坏账准备的审计

(一) 坏账准备的审计目标

坏账准备的审计目标主要包括:①确定计提坏账准备的方法和比例是否恰当。②坏账准备的计提是否充分。③确定坏账准备增减变动的记录是否完整。④确定坏账准备期末余额是否正确。⑤确定坏账准备的披露是否恰当。

(二) 坏账准备的实质性程序

坏账准备的实质性程序主要包括:

(1) 获取或编制坏账准备明细表。注册会计师应获取或编制坏账准备明细表,复核加计正确,与坏账准备总账数、明细账合计数核对相符;将坏账准备本期计提数与信用减值损失相应明细科目的发生额核对相符。

(2) 检查坏账准备的计提。企业应根据所持应收账款的实际可收回情况,合理计提坏账准备,不得多提或少提,否则应视为滥用会计估计,按照重大会计差错更正的方法进行会计处理。

(3) 检查实际发生的坏账损失。注册会计师应检查其原因是否清楚,是否符合有关规定,有无授权批准,有无已作坏账处理又重新收回的应收账款,相应的会计处理是否正确。

(4) 确定坏账准备的披露是否恰当。企业应当在财务报表附注中清楚地说明坏账的确认标准、坏账准备的计提方法和计提比例。

第二部分 练 习 题

一、单项选择题

1. 下列认定中,与销售信用批准控制相关的是( )。
   A. 准确性、计价和分摊　　　　　B. 发生
   C. 权利和义务　　　　　　　　　D. 完整性
2. 下列各项中,不属于销售与收款循环中的业务活动的是( )。
   A. 接受顾客订单　　　　　　　　B. 向顾客开具账单
   C. 注销坏账　　　　　　　　　　D. 确认与记录负债

3. 下列有关销售与收款循环的内部控制的说法中,不正确的是(　　)。
   A. 企业应当分别设立办理销售、发货、收款三项业务的部门或岗位
   B. 由一名财务人员编制销售单并开具销售发票
   C. 销售人员应当避免接触销售现款
   D. 企业应收票据的取得和贴现必须经由保管票据以外的主管人员的书面批准

4. 下列各项中,不属于应收账款审计的一般目标的是(　　)。
   A. 确定应收账款是否存在
   B. 确定应收账款是否归被审计单位所有
   C. 确定应收账款和坏账准备期末余额是否正确
   D. 确定应收账款的可收回性

5. 应收账款询证函的发出和收回应由(　　)控制。
   A. 被审计单位　　　　　　　　B. 注册会计师
   C. 被审计单位和注册会计师　　D. 被审计单位或注册会计师

6. 注册会计师实施主营业务收入的截止测试,主要目的是发现(　　)。
   A. 当年未入账销货　　　　　　B. 年末应收账款余额不正确
   C. 超额的销货折扣　　　　　　D. 未核准的销货退回

7. 下列各项中,属于应收账款函证的最有效的替代审计程序的是(　　)。
   A. 针对营业收入的实质性分析程序
   B. 检查期后收款情况
   C. 以发运凭证为起点,追查至销售发票、销售合同及收入明细账
   D. 检查资产负债表日后收回的货款、检查相关的销售合同、销售单、发运凭证等文件

8. 为证实被审计单位登记入账的销售交易确已发生,下列各项审计程序中,最为有效的是(　　)。
   A. 函证应收账款余额
   B. 从发运凭证追查至主营业务收入明细账
   C. 从发运凭证追查至销售发票
   D. 从主营业务收入明细账追查至发票存根及发运凭证

9. 检查发货单、销售发票是否事先编号并按编号的先后顺序使用,是为了检验主营业务收入的(　　)认定。
   A. 存在或发生　　B. 完整性　　C. 权利与义务　　D. 计价与分摊

10. 为了确保所有发出的货物均已开出发票,注册会计师应该从被审计年度的(　　)中抽取样本与相关的发票进行核对。
    A. 主营业务收入明细账　　　　B. 发货单
    C. 应收账款明细账　　　　　　D. 销售单

11. 下列关于销售与收款交易的内部控制的表述中,错误的是(　　)。
    A. 企业应当指定专门人员就销售价格、信用政策、发货及收款方式等具体事项与客户进行谈判并订立合同
    B. 定期清点销售单和销售发票,有助于防止漏开账单

C. 由负责登记固定资产卡片的人员按月向客户寄发应收账款对账单

D. 财务部门应当督促销售部门加紧催收应收账款

12. 销售与收款循环业务的起点是（　　）。
    A. 顾客提出订货要求　　　　　　　B. 向顾客提供商品或劳务
    C. 商品或劳务转化为应收账款　　　D. 收入货币资金

13. 下列各项中，不属于坏账准备审计目标的是（　　）。
    A. 确定坏账准备计提比率是否恰当，坏账准备计提是否充分
    B. 确定坏账准备增减变动的记录是否完整
    C. 确定坏账准备的相关内部控制是否健全、有效
    D. 确定坏账准备在财务报表上的披露是否恰当

14. 下列各项中，对于证实已发生的销售业务是否均已登记入账有效的是（　　）。
    A. 只审查有关原始凭证
    B. 只审查主营业务收入明细账
    C. 由主营业务收入明细账追查至有关原始凭证
    D. 由有关原始凭证追查至主营业务收入明细账

15. 应收账款询证函是以（　　）的名义发出的。
    A. 注册会计师　　　　　　　　　　B. 会计师事务所
    C. 被审计单位　　　　　　　　　　D. 被审计单位的总经理

16. 审查应收账款最重要的实质性程序是（　　）。
    A. 函证　　　　B. 询问　　　　C. 观察　　　　D. 计算

17. 某注册会计师在审计甲公司2021年度财务报表时，将其交易和账户划分为销售与收款循环、购货与付款循环、生产与薪酬循环、筹资与投资循环。在一般情况下，该注册会计师应将预收账款及销售费用项目划入（　　）。
    A. 销售与收款循环　　　　　　　　B. 购货与付款循环
    C. 生产与薪酬循环　　　　　　　　D. 筹资与投资循环

18. 甲公司将2021年度的主营业务收入列入2020年度的财务报表，则其2020年度财务报表存在错误的认定是（　　）。
    A. 总体合理性　　　　　　　　　　B. 计价或分摊
    C. 发生　　　　　　　　　　　　　D. 完整性

19. 在确定函证对象时，下列各项中，应当进行函证的是（　　）。
    A. 有充分证据表明函证很可能无效的应收款项
    B. 交易频繁但期末余额较小的应收款项
    C. 有充分证据表明对财务报表不重要的应收款项
    D. 应纳入审计范围内子公司的款项

20. 下列关于销售与收款循环的内部控制中，注册会计师认为与营业收入的发生认定直接相关的是（　　）。
    A. 赊销业务需经信用管理部门审批
    B. 仓储部门收到经审批的销售单后才能安排发货

C. 开票人员无权修改系统中已设置好的商品价目清单

D. 财务人员根据销售单、客户签收单和销售发票确认收入

二、多项选择题

1. 销售交易内部控制中的恰当的授权审批体现在（　　）。
   A. 赊销审批　　　　B. 发货审批　　　　C. 价格审批　　　　D. 审批权限
2. 下列各项中，属于营业收入审计目标的有（　　）。
   A. 确定利润表中记录的营业收入已发生，且与被审计单位有关
   B. 确定所有应当记录的营业收入是否完整
   C. 确定与营业收入有关的金额是否恰当
   D. 确定营业收入是否已记录于正确的会计期间
3. 下列各项中，与主营业务收入确认有着密切关系的日期有（　　）。
   A. 发票开具日期　　　　　　　B. 收款日期
   C. 记账日期　　　　　　　　　D. 发货日期
4. 下列各项中，可能导致如果应收账款函证出现不符事项的有（　　）。
   A. 双方登记入账的时间不同　　B. 被审计单位的舞弊行为
   C. 一方记账错误　　　　　　　D. 双方记账错误
5. 下列各项中，注册会计师抽查销售发票时应当核对的资料有（　　）。
   A. 相关的销售单　　　　　　　B. 相关的客户订货单
   C. 相关的发运凭证　　　　　　D. 有关的账户记录
6. 假如在销售总账、明细账中登记并未发生的销售或销售已实现却不记入总账和明细账，其违反了被审计单位管理层的（　　）认定。
   A. 存在或发生　　　　　　　　B. 完整性
   C. 权利与义务　　　　　　　　D. 列报与披露
7. 下列认定中，与销售部门负责催收应收账款这一控制不直接相关的认定有（　　）。
   A. 完整性　　　　　　　　　　B. 存在
   C. 准确性、计价和分摊　　　　D. 发生
8. 下列各项中，注册会计师应选择作为函证对象的有（　　）。
   A. 金额较大或账龄较长的项目　B. 交易频繁但期末余额较小的项目
   C. 重大关联方交易　　　　　　D. 可能存在争议、舞弊或错误的交易
9. 下列各项审计程序中，可以为营业收入发生认定提供审计证据的有（　　）。
   A. 从营业收入明细账中选取若干记录，检查相关原始凭证
   B. 对应收账款余额实施函证
   C. 检查应收账款明细账的贷方发生额
   D. 调查本年新增客户的工商资料、业务活动及财务账款
10. 下列各项中，属于收入交易和余额可能存在的固有风险有（　　）。
    A. 收入的复杂性导致错误　　　B. 内部控制未能防范舞弊
    C. 收款未及时入账　　　　　　D. 应收账款坏账准备的计提不准确

11. 下列各项中,属于销售截止测试的审计程序的有( )。
    A. 复核资产负债表日前后销售和发货水平,确定业务活动水平是否异常
    B. 取得资产负债表日后所有的销售退回记录,检查是否存在提前确认收入的情况
    C. 结合对资产负债表日应收账款的函证程序,检查有无未取得对方认可的大额销售
    D. 检查营业收入在财务报表中的列报是否恰当

12. 在下列情况中,注册会计师应采用消极式函证的有( )。
    A. 重大错报风险评估为低水平,已就与认定相关的控制的运行有效性获取充分、适当的审计证据
    B. 需要实施消极式函证程序的总体由大量的小额、同质的账户余额、交易或事项构成
    C. 预期不符事项的发生率很低
    D. 没有迹象表明接收询证函的人员或机构不认真对待函证

13. 注册会计师应选择应收账款的重要项目进行函证,并根据函证结果分别作出的处理包括( )。
    A. 回函金额不符的,应查明原因
    B. 未回函的,可进行复函
    C. 未回函的,采用替代方法进行检查
    D. 回函余额相符的,应抽查有关原始凭证

14. 登记入账的销售业务是真实的,对这一目标,注册会计师一般关心的错误类型有( )。
    A. 未曾发货却已将销售业务登记入账
    B. 销售业务重复入账
    C. 向虚构的顾客发货
    D. 销售业务发生但不入账

15. 在审计实务中,注册会计师实施销售截止测试的路线有( )。
    A. 以报表为起点   B. 以账簿记录为起点
    C. 以订购单为起点   D. 以发运凭证为起点

16. 甲注册会计师正在评价民营企业 A 公司销售与收款循环业务相关内部控制设计的合理性,并特别关注和销售与收款循环业务的完整性认定相关的内部控制是否健全。在以下各项内部控制中,有助于 A 公司管理层实现内部控制"完整性"目标的有( )。
    A. 检查发运部门留存的所有发货凭单后是否均附有相应的销售发票
    B. 检查开具的销售发票是否均附有顾客订单、销售单及发货凭单
    C. 检查每笔赊销业务,确认是否将销售发票与汇款通知单一并交给顾客
    D. 检查每笔赊销业务,确认每张销售单是否均经信用管理部门批准

17. 注册会计师抽取一定时期内的销售发票,主要检查其( )。
    A. 是否缺号   B. 是否填列正确
    C. 是否连续编号   D. 作废发票的处理是否正确

18. 下列各项中,注册会计师在对被审计单位已经发生的销售业务是否均已登记入账进行审计时,常用的控制测试程序有( )。

A. 检查赊销业务是否经过授权批准 B. 检查发运凭证连续编号的完整性
C. 检查销售发票连续编号的完整性 D. 检查已经寄出的对账单的完整性

19. 下列各项中,注册会计师对未发询证函的应收账款,应抽查的有关原始凭证有( )。
A. 销售订单 B. 销售合同
C. 销售发票副本 D. 出库凭证和发运凭证

三、判断题

1. 从销售发票追查至主营业务收入明细账可以证实被审计单位关于主营业务收入的截止认定。( )
2. "独立检查已处理销售发票上的销售金额与会计记录金额的一致性",这一控制针对销售交易准确性认定。( )
3. 主营业务收入明细账应当由记录应收账款之外的员工独立登记,并由另一位不负责账簿记录的员工定期调节总账和明细账。( )
4. 如果不对应收账款实施函证,注册会计师不必在工作底稿中说明理由。( )
5. 注册会计师通常在资产负债表日前适当时间函证资产负债表日的应收账款余额。( )
6. 如果重大错报风险评估为低水平,注册会计师可选择资产负债表日前适当日期为截止日实施函证,并对所函证项目自该截止日起至资产负债表日止发生的变动实施实质性程序。( )
7. 当对应收账款实施函证时,注册会计师应当对选择被询证者、设计询证函以及发出和收回询证函保持控制。( )
8. 由于应收账款通常存在高估风险,且与相关的收入确认存在舞弊风险假定,实务中通常对应收账款采用消极式函证方式。( )
9. 应收账款若存在贷方余额,注册会计师应建议被审计单位作重分类调整。( )
10. 注册会计师通常对所选取的交易,追查至原始的销售合同,通过了解销售合同中的相关条款来评价收入确认方法是否符合企业会计准则的规定。( )
11. 销售收入可能未真实发生这一重大错报风险只影响营业收入的发生认定。( )
12. 对应收账款实施函证审计程序可以证实存在,权利和义务,准确性、计价和分摊三个认定。( )
13. 对主营业务收入项目实施截止测试,其目的主要在于确定被审计单位主营业务收入的会计记录归属期是否正确;应计入本期或下期的主营业务收入是否被推迟到下期或提前至本期。( )
14. 如果应收账款函证结果表明无审计差异,则注册会计师可以合理地推论全部应收账款总体是合理的。( )
15. 如果重大错报风险评估为低水平,注册会计师可以不实施应收账款函证程序。( )
16. 截止测试是控制测试中常用的一种审计技术,被广泛运用于货币资金、往来款项、存货、主营业务收入和期间费用等诸多报表项目的审计中。( )
17. 如果被审计单位的相关内部控制不存在,或被审计单位的相关内部控制尽管存在但未得到遵守,或内部控制测试的工作量可能大于进行内部控制测试所减少的实质性程序的工作量,则注册会计师不应再继续实施控制测试,而应直接实施实质性程序。（   ）

18. 积极式函证不如消极式函证提供的证据可靠。（   ）

19. 由于注册会计师不可能对所有应收账款进行函证,因此,对未函证的应收账款,注册会计师应抽查有关原始凭证,如销售合同、销售订单、销售发票副本及发运凭证等,以验证这些应收账款的真实性。（   ）

20. 对于需要赊销的销售单,需由销售部门进行审核批准。（   ）

四、实务分析题

1. 注册会计师王某于 2022 年 1 月 10 日对烟台兴茂机械制造有限公司销售与收款循环的内部控制进行了了解和测试,并在相关的审计工作底稿中做了记录,现摘录如下:

（1）销售部门收到顾客的订单后,由销售经理甲对品种、规格、数量、价格、付款条件、赊销结算方式等详细审核后签章,交仓库办理发货手续。

（2）仓库在发运商品出库时,均必须由管理员乙根据经批准的订单,填制一式四联的销售通知单。在各联上签章后,第一联作为发运单,由工作人员配货并随货交顾客;第二联送会计部;第三联送应收账款管理员丙;第四联由乙按编号顺序连同订单一并归档保存,作为盘存的依据。

（3）会计部收到销货单后,根据单中所列资料,开具统一的一式多联预先连续编号的销售发票,将顾客联寄送顾客,将销售联交应收账款管理员丙,作为记账和收款的凭证。

（4）应收账款管理员丙收到发票后,将销售发票与销售通知单核对,如无错误,据以登记应收账款明细账,并将销售发票与销售通知单按顾客顺序归档保存。

要求:指出烟台兴茂机械制造有限公司在销售与收款循环内部控制中存在的缺陷,并提出改进建议。

2. ABC 会计师事务所负责审计烟台兴茂机械制造有限公司 2021 年度财务报表,按业务约定,最迟应于 2022 年 4 月 10 日外勤工作结束。2020 年 1 月 20 日,注册会计师王某选定烟台兴茂机械制造有限公司部分客户寄发应收账款询证函,3 月 10 日,检查回函情况,以便在外勤工作结束前收到全部应收账款回函。下面是检查中发现的一些情况及其后续进展:

（1）以积极方式寄发给客户甲公司的询证函在发出 20 日后被当地邮局以"查无此单位"为由退回烟台兴茂机械制造有限公司。

（2）收到审计组以消极方式寄发的询证函后,乙公司针对函证的事项以电子邮件方式直接向烟台兴茂机械制造有限公司做出答复,烟台兴茂机械制造有限公司收到答复后随即转发给 ABC 会计师事务所。

（3）丙公司将积极式函证复函直接寄到烟台兴茂机械制造有限公司,要求转交 ABC 会计师事务所。烟台兴茂机械制造有限公司收到复函后,在声称没有拆封的情况下,将复函转交给审计组的助理人员。

（4）以积极方式向丁公司寄发询证函后,到 3 月 10 日为止尚未收到回复,也没有接到邮局退回的信件。

(5) 因 3 月 10 日没有接到戊公司对积极式函证的回函,当日进行了第二次函证,但至 4 月 10 日仍未收到回函。

(6) 除乙公司外,以消极方式寄发给庚公司在内的 300 余家客户的询证函至外勤工作结束日均未收到回函。

要求:

(1) 针对情况(1)至(4),指出注册会计师应当采取的后续措施。

(2) 针对情况(5)、(6),分别指出戊公司、庚公司未回函的原因。

(3) 针对情况(6),指出什么条件下注册会计师应考虑改变向庚公司函证的方式。

3. 烟台兴茂机械制造有限公司 2021 年年末部分应收账款余额明细表如表 9-8 所示。

表 9-8 烟台兴茂机械制造有限公司部分应收账款余额明细表

债务人名称	摘要	期初数	期末数	账龄			
				1年以内*	1~2年	2~3年	3年以上
A公司	销货款	378 000	48 000	√			
B公司	销货款	5 200 000	2 500 000		√		
C公司	销货款	78 000	78 000			√	
D公司	销货款	278 000	1 439 000	√			
E公司	销货款	865 000	865 000				√
F公司	销货款	0	20 000	√			

*1年以内不包含1年;1~2年包含1年,不包含2年;2~3年包含2年,不包含3年;3年以上包含3年。类似描述均为含下不含上。

要求:请问注册会计师在运用函证方法证实烟台兴茂机械制造有限公司应收账款金额真实性时,如何针对不同客户选择不同的函证方式。

4. 注册会计师王某在对烟台兴茂机械制造有限公司 2021 年度的应收账款进行审计时,实施了发函询证的程序,大部分客户已回函表示认可结账日的欠款或没有复函提出质疑,只有 4 个客户在回函中分别反映以下信息:

(1) A 客户表示,余额 4 700 元已于 2021 年 12 月 28 日付清。

(2) B 客户表示,尾款 5 000 元已于 2022 年 1 月 2 日付清。

(3) C 客户表示,该公司曾于 10 月中旬预付货款 80 000 元,足以抵付询证函上所示两张发票的欠款 73 100 元。

(4) D 客户表示,询证函上所列示的货品从未收到。

要求:说明注册会计师王某应如何对上述应收账款实施替代审计程序。

5. 注册会计师王某为评估烟台兴茂机械制造有限公司 2021 年度财务报表中的重大错报风险、确定重点审计领域,拟对烟台兴茂机械制造有限公司 2021 年度未审利润表及

2020年度已审利润表中部分数据实施分析性程序。相关资料如表9-9所示。

表9-9　　　　　　　　　　　相关资料表

金额单位：万元

利润表项目	2021年度（未审数）	2020年度（审定数）
营业收入	104 300	58 900
减：营业成本	91 845	53 599
税金及附加	560	350
销售费用	2 800	1 610
管理费用	2 380	3 260

要求：请用实质性分析程序（动态百分比法）分析烟台兴茂机械制造有限公司利润表中部分项目的数据，分析过程填制在表9-10中，并指出利润表中部分项目是否存在重大错报风险。

表9-10　　　　　　实质性分析程序（动态百分比法）分析情况表

金额单位：万元

利润表项目	2021年度（未审数）	2020年度（审定数）	增长	
			金额	百分比
营业收入	104 300	58 900		
减：营业成本	91 845	53 599		
税金及附加	560	350		
销售费用	2 800	1 610		
管理费用	2 380	3 260		

6. ABC会计师事务所接受委托审计烟台兴茂机械制造有限公司2021年度的财务报表。注册会计师王某了解和测试了与应收账款相关的内部控制，并将控制风险评估为高水平。注册会计师王某取得2021年12月31日的应收账款明细账，并于2022年1月8日采用积极式函证方式对所有重要客户寄发了询证函。

注册会计师王某将与函证结果相关的重要异常情况进行了汇总，如表9-11所示。

表9-11　　　　　　与函证结果相关的重要异常情况表

异常情况	函证编号	客户名称	询证金额（元）	回函日期	回函内容
（1）	22	甲	500 000	2022年1月22日	购买A公司500 000元货物属实，但款项已于2021年12月26日用支票支付
（2）	56	乙	300 000	2022年1月19日	因产品质量不符合要求，根据购货合同，于2021年12月28日将货物退回

(续表)

异常情况	函证编号	客户名称	询证金额（元）	回函日期	回函内容
(3)	64	丙	876 000	2022年1月16日	2021年12月10日收到A公司委托本公司代销的货物876 000元，尚未销售
(4)	82	丁	600 000	2022年1月18日	采用分期付款方式购货600 000元，根据购货合同，已于2021年12月24日首付100 000元
(5)	134	戊	600 000	因地址错误，被邮局退回	—

要求：针对上述各种异常情况，注册会计师王某应分别实施哪些相应的重要审计程序？

7. 注册会计师王某正在就销售交易的实质性程序编制具体审计计划，测试：①登记入账的销售业务是真实的。②已发生的销售业务均已登记入账。③登记入账的销售业的估价准确。3个审计目标均拟以明细账为起点，采用从明细账追查至有关凭证的审计路线。

要求：

(1) 从明细账追查至有关凭证的审计路线对测试是否均适用？为什么？如果不适用，应改为何种审计路线？

(2) 如果与审计目标①相关的内部控制薄弱，请简述实现审计目标①的具体实质性程序的方法。

(3) 为实现审计目标③，注册会计师王某拟采用复算会计记录中的数据测试程序。请简述其具体做法。

第三部分 参考答案

一、单项选择题

1	2	3	4	5	6	7	8	9	10
A	D	B	D	B	A	D	D	B	B
11	12	13	14	15	16	17	18	19	20
A	A	C	D	C	A	A	C	B	D

重难点解析：

1. 设计信用批准控制的目的是降低坏账风险，因此，这些控制与应收账款账面余额的"准确性、计价和分摊"认定有关。

2. 销售与收款循环是企业接受销售订单向客户销售商品或提供劳务，直到取得货款或劳务收入的有关活动所组成的业务循环。该循环主要涉及收入和资产项目，不涉及确认与记录负债。

3. 编制销售单的人员与开具销售发票的人员应职务相互分离。选项B不正确。

4. 应收账款的审计目标包括：①确定应收账款是否存在。②确定所有应当记录的应收账款是否均已记录。③确定应收账款是否被审计单位拥有。④确定应收账款的期末余额是否正确。⑤确定应收账款已记录于恰当的账户。⑥确定应收账款在财务报表中的列报是否恰当。不包括确定应收账款的可收回性。

5. 出于对证据可靠性的考虑,询证函收发均应由注册会计师控制,不能委托被审计单位代办。选项B正确。

6. 对主营业务收入实施截止测试,其目的主要在于确定被审计单位主营业务收入的会计记录归属期是否正确,应计入本期或下期的主营业务收入是否被推延至下期或提前至本期。选项A正确。

7. 如果未收到被询证方的回函,注册会计师应当实施下列替代审计程序:检查资产负债表日后收回的货款;检查相关的销售合同、销售单、发运凭证等文件;检查被审计单位与客户之间的往来邮件,如有关发货、对账、催款等事宜邮件。选项D正确。

8. 逆查,即从主营业务收入明细账追查至检查相关原始凭证(如订购单、销售单、发运凭证和销售发票等),可以有效地评价已入账的营业收入是否真实发生。选项D正确。

9. 检查发货单、销售发票是否事先编号并按编号的先后顺序使用,可以通过漏记的编号发现未入账的收入,与检验主营业务收入的完整性认定相关。

10. 注册会计师想确保所有发出的货物均已开出发票(即"完整性"目标),应当从发货单中选取样本,并追查每张发货单相应的销售发票副本,以确定每张发货单是否均已开票。选项B正确。

11. 企业在销售合同订立前,应当指定专门人员就销售价格、信用政策、发货及收款方式等具体事项与客户进行谈判。谈判人员应有两人以上,并与订立合同的人员相分离。选项A错误。

12. 客户提出订购要求,企业接受客户的订购单要求是销售与收款循环的起点。

13. 坏账准备的审计目标包括:①确定计提坏账准备的方法和比例是否恰当。②坏账准备的计提是否充分。③确定坏账准备增减变动的记录是否完整。④确定坏账准备期末余额是否正确。⑤确定坏账准备的披露是否恰当。不包括选项C确定坏账准备的相关内部控制是否健全、有效。

14. 从有关原始凭证追查至主营业务收入明细账(顺查),可以有效地评价已发生的销售收入是否均已登记入账(销售收入的完整性)。选项D正确。

15. 虽然询证函的收发都是由注册会计师控制的,但是询证函是以被审计单位的名义发出的,必须要有被审计单位的签章。

16. 审查应收账款最重要的实质性程序是函证。因为函证是注册会计师直接从第三方(被询证者)获取的书面答复,可靠性更强,可以证实应收账款账户余额的真实性、正确性,防止或发现被审计单位及其有关人员在销售交易中发生的错误或舞弊行为。

17. 预收账款和销售费用都与企业销售商品、提供劳务相关,因此都应划入销售与收款循环。

18. 甲公司将2021年度的主营业务收入列入2020年度的财务报表,意味着2020年未真实发生的收入被列入了2020年,与发生认定相关。选项C正确。

19. 在一般情况下,注册会计师应选择以下项目作为函证对象:①大额或账龄较长的项目。②与债务人发生纠纷的项目。③重大关联方项目。④主要客户(包括关系密切的客户)项目。⑤交易频繁但期末余额较小甚至余额为零的项目。对应选项B。⑥可能产生重大错报或舞弊的非正常的项目。选项A,函证很可能无效的应收账款,应当实施替代程序。选项C,有充分证据表明对财务报表不重要的应收款项,可以不实施函证。选项D,应纳入审计范围的子公司,可以直接与负责审计子公司的注册会计师取得联系,获取相关资料。

20. 选项A,赊销业务需经信用管理部门审批,旨在降低坏账风险,与应收账款的准确性、计价和分摊认定直接相关。选项B,仓储部门收到经审批的销售单后才能安排发货,旨在确保发货的真实,与存货的存在认定直接相关。选项C,开票人员无权修改系统中已设置好的商品价目清单,与营业收入的准确性直接相关。选项D,财务人员根据销售单、客户签收单和销售发票确认收入,确保只有真实发生的收入才会入账,与营业收入的发生认定直接相关。选项D正确。

二、多项选择题

1	2	3	4	5	6	7	8	9	10
ABCD	ABCD	ABCD	ABCD	ABCD	AB	ABD	ABCD	ABCD	ACD
11	12	13	14	15	16	17	18	19	
ABC	ABCD	ABC	ABC	BD	AC	ABCD	BC	ABCD	

重难点解析:

1. 注册会计师应当关注以下四个关键点上的审批程序:①在销售发生之前,赊销已经正确审批。②非经正当审批,不得发出货物。③销售价格、销售条件、运费、折扣等必须经过审批。④审批人应当根据销售与收款授权批准制度的规定,在授权范围内进行审批,不得超越审批权限。分别对应选项ABCD。

2. 营业收入的审计目标包括:①确定利润表中记录的营业收入已发生,且与被审计单位有关。②确定所有应当记录的营业收入是否完整。③确定与营业收入有关的金额是否恰当。④确定营业收入是否已记录于正确的会计期间。⑤确定营业收入是否记录于恰当的账户。⑥确定营业收入的列报是否恰当。前四项分别对应选项ABCD。

6. 在销售总账、明细账中登记并未发生的销售,违反了发生存在或发生认定,选项A正确;销售已实现却不记入总账和明细账,违反了完整性认定,选项B正确。

7. 销售部门催收应收账款的目的是降低坏账风险,因此,这一控制与应收账款账面余额的"准确性、计价和分摊"认定直接相关,与其他认定没有直接关系。

10. 固有风险是指在考虑相关的内部控制之前,某类交易、账户余额或列报的某一认定易于发生错报的可能性。选项B,内部控制未能防范舞弊属于控制风险。

11. 注册会计师对销售交易实施的截止测试包括以下程序:①选取资产负债表日前后若干天一定金额以上的发运凭证,与应收账款和收入明细账进行核对;同时,从应收账款和收入明细账中选取在资产负债表日前后若干天一定金额以上的凭证,与发运凭证核对,以确定销售是否存在跨期现象。②复核资产负债表日前后销售和发货水平,确定业务活动水平是否异常,并考虑是否有必要追加截止测试程序。③取得资产负债表日后所有的销售退回记录,检查是否存在提前确认收入的情况。④结合对资产负债表日应收账款的函证程序,检查有无未取得对方认可的大额销售。选项D是营业收入的另一审计目标,与截止测试无关。

12. 消极式函证要求被询证者对询问的事项有异议时,才在限定的时间内给予复函。消极式函证一般适用于内部控制好、会计核算质量高、金额小、疑点少等情况。

13. 选项D,函证是注册会计师独立从第三方获取的书面证据,可靠程度高,如果回函余额相符的,不需要再抽查有关原始凭证。

14. 登记入账的销售业务是真实的这一目标,对应的是营业收入的发生认定。选项D,销售收入发生但不入账,违反的是"所有应当记录的营业收入均已记录"这一目标,对应的是营业收入的完整性认定。

15. 在审计实务中,注册会计师通常选择以下两条审计路径实施主营业务收入的截止测试:①以账簿记录为起点。从资产负债表日前后若干天的账簿记录查至记账凭证,检查发票存根与发运凭证,目的是证实已入账收入是否在同一期间已开具发票并发货,有无多记收入。②以发运凭证为起点,从资产负债表日前后若干天的发运凭证查至发票开具情况与账簿记录,确定主营业务收入是否已记入恰当的会计期间。使用这种方法主要是为了防止少计收入。分别对应选项BD。

16. 选项B与"确定利润表中记录的营业收入已发生"这一目标相关。选项D与"确定应收账款的期末余额是否正确"这一目标(准确性、计价和分摊认定)相关。

18. 注册会计师对被审计单位已经发生的销售业务是否均已登记入账进行审计,对应的是营业收入的完整性认定。检查原始凭证连续编号的完整性,与营业收入的完整性认定有关。

三、判断题

1	2	3	4	5	6	7	8	9	10
×	√	√	×	×	√	√	×	√	√

11	12	13	14	15	16	17	18	19	20
×	√	√	√	×	×	√	×	√	×

重难点解析:

1. 从销售发票追查至主营业务收入明细账可以证实被审计单位关于主营业务收入的完整性认定。

4. 如果不对应收账款实施函证,注册会计师应当在工作底稿中说明理由。

5. 注册会计师通常在资产负债表日后适当时间函证资产负债表日的应收账款余额。

8. 由于应收账款通常存在高估风险,且与相关的收入确认存在舞弊风险假定,实务中通常对应收账款采用积极式函证方式。

11. 销售收入可能未真实发生这一重大错报风险不仅会影响营业收入的发生认定,还可能会影响应收账款的存在认定。

15. 除非有充分证据表明应收账款对被审计单位财务报表而言是不重要的,或者函证很可能是无效的,否则,注册会计师应当对应收账款进行函证。这是审计准则的硬性规范,不因被审计单位规模、营业收入的风险评估结果等因素发生改变。

16. 截止测试主要运用于业务收入、营业成本和期间费用等利润表项目的审计中。

18. 在采用消极式函证方式时,未收到回函可能是因为被询证者已收到询证函且核对无误,也可能是因为被询证者根本就没有收到询证函。因此,积极式函证通常比消极式函证提供的审计证据可靠。

20. 对于需要赊销的销售单,需由信用管理部门进行审核批准。

四、实务分析题

1. 【参考答案】

(1) 不应由销售经理审核,应由信用部门批准赊销。销售部门的职责是根据批准的订单编制一式多联连续编号的销售通知单,分别用于批准赊销、审批发货与装运货物、记录发货数量及向顾客开具发票。

(2) 销售通知单不应由仓库部门编制,也不能代替装运凭证。由运输部门根据已批准的销售通知单编制一式多联连续编号的装运凭证,装运货物。仓库部门核对经批准赊销的销售通知单与装运凭证后发货。

(3) 货物的发货与装运的职责不应由同一部门承担。货物的发货与装运,由仓库和运输部门分别办理。

(4) 会计部门开具一式多联预先连续编号的销售发票时,没有核对装运凭证(提货单)、销售通知单和已批准商品价目表。会计部门必须在核对装运凭证(提货单)、销售通知单和商品价目表无误的情况下,才能开具销售发票。

(5) 负责销售账和收款两项不相容职务不应由一人办理。应将收款业务和负责销售账的业务分开。

(6) 没有对销售收款循环进行独立稽核。应设置独立稽核人员,专门审核销售发票的单价、加总、入账日期。

2. 【参考答案】

(1) 应采取的措施如下:

① 注册会计师应向烟台兴茂机械制造有限公司核对甲公司名称、地址。如果核对不符,按照正确地址重新寄发信件。如果核对相符,应要求烟台兴茂机械制造有限公司解释"查无此单位"的原因。

② 要求乙公司尽快寄出复函原件,并且直接寄至ABC会计师事务所。

③ 因无法证实烟台兴茂机械制造有限公司没有拆封,应要求丙公司按询证函中写明的地址另发回函,直接寄至ABC会计师事务所。

④ 因离外勤工作结束日尚有1个月的时间,注册会计师可考虑与丁公司联系,要求其回应或再次寄发询证函。如果未得到回应,应实施替代审计程序。

(2) 对戊公司采取的是积极式函证,未回函原因可能是戊公司根本不存在,或者戊公司没有收到询证函,也可能戊公司没有理会询证函。

对庚公司采取的是消极式函证,未回函原因:可能庚公司不存在,或者庚公司没有收到询证函,或者庚公司收到询证函后因核对无误而不回函,或者庚公司虽然发现双方记载不一致但不回函。

(3) 存在下列情况之一时，应当改用积极式函证方式向庚公司函证：重大错报风险较高；应收余额较大或应收余额较小的客户不多；预期存在重大错报；有理由相信被询证者不认真对待函证。

3.【参考答案】

注册会计师分析后认为：A公司是值得信赖的客户，F公司欠款额较小，且欠款期短，决定对A公司和F公司采取消极式函证方式。B公司欠款金额最大，C公司可能存在有争议的项目，D公司可能存在异常交易，E公司欠款期长，决定对B公司、C公司、D公司和E公司采取积极式函证方式。

4.【参考答案】

(1) 注册会计师可查阅A客户的应收账款明细账，看询证函中所述的4 700元款项是否因双方记账时间差所致，已于次年初收款入账；或根据银行存款日记账的收款记录追查至应收账款明细账，查明结账日前收到货款时，是否存在过账错误，误将其他顾客的欠款注销；或到银行查询有无款到还未通知公司的情况。

(2) 查阅B客户的应收账款明细账，查明询证函中所述的5 000元结欠尾款是否确实于次年初收回。

(3) 查明C客户预收货款明细账上是否有80 000元的预收款记录。如查明确实可抵付货款，应对应收账款作调整记录。

(4) 审核发运凭证以及运输公司的运输发票，以查明D客户货物是否确已运出。如确已运出，应将有关凭证影印送客户要求其查证；如确未运出，应调整原分录和记录，并进一步调查了解，查明原因。

5.【参考答案】

注册会计师的王某运用实质性分析程序(动态百分比法)进行分析，分析情况如表9-12所示。

表 9-12　　　　　　实质性分析程序(动态百分比法)分析情况表

金额单位：万元

利润表项目	2021年度（未审数）	2020年度（审定数）	增长	
			金额	百分比
营业收入	104 300	58 900	45 400	77%
减：营业成本	91 845	53 599	38 246	71%
税金及附加	560	350	210	60%
销售费用	2 800	1 610	1 190	74%
管理费用	2 380	3 260	−880	−27%

注册会计师王某作出如下分析：

(1) "营业收入"项目存在重大错报风险。2021年度营业收入比2020年度增长了77%，远远超过9%的行业增长率。这表明烟台兴茂机械制造有限公司可能存在高估营业收入的重大错报风险。

(2)"营业成本"项目存在重大错报风险。2021年度营业成本比2020年度增长了71%,明显低于营业收入的增长率。导致2021年度毛利率(12%)明显高于2020年(9%)。一般而言,在市场供求关系稳定的情况下,毛利率应当保持不变。这表明烟台兴茂机械制造有限公司可能存在高估营业收入或低估营业成本的重大错报风险。

(3)"税金及附加"项目存在重大错报风险。烟台兴茂机械制造有限公司2021年度税金及附加占营业收入的比例为5.4‰,比上年的5.9‰有所下降。一般来说,在税率不变的情况下,税金及附加占营业收入的比例应保持不变。这表明烟台兴茂机械制造有限公司可能存在高估营业收入或低估税金及附加的重大错报风险。

(4)"销售费用"项目存在重大错报风险。伴随高估营业收入的重大错报风险,销售费用2021年度比2020年度增长了74%,这表明烟台兴茂机械制造有限公司可能存在高估销售费用的重大错报风险。

(5)"管理费用"项目存在重大错报风险。烟台兴茂机械制造有限公司管理费用由2020年度的3 260万元下降到2021年的2 380万元,下降了27%,与烟台兴茂机械制造有限公司机构、人员均未发生重大变化的情况严重不符。这表明烟台兴茂机械制造有限公司可能存在低估管理费用的重大错报风险。

6.【参考答案】

(1)注册会计师于2022年1月8日函证,并于2022年1月22日收到函证结果,有可能在2022年1月8日至2022年1月22日之间已收到款项,注册会计师应对此项收款情况进行检查,如果仍未收到,应向客户再次发函,要求其将有关凭证复印件邮寄过来,以便查找。

(2)注册会计师于2022年1月8日函证,并于2022年1月19日收到函证结果,注册会计师应当对近期退货情况进行检查,有可能在2021年12月28日至2022年1月8日已收到退回的货物,被审计单位未及时冲账,注册会计师应提醒其按会计制度的规定及时处理;也有可能在2022年1月8日至2022年1月19日之间收到退回的货物,注册会计师应当对此期间的退货及会计处理情况进行检查;如果仍未收到,应向客户再次发函,要求其将有关凭证复印件邮寄过来,以便查找。

(3)在采用委托代销方式下,受托代销方在尚未销售的情况下,委托方不应确认销售收入及应收账款。注册会计师应检查代销合同,确认是否属于委托代销方式,如果确实属于委托代销,应要求被审计单位冲销销售收入及应收账款。

(4)在采用分期收款方式下,在合同约定收款期已到,但仍未收到应收账款时,注册会计师应检查购货合同,并检查2021年年底和2022年1月是否收到首付100 000元,如果未收到,应按100 000元确认应收账款,而非600 000元。

(5)注册会计师应检查地址是否错误,如果属于地址错误,应按正确的地址重新发函;如果地址没有错误,注册会计师可以考虑会不会是一笔虚构的应收账款。

7.【参考答案】

(1)测试真实性目标时,起点应是明细账;测试完整性目标时,起点应是相关凭证;测试其他目标时,方向一般无关紧要。所以,采用从明细账追查至有关凭证的审计路线对测试目标①、③是适用的,对于测试目标②是不适用的。

（2）就目标①的测试而言：A. 针对未曾发货却已将销售业务登记入账这类错误发生的可能性，可以从主营业务收入明细账中抽取几笔分录，追查有无发运凭证及其他佐证凭证。如对发运凭证的真实性存疑，可能有必要进一步追查存货的永续盘存记录，测试存货余额有无减少。B. 针对销售业务重复入账这类错误发生的可能性，可以通过检查企业的销售交易记录清单以确定是否存在重号、缺号。C. 针对向虚构的客户发货并作为销售业务登记入账这类错误发生的可能性，应当检查主营业务收入明细账中与销售分录对应的销售单，以确定销售是否经过赊销批准手续和发货审批手续。

检查上述3类多报销售错误发生的可能性的另一有效方法是追查应收账款明细账中贷方发生额的记录。如果贷方发生额是注销坏账，或者直到审计时所欠货款仍未收回，就必须详细追查至相应的发运凭证和客户订货单等，以查明是否存在虚构销售业务。

（3）通常的做法是以主营业务收入明细账中会计分录为起点，将所选择的交易业务的合计数与应收账款明细账的销售发票存根进行比较核对。销售发票存根上所列的单价，通常还要与经过批准的商品价目表进行比较、核对。另外，往往还要审核顾客订货单和销售单中的同类数据。

第十章 采购与付款循环审计

第一部分 内容概要

一、采购与付款循环控制测试

（一）采购与付款循环涉及的主要业务活动

采购与付款循环涉及的主要业务活动如表10-1所示。

表 10-1　　　　　采购与付款循环涉及的主要业务活动

主要业务活动	关键控制活动	主要单据与会计记录	目标和相关认定
制订采购计划	生产、仓库等部门定期编制采购计划，经部门负责人等适当的管理人员审批后提交采购部门	采购计划	与采购交易的"发生"认定、应付账款的"存在"认定相关
供应商认证及信息维护	企业通常对于合作的供应商事先进行资质等审核，将通过审核的供应商信息录入系统，形成完整的供应商清单，并及时对其信息变更进行更新。采购部门只能向通过审核的供应商进行采购	供应商清单	与采购交易的"发生"认定、应付账款的"存在"认定相关
请购商品和劳务	(1) 生产部门、仓库部门负责对需要购买的已列入存货清单的原材料等项目填写请购单，请购单可用手工或计算机由不同人员、部门填制 (2) 每张请购单必须经过对这类支出负预算责任的主管人员签字批准	请购单	与采购交易的"发生"认定、应付账款的"存在"认定相关
编制订购单	(1) 采购部门在收到请购单后，只能对经过批准的请购单发出订购单 (2) 订购单应预先顺序编号，并经过被授权的采购人员签名，其主联应送交供应商，副联则送至企业内部的验收部门、应付凭单部门和编制请购单的部门 (3) 独立检查订购单的处理，以确定是否确实收到商品并正确入账	订购单	与采购交易的"完整性"和"发生"认定、应付账款的"完整性"和"存在"认定相关
验收商品	(1) 采购与验收应当职责分离，验收部门应比较所收商品与订购单上的要求是否相符，并检查商品有无损坏 (2) 验收部门编制一式多联、预先按顺序编号的验收单，其中的一联验收单送交应付凭单部门。定期独立检查验收单的顺序 (3) 验收人员将商品送交仓库或其他请购部门时，应取得经过签字的收据，或要求其在验收单的副联上签收确认	验收单	与存货的"存在"和"完整性"认定、应付账款的"存在"和"完整性"认定相关

(续表)

主要业务活动	关键控制活动	主要单据与会计记录	目标和相关认定
储存已验收的商品	(1) 将已验收商品的保管与采购的其他职责相分离,可减少未经授权的采购和盗用商品的风险 (2) 存放商品的仓储区应相对独立,限制无关人员接近	入库单	与存货的"存在"认定相关
编制付款凭单	记录采购交易之前,应付凭单部门应核对供应商发票的内容与相关的验收单、订购单的一致性并编制付款凭单。付款凭单应预先编号 由被授权人员在凭单上签字,以示批准按照此凭单要求付款	付款凭单	与采购交易的"发生"和"完整性"认定、应付账款的"存在"和"完整性"认定相关
确认与记录负债	(1) 将已批准的未付款凭单送达会计部门,据以编制有关记账凭证和登记有关账簿 (2) 会计主管应监督为采购交易而编制的记账凭证中账户分类的适当性;通过定期核对编制记账凭证的日期与凭单副联的日期,监督入账的及时性;与供应商定期对账 (3) 如果月末尚未收到供应商发票,财务部门需根据验收单和订购单暂估相关的负债	(1) 供应商发票 (2) 记账凭证 (3) 应付账款明细账 (4) 供应商对账单	与采购交易的"发生"和"完整性"认定、应付账款的"存在"和"完整性"认定相关

(二) 采购与付款循环的内部控制和控制测试

1. 采购与付款循环的内部控制

采购与付款循环的内部控制主要包括:

(1) 职责分离控制。采购与付款交易不相容岗位至少包括:请购与审批;询价与确定供应商;采购合同的订立与审批;采购与验收;采购、验收与相关会计记录;付款审批与付款执行。

(2) 采购计划控制。生产、仓储等部门根据生产计划制定需求计划,采购部门汇总需求,按采购类型制定采购计划,经复核人复核后执行。

(3) 供应商控制。企业建立科学的供应商审核制度,对供应商资质、信誉情况进行审查和评估,确定合格的供应商清单,完善企业统一的供应商网络,并及时对其信息变更进行更新。采购部门只能向通过审核的供应商进行采购。

(4) 请购控制。企业应当建立采购申请制度,依据购置商品或劳务的类型,确定相应的管理部门,授予相应的请购权,并明确相关部门或人员的职责权限及相应的请购程序。

(5) 订货控制。无论何种需要的请购,购货部门在收到请购单后,在最终发出购货订单之前,都应明确订购多少、向谁订购、何时订货等问题。在上述三方面的决定做出之后,购货部门应及时填制购货订单,并对其进行控制,主要是预先应对每份订单进行编号;在购货订单向供应商发出前,必须由专人检查该订单是否得到授权人的签字;由专人复查购货订单的编制过程和内容;购货订单的副本应递交给请购、保管与会计部门等。

(6) 验收控制。验收的职能必须独立于请购、采购、会计的部门人员来承担。

(7) 应付账款的控制。对应付账款的控制有:①应付账款的记录必须由独立于请购、采购、验收、付款的职员来进行。②应付账款的入账还必须在取得和审核各种必要的凭证以后才能进行。③对于有预付货款的交易,在收到供应商发票后,应将预付金额冲抵部分发票金额来记录应付账款。④必须分别设置应付账款的总分类账户和明细账。⑤对于享有折扣的交易,应根据供应商发票金额减去折扣金额的净额登记应付账款。⑥每月应将应付账款明细账与客户的对账单进行核对。

(8) 付款控制。①支票准备。支票准备应独立于采购、付款确认和函证程序,所有付款都应有事前编号的支票,对已签发的支票应将其原始凭证加盖"已付款"印章,以避免重复付款,尽可能使用有安全保障的支票书写器或电脑生成的支票,对于空白支票应安全存放,作废的支票应立即注销等。②支付。付款前,应复核客户发票上的数量、价格和合计数以及折扣条件等,核对支票的金额,采购和付款应有各自独立的签名,对支票应采取函寄或其他安全方式送交。③会计处理。会计部门及时记录付款业务,定期核对总账的分类账以及日记账,注意未付账款。检查应付账款的明细账和有关文件,以防失去可能的现金折扣。

2. 采购与付款循环的控制测试

注册会计师进行控制测试,应结合业务控制环节进行。采购与付款循环控制风险和控制测试程序如表 10-2 所示。

表 10-2　　　　　　　　采购与付款循环控制风险和控制测试程序

关键控制环节	可能存在的错报	控制测试程序
制订采购计划	采购计划未经适当审批	询问复核人复核采购计划的过程,检查采购计划是否经复核人恰当复核
供应商认证及信息维护	新增供应商或供应商信息变更未经恰当的认证	(1) 询问复核人复核供应商数据变更请求的过程 (2) 抽样检查变更需求是否有相关文件支持及有复核人的复核确认
请购商品和劳务	请购过多的商品	检查请购授权和审批的情况
编制订购单	订购单与有效的请购单不符	(1) 询问复核人复核订购单的过程,包括复核人提出的问题及其跟进记录 (2) 抽样检查订购单是否有对应的请购单及复核人签署确认
验收商品	收到未订购的商品,收到商品的名称、数量、质量不符合要求	(1) 检查验收单后附的请购单、订购单 (2) 询问和检查验收人员实际验收过程
关键控制环节	可能存在的错报	控制测试程序
储存已验收的商品	商品可能被盗走	(1) 检查入库单 (2) 观察接近资产的情况
编制付款凭单、确认与记录负债	对未订购的商品或未收到的商品编制凭单	检查与每张凭单相配合的订购单、验收单和供应商发票
	凭单可能未入账	审查执行独立检查的证据,重新执行独立检查

(续表)

关键控制环节	可能存在的错报	控制测试程序
付款	可能对未授权的采购签发支票	观察支票签署人对支付凭证进行的独立检查
	可能对一张凭证重复付款	检查已付款凭单上的"已付讫"印章
	支票金额可能开错	重新执行独立检查
	支票可能在签署后被篡改	询问邮寄程序,观察邮寄过程
记录现金支出	现金支付未记录或者记录金额不正确	(1) 检查使用和控制预先编号支票的证据 (2) 审查银行存款余额调节表及复核情况 (3) 抽取供应商对账单,检查其是否与应付账款明细账得到正确的核对

(三) 固定资产的内部控制和控制测试

固定资产的内部控制和控制测试的具体内容如表 10-3 所示。

表 10-3　　　　　　固定资产的内部控制和控制测试

内部控制	控制测试
预算控制	选取固定资产投资预算和投资可行性项目论证报告,检查是否编制预算并进行论证,以及是否经适当层次审批 对实际支出与预算之间的差异以及未列入预算的特殊事项,应检查其是否履行特别的审批手续
授权批准控制	(1) 检查被审计单位固定资产授权批准制度本身是否完善 (2) 选取固定资产请购单及相关采购合同,检查是否得到适当的审批和签署,关注授权批准制度是否得到切实执行
账簿记录控制	获取被审计单位的固定资产明细分类账和登记卡
职责分工控制	对所有关键环节有无明确职责划分进行测试,了解职责分工情况
资本性支出和收益性支出的区分	检查该项制度是否遵循企业会计准则的要求,是否适应被审计单位的行业特点和经营规模,并抽查实际发生与固定资产相关的支出时是否按照该制度进行恰当的会计处理
处置控制	(1) 关注被审计单位是否设置了有关固定资产处置的分级申请报批程序 (2) 抽取固定资产盘点明细表,检查账实之间的差异是否经审批后及时处理 (3) 抽取固定资产报废单,检查报废是否经适当批准和处理 (4) 抽取固定资产内部调拨单,检查调入、调出是否进行适当处理 (5) 抽取固定资产增减变动情况分析报告检查是否经复核
定期盘点控制	了解和评价企业固定资产盘点制度,并应注意查询盘盈、盘亏固定资产的处理情况
维护保养控制	抽取固定资产保险单盘点表,检查是否已办理商业保险

(四) 评估重大错报风险

影响采购与付款交易和余额的重大错报风险主要包括:①管理层错报费用支出的偏好和动因。②费用支出的复杂性。③低估负债和相关准备。④舞弊和盗窃的固有风险。⑤存在未记录的权利和义务。⑥存货的采购成本确认不当。

二、应付账款审计

(一)应付账款的审计目标

应付账款审计目标与认定的对应关系如表 10-4 所示。

表 10-4　　　　　　　　　　审计目标与认定对应关系表

审计目标	财务报表认定					
	存在	完整性	权利和义务	准确性、计价和分摊	分类	列报
资产负债表中记录的应付账款是存在的	√					
所有应当记录的应付账款均已记录		√				
记录的应付账款由被审计单位拥有或控制			√			
应付账款以恰当的金额包括在财务报表中,与之相关的计价调整已恰当记录				√		
应付账款已记录于恰当的账户					√	
应付账款已按照企业会计准则的要求在财务报表中作出恰当的列报						√

(二)应付账款的实质性程序

1. 获取或编制应付账款明细表

注册会计师获取应收账款明细表后,应复核加计是否正确,并与报表数、总账数和明细账合计数核对是否相符;检查非记账本位币应付账款的折算汇率及折算是否正确;分析出现借方余额的项目,查明原因,必要时,建议作重分类调整;结合预付账款、其他应付款等往来项目的明细余额,调查有无同挂的项目、异常余额或与购货无关的其他款项,如有,应做出记录,必要时建议做出调整。

2. 对应付账款执行实质性分析程序

应付账款执行实质性分析程序主要包括:①将本期期末应付账款余额与上期期末余额进行比较,分析波动原因。②分析长期挂账的应付账款,要求被审计单位作出解释,判断被审计单位是否缺乏偿还能力或利用应付账款隐瞒利润,并注意其是否可能无需支付。对确实无需支付的应付账款,账务处理是否正确,依据是否充分。③计算应付账款与存货的比率、应付账款与流动负债的比率,并与以前年度相关比率对比分析,评价应付账款整体的合理性。④分析存货和营业成本等项目的增减变动,判断应付账款增减变动的合理性。

3. 函证应付账款

一般情况下,应付账款不需要函证,这是因为函证不能保证查出未记录的应付账款,况且注册会计师能够取得采购发票等外部凭证来证实应付账款的余额。但如果控制风险较高,某应付账款明细账户余额较大或被审计单位处于财务困难阶段,则应进行应付账款的函证。

4. 检查应付账款是否计入了正确的会计期间,是否存在未入账的应付账款

如果注册会计师发现某些未入账的应付账款,应将有关情况详细记入审计工作底稿,并根据其重要性确定是否需要建议被审计单位进行相应的调整。

5. 检查已偿付的应付账款

针对已偿付的应付账款,追查至银行对账单、银行付款单据和其他原始凭证,检查其是否在资产负债表日前真实偿付。

6. 检查异常或大额交易及重大调整事项

针对异常或大额交易及重大调整事项(如大额的购货折扣或退回,会计处理异常的交易、未经授权的交易或缺乏支持性凭证的交易等),检查相关原始凭证和会计记录,以分析交易的真实性、合理性。

7. 检查带有现金折扣的应付账款

检查带有现金折扣的应付账款是否按发票上记载的全部应付金额入账,在实际获得现金折扣时再冲减财务费用。

8. 检查应付账款是否已按照企业会计准则的规定在财务报表中作出恰当列报

一般来说,"应付账款"项目应根据"应付账款"和"预付账款"科目所属明细科目的期末贷方余额的合计数填列。

三、固定资产审计

(一) 固定资产的审计目标

固定资产审计目标与认定对应关系如表 10-5 所示。

表 10-5 审计目标与认定对应关系表

审计目标	财务报表认定					
	存在	完整性	权利和义务	准确性、计价和分摊	分类	列报
资产负债表中记录的固定资产是存在的	√					
所有应当记录的固定资产均已记录		√				
记录的固定资产由被审计单位拥有或控制			√			
固定资产以恰当的金额包括在财务报表中,与之相关的计价调整已恰当记录				√		
固定资产已记录于恰当的账户					√	
固定资产已按照企业会计准则的要求在财务报表中作出恰当的列报						√

(二) 固定资产的实质性程序

1. 获取或编制固定资产分析表

注册会计师获取或编制固定资产分析表,主要是为了分析固定资产账户余额的变动,并为固定资产的取得、处置和出售等提供进一步的证据。

2. 对固定资产实施实质性分析程序

固定资产的实质性分析程序主要包括:①分别将本期各类固定资产占全部固定资产总额的比率、本期固定资产周转率与上期比较,分析固定资产构成的合理性。②分别将本期折旧额、累计折旧额占固定资产原值的比率同上期比较,分析本期折旧、累计折旧核算的正确性。③分别将本期折旧额、累计折旧额占制造费用的比率同上期比较,分析本期折旧、累计折旧核算的正确性。④将本期固定资产维修费占固定资产原值的比率同上期比较,分析维修费用的合理性。

3. 实地检查重要固定资产

实施实地检查审计程序时,注册会计师可以以固定资产明细分类账为起点,进行实地追查,以证明会计记录中所列固定资产确实存在,并了解其目前的使用状况;应考虑以实地为起点,追查至固定资产明细分类账,以获取实际存在的固定资产均已入账的证据。注册会计师实地检查的重点是本期新增加的重要固定资产,如为首次接受审计,则应适当扩大检查范围。

4. 验证固定资产的所有权或控制权

对各类固定资产,注册会计师应获取、收集不同的证据以确定其是否确归被审计单位所有。

5. 审查本期固定资产的增加

审计固定资产的增加时,注册会计师的审计要点包括:①询问管理层当年固定资产的增加情况,并与获取或编制的固定资产明细表进行核对。②检查本年度增加固定资产的计价是否正确,手续是否齐备,会计处理是否正确。③检查固定资产是否存在弃置费用,如果存在弃置费用,检查弃置费用的估计方法和弃置费用现值的计算是否合理,会计处理是否正确。

6. 审查本期固定资产的减少

审计固定资产减少的主要目的就在于查明已减少的固定资产是否已作适当的会计处理。其审计要点包括:①结合固定资产清理科目抽查固定资产账面转销额是否正确。②检查出售、盘亏、转让、报废或毁损的固定资产是否经授权批准,会计处理是否正确。③检查因修理,更新改造而停止使用的固定资产的会计处理是否正确。④检查投资转出固定资产的会计处理是否正确。⑤检查债务重组或非货币性资产交换转出固定资产的会计处理是否正确。⑥检查其他减少固定资产的会计处理是否正确。

7. 审查固定资产的后续支出

审计固定资产的后续支出,确定与固定资产有关的后续支出是否满足资产确认条件;如不满足,该支出是否在该后续支出发生时计入当期损益。

8. 审查闲置的固定资产

获取暂时闲置固定资产的相关证明文件,并观察其实际状况,检查是否已按规定计提折旧,相关的会计处理是否正确。

9. 审查已提足折旧的固定资产

获取已提足折旧仍继续使用固定资产的相关证明文件,并做相应记录。

10. 审查固定资产的抵押、担保情况

结合对银行借款等的检查,了解固定资产是否存在重大的抵押、担保情况;如存在,应取证,并做相应的记录,同时提请被审计单位作恰当披露。

11. 审查固定资产的列报

确定固定资产是否已按照《企业会计准则》的规定在财务报表中做出恰当列报。

(三) 累计折旧的实质性程序

累计折旧的实质性程序通常包括：

(1) 获取或编制累计折旧分类汇总表，复核加计是否正确，并与总账数和明细账合计数核对是否相符。

(2) 检查被审计单位制定的折旧政策和方法是否符合相关会计准则的规定，确定其所采用的折旧方法能否在固定资产预计使用寿命内合理分摊其成本，前后期是否一致，预计使用寿命和预计净残值是否合理。

(3) 复核本期折旧费用的计提和分配。

(4) 将"累计折旧"账户贷方的本期计提折旧额与相应的成本费用中的折旧费用明细账户的借方相比较，以查明所计提折旧金额是否已全部摊入本期产品成本或费用。若存在差异，应追查原因，并考虑是否应建议做适当调整。

(5) 检查累计折旧的减少是否合理、会计处理是否正确。

(6) 确定累计折旧的披露是否恰当。

四、固定资产减值准备的实质性程序

固定资产减值准备的实质性程序一般包括：

(1) 获取或编制固定资产减值准备明细表，复核加计正确，并与总账数和明细账合计数核对相符。

(2) 检查被审计单位计提固定资产减值准备的依据是否充分，会计处理是否正确。

(3) 检查资产组的认定是否恰当，计提固定资产减值准备的依据是否充分，会计处理是否正确。

(4) 实施实质性分析程序，计算期末固定资产减值准备占期末固定资产原值的比率并与期初该比率比较，分析固定资产的质量状况。

(5) 检查被审计单位处置固定资产时原计提的减值准备是否同时结转，会计处理是否正确。

(6) 检查是否存在转回固定资产减值准备的情况。按照企业会计准则的规定，固定资产减值损失一经确认，在以后会计期间不得转回。

(7) 确定固定资产减值准备的披露是否恰当。

第二部分 练 习 题

一、单项选择题

1. 采购与付款循环的审计中，下列涉及业务活动的处理中，正确的是（　　）。
   A. 请购单只能由采购部门填写
   B. 存放商品的仓储区应相对独立，限制无关人员接近，这些控制与商品的"完整性"认定相关
   C. 对于租赁合同和资本支出，企业通常不作特别授权
   D. 支票一经签署就应在其凭单和支持性凭证上用加盖印戳或打洞方式将其注销

2. 在采购与付款循环中,下列各项中,不属于不相容岗位的是( )。
   A. 请购与保管　　　　　　　　　B. 询价与确定供应商
   C. 采购与验收　　　　　　　　　D. 付款审批与付款执行

3. 注册会计师为了获取实际存在的固定资产均已入账的证据,应当采用的最佳程序是( )。
   A. 以固定资产明细分类账为起点,进行实地追查
   B. 以实地为起点,追查至固定资产明细分类账
   C. 先从实地追查至固定资产明细分类账,再从固定资产明细分类账追查至实地
   D. 先从固定资产明细分类账追查至实地,再从实地追查至固定资产明细分类账

4. 向生产负责人询问的以下事项中,最有可能获取审计证据的是( )。
   A. 固定资产的抵押情况　　　　　B. 固定资产的折旧计提情况
   C. 固定资产的投保及其变动抵押情况　D. 固定资产的报废或毁损情况

5. 审计人员在检查被审计单位是否对( )拥有所有权或控制权时,通常通过审核采购发票、采购合同加以确定。
   A. 外购的机器设备　　　　　　　B. 办公大楼和厂房
   C. 外购的运输设备　　　　　　　D. 融资租入的设备

6. 下列各审计程序中,对查找未入账的应付账款最无效的是( )。
   A. 检查债务形成的相关原始凭证,如供应商发票、验收报告或入库单等,查找有无未及时入账的情况
   B. 函证应付账款
   C. 针对资产负债表日后付款项目,检查银行对账单及有关付款凭证
   D. 检查资产负债表日后应付账款明细账贷方发生额的相应凭证

7. 下列有关付款业务的控制活动中,存在设计缺陷的是( )。
   A. 建立了退货管理制度,对退货条件、手续、货物出库、退货货款回收等作了明确规定
   B. 对已到期的应付款项由会计主管负责办理付款的审批与支付
   C. 财务部门在办理付款业务时,对供应商发票、结算凭证、验收单、订购单等相关凭证进行核对
   D. 定期与供应商核对应付账款、应付票据等往来款项

8. 注册会计师在对应付账款进行函证时,应采用的函证方式一般为( )。
   A. 积极式　　　　　　　　　　　B. 消极式
   C. 积极式和消极式的结合　　　　D. 积极式或消极式均可

9. 下列审计程序中,不属于固定资产减少的审计程序的是( )。
   A. 结合固定资产清理科目,抽查固定资产账面转销额是否正确
   B. 检查出售、转让、报废、毁损、盘亏等固定资产减少是否经授权批准,会计处理是否正确
   C. 检查因修理、更新改造而停止使用的固定资产的会计处理是否正确
   D. 审核固定资产的验收报告

10. 下列各项中,对应付账款通常不进行函证的情况是( )。
    A. 控制风险高　　　　　　　　　B. 财务状况不佳

C. 应付账款金额较大　　　　　　D. 存在大量小金额的欠款

11. 下列各项中,不属于固定资产审计的一般目标的是(　　)。
    A. 固定资产是否存在
    B. 固定资产是否归被审计单位所有
    C. 固定资产的计价和折旧政策是否恰当及预算是否合理
    D. 固定资产的期末余额是否正确

12. 计算固定资产原值与本期产品产量的比率,并与以前期间进行比较,是对固定资产实施的(　　)。
    A. 控制测试　　　　　　　　　B. 实质性程序
    C. 数字测试　　　　　　　　　D. 实质性分析程序

13. 对于购入固定资产,审计人员实地观察的重点是(　　)重要固定资产。
    A. 本期新增加的　　B. 本期减少的　　C. 计提折旧的　　D. 正在使用的

14. 对于资产类项目审计和负债类项目审计来说,两者的最大区别是(　　)。
    A. 资产类项目审计侧重于审查所有权,而负债类项目审计侧重于审查义务
    B. 资产类项目审计侧重于应收账款,而负债类项目审计侧重于应付账款
    C. 资产类项目审计侧重于防高估和虚列,而负债类项目审计侧重于防低估和漏列
    D. 资产类项目审计与损益无关,而负债类项目审计与损益有关

15. 下列关于采购与付款循环的内部控制中,注册会计师认为与应付账款的完整性认定直接相关的是(　　)。
    A. 采用适当的会计科目核算采购与付款交易
    B. 采购价格和折扣须经被授权人员的批准
    C. 会计主管复核付款凭单后是否附有完整的相关单据
    D. 订购单均经事先连续编号并将已完成的采购登记入账

16. 下列审计程序中,与应付账款的完整性认定不直接相关的是(　　)。
    A. 检查被审计单位与其供应商之间的对账单
    B. 检查资产负债表日后应付账款明细账贷方发生额的相应凭证
    C. 检查资产负债表日前已偿付应付账款的银行付款单据
    D. 检查长期挂账的应付账款的相关原始凭证

17. 如果注册会计师认为应付账款的完整性认定存在重大错报风险,下列各项中,通常与该风险不直接相关的是(　　)。
    A. 被审计单位未将货到票未到的存货纳入期末存货盘点范围
    B. 被审计单位资产负债表日前的付款项目缺少银行转账单和供应商收据
    C. 被审计单位资产负债表日后的采购项目的购货发票日期为上一年度
    D. 被审计单位对已破产清算的供应商的货款长期挂账

二、多项选择题

1. 下列关于采购与付款循环涉及凭证所证明的认定的说法中,正确的有(　　)。
    A. 独立检查验收单的顺序以确定每笔采购交易都已编制凭单,与采购交易的"完整性"

认定有关

B. 请购单是证明有关采购交易的"发生"认定，是采购交易轨迹的起点

C. 检查付款凭单是否附有购货发票，与采购交易的"完整性"认定有关

D. 验收单是支持资产或费用以及与采购有关的负债的"存在或发生"认定的重要凭证

2. 为合理保证已发生的采购交易均已记录，需要设置的关键内部控制有（   ）。

   A. 请购单均经事先连续编号

   B. 订购单均经事先连续编号并将已完成的采购登记入账

   C. 验收单均经事先连续编号并登记入账

   D. 应付凭单均经事先连续编号并已登记入账

3. 下列各项中，属于对应付账款执行的实质性分析程序的有（   ）。

   A. 对期末应付账款余额与上期期末余额进行比较，分析其波动原因

   B. 分析长期挂账的应付账款，判断被审计单位是否缺乏偿还能力或利用应付账款隐瞒利润

   C. 计算应付账款对存货的比率以及对流动负债的比率，同以前期间对比分析，评价应付账款整体的合理性

   D. 分析存货和营业成本等项目的增减变动，判断应付账款增减变动的合理性

4. 下列各种中，属于注册会计师对被审计单位的采购业务进行期末截止测试时，可以实施的审计程序的有（   ）。

   A. 实地观察

   B. 监盘存货

   C. 比较购货发票上的日期与采购明细账中的日期

   D. 比较验收单上的日期与采购明细账中的日期

5. 下列审计程序中，能够实现应付账款完整性认定审计目标的有（   ）。

   A. 检查长期挂账的应付账款

   B. 函证零余额的应付账款

   C. 从应付账款明细账追查至相关原始凭证

   D. 检查连续编号的验收单有无漏号

6. 下列审计程序中，属于固定资产减少审计程序的有（   ）。

   A. 结合固定资产清理科目，抽查固定资产账面转销额是否正确

   B. 检查出售、转让、报废、毁损、盘亏等固定资产减少是否经授权批准，会计处理是否正确

   C. 检查因修理、更新改造而停止使用的固定资产的会计处理是否正确

   D. 检查投资转出的固定资产的会计处理是否正确

7. 下列各项中，属于固定资产内部控制的有（   ）。

   A. 授权批准制度 B. 预算制度

   C. 定期盘点制度 D. 资本性支出与收益性支出的区分制度

8. 在审查固定资产业务时发现被审计单位调增了一台设备的入账价值，下列解释中，审计人员认为比较合理的有（   ）。

   A. 该设备增加了改良装置 B. 同类设备的市场价格上升

   C. 该设备已提足折旧继续使用 D. 该设备原入账价值由于某种差错而被少计

9. 复核本期折旧费用的计提和分配时,下列各项中,注册会计师应注意的有(　　)。
   A. 了解被审计单位折旧政策、使用寿命、折旧范围等方面是否合规合理
   B. 检查被审计单位折旧政策前后期是否一致
   C. 复核本期折旧费用的计提是否正确
   D. 检查折旧费用的分配方法是否合理,是否与上期一致

10. 对未回函的应付账款再次发函或实施替代审计程序,下列各项应付账款的认定中,可以证实的有(　　)。
    A. 存在　　　　B. 完整性　　　　C. 权利和义务　　　　D. 计价和分摊

11. 下列各项中,属于被审计单位进行购货与付款循环审计所涉及的重要凭证和账簿的有(　　)。
    A. 债权方对账单和库存现金日记账　　　　B. 请购单和订购单
    C. 应付账款明细账　　　　D. 银行存款日记账

12. 审计人员对某公司购货与付款循环进行审计,该公司明细账往来账户年末余额及本年度进货总额如下,审计人员应该选择进行函证的有(　　)。
    A. 378 000元,589 700元　　　　B. 0,37 656 700元
    C. 86 000元,83 990元　　　　D. 3 677 800元,2 637 540元

13. 应付账款一般不需要函证,但下列情形中,审计人员应实施函证程序的情形有(　　)。
    A. 应付账款存在借方余额　　　　B. 控制风险较高
    C. 某应付账款的账户金额较大　　　　D. 被审计单位处于经济困难阶段

14. 审计人员应获取、汇集不同的证据以确定固定资产是否确实归被审计单位所有。下列各项中,属于对房地产类固定资产需要查阅的书面文件的有(　　)。
    A. 合同、产权证明　　　　B. 财产税单
    C. 抵押借款的还款凭证　　　　D. 保险单

15. 对各类固定资产,审计人员应查阅相关原始凭证,以确定所审查的固定资产是否确实为被审计单位的合法财产。下列各项中,具体验证时应注意的有(　　)。
    A. 对外购的机器设备等固定资产,通常应审核采购发票、购货合同
    B. 对于房地产类固定资产,可查阅有关的合同、产权证明、财产税单、抵押贷款的还款凭据、保险单
    C. 对融资租入的固定资产,应验证有关融资租赁合同,证实其并非经营租赁
    D. 对汽车等运输设备,应验证有关运营执照

16. 下列有关函证应付账款的说法中,正确的有(　　)。
    A. 注册会计师应当对应付账款实施函证
    B. 注册会计师应当对应付账款函证保持控制
    C. 注册会计师应当从供应商清单中选取样本发送应付账款函证
    D. 注册会计师应当对未作回复的应付账款函证实施替代程序

17. 下列各项程序中,能够为是否存在未入账的应付账款提供可靠的审计证据的有(　　)。
    A. 检查资产负债表日后应付账款明细账贷方发生额的相应凭证
    B. 检查被审计单位与供应商之间的对账单

C. 检查资产负债表日后付款项目的付款凭证
D. 检查被审计单位在资产负债表日前后的存货入库资料

三、判断题

1. 采购与付款交易中的实物控制主要是指对已验收入库的商品的实物控制,限制非经授权人员接近存货。实物保管员可以由验收或采购部门的人员来担任。（　　）
2. 应付账款的控制主要包括：应付账款的记录必须由独立于请购、采购、验收、付款的职员来进行(假定无预付货款的交易和享有折扣的交易)；必须分别设置应付账款总账和明细账户；每月应将应付账款明细账定期与客户的对账单进行核对。（　　）
3. 一般情况下,应付账款不需要函证,这是因为函证不能保证查出未记录的应付账款,况且注册会计师能够取得采购发票等外部凭证来证实应付账款的余额。（　　）
4. 为证实被审计单位外购的运输设备是否存在限制留置权的情况,审计人员应当检查运营证件与年检证明。（　　）
5. 对未回函的应付账款,注册会计师不需要再采用替代审计程序。（　　）
6. 检查是否存在未入账的应付账款,可通过检查债务形成的相关原始凭证,如供应商发票、验收报告或入库单等,对照应付账款明细账,确认其是否及时入账。（　　）
7. 注册会计师可以以固定资产明细分类账为起点,进行实地追查,以证明所列固定资产确实存在以及目前的使用状况。（　　）
8. 注册会计师不能以实地为起点,再追查至固定资产明细分类账,以收集实际存在的固定资产均已入账的证据。（　　）
9. 对房地产类固定资产,注册会计师需要查阅有关的合同、产权证明、财产税单、抵押借款的还款凭据、保险单等书面文件来证实其所有权。（　　）
10. 检查资产负债表日后应付账款明细账贷方发生额的相应凭证不能实现应付账款存在认定的审计目标。（　　）
11. 固定资产减少的审计重点是检查是否存在账存实亡现象。（　　）
12. 请购单是由采购部门填写,向另一企业购买订购单上所指定的商品、劳务或其他资产的书面凭证。（　　）
13. 因为多数舞弊企业在高估应付账款时是以虚构赊购业务为主的,所以实施函证无益于寻找未入账的应付账款。（　　）
14. 审计人员在审查应付账款时,应查实企业所有在年度决算日以前收到的赊购发票均已计入当年应付账款。（　　）
15. 实施实地观察审计程序时,审计人员可以以固定资产明细账为起点,进行实地追查,以证明会计记录中所列固定资产确实存在,并了解其目前的使用状况；也可以以实地为起点,追查至固定资产明细分类账,以获取实际存在的固定资产均已入账的证据。（　　）
16. 对于因债务人抵债而获得的固定资产,应检查产权过户手续是否齐备,固定资产计价及确认的损益是否符合相关会计准则的规定。（　　）
17. 通常情况下,应付账款不需要函证,如需要函证,最好采用消极式函证。（　　）
18. 固定资产的保险不属于企业固定资产的内部控制范围,因此,审计人员在检查、评价企业的内部控制时,不需要了解固定资产的保险情况。   (   )
19. 注册会计师对固定资产进行实地观察时,可以以固定资产明细分类账为起点,重点观察本期新增加的重要固定资产。   (   )

四、实务分析题

1. 注册会计师王某于 2022 年 1 月 10 日至 15 日对烟台兴茂机械制造有限公司采购与付款交易的内部控制进行了解和测试,并在相关的审计工作底稿中作了记录,现摘录如下:

(1) 烟台兴茂机械制造有限公司的材料采购需要经授权批准后方可进行,采购部根据经批准的请购单编制、发出订购单,订购单没有编号。货物运达后,由隶属于采购部门的验收人员根据订购单的要求验收货物,并编制一式多联的未连续编号的验收单。仓库根据验收单验收货物,在验收单上签字后,将货物移送仓库加以保管。验收单上有数量、品名、单价等内容。验收单一联交采购部门登记采购明细账和编制付款凭单,付款凭单经批准后,月末交会计部门;一联交会计部门登记材料明细账。会计部门根据只附有验收单的付款凭单登记有关账簿。

(2) 会计部门审核付款凭单后,支付采购款项。烟台兴茂机械制造有限公司授权会计部的经理签署支票,经理将其授权给会计人员丁负责,但保留了支票印章。丁根据已适当批准的凭单,在确定支票收款人名称与凭单内容一致后签署支票,并在凭单上加盖"已支付"的印章。对付款控制程序的穿行测试表明,王某未发现与公司规定有不一致之处。

要求:根据上述情况,指出烟台兴茂机械制造有限公司采购与付款交易内部控制方面存在的缺陷,作出简单评价,并提出相应的改进建议。

2. 注册会计师王某负责对烟台兴茂机械制造有限公司 2021 年度财务报表中的应付账款项目进行审计。假定:①注册会计师王某目前正在针对应付账款项目审计编制具体审计计划。②上年度审计工作底稿中显示注册会计师是从烟台兴茂机械制造有限公司的 2 000 家供货商中抽取 200 家供应商进行函证,采用积极式询证函方式。样本是从余额较大的各明细账户中抽取。对于未回复的供应商,均运用其他审计程序进行了审计,没有发生异议。

要求:

(1) 指出注册会计师在对应付账款实施审计程序时,应主要考虑哪些审计目的。

(2) 说明注册会计师能否对应付账款使用函证程序。如使用函证,列举使用函证的各种情况。

(3) 说明上年度进行函证时,选取较大年末余额的供应商进行函证为何不一定是最有效的方法;并指出本年度在选样函证应付账款时,注册会计师王某宜采用何种更有效的方法。

3. 注册会计师王某对烟台兴茂机械制造有限公司的应付账款进行审计。根据需要,王某决定对烟台兴茂机械制造有限公司的四个明细账中的两个进行函证,具体内容如表 10-6 所示。

表 10-6   烟台兴茂机械制造有限公司应付账款明细账情况汇总表

金额单位:元

单位名称	应付账款年末余额	本年度进货总额
A 公司	0	2 673 700
B 公司	98 000	174 000

(续表)

单位名称	应付账款年末余额	本年度进货总额
C公司	38 000	645 000
D公司	56 000	735 000

要求:

(1) 指出该注册会计师应选择哪两家公司进行函证,并说明原因。

(2) 假定上述四家公司均为烟台兴茂机械制造有限公司的采购人,表10-6中两栏分别是应收账款年末余额和本年度销货总额,指出注册会计师王某应选择哪两家公司进行函证,并说明原因。

4. 注册会计师王某在审计烟台兴茂机械制造有限公司年度财务报表时,注意到同购货与付款循环相关的内部控制存在缺陷。他们认为烟台兴茂机械制造有限公司管理层在资产负债表日故意推迟记录发生的应付账款,于是决定实施审计程序进一步查找未入账的应付账款。

要求:说明注册会计师王某应如何查找未入账的应付账款。

5. 应收账款和固定资产项目的若干审计目标及可能实施的主要审计程序如表10-7所示。

表10-7　　　　　　　　　　审计目标及审计程序表

审计项目名称	审计目标	审计程序
应收账款	(1) 在资产负债表日,应收账款记录完整 (2) 在资产负债表日,被审计单位对所有应收账款均具有法定收款权 (3) 在资产负债表日,应收账款余额正确 (4) 在财务报表中,应收账款分类反映恰当	A. 分析应收账款同销售的比例关系,并同前期进行比较 B. 实施销售截止测试,确定销售业务和相应的存货与销售成本记录在恰当的会计期间 C. 按计提坏账准备的范围和标准测算已提坏账准备是否充分,并提请调整大额差异 D. 检查销售退回和折让是否附有按顺序编号并经主管人员核准的贷项通知单 E. 复核所有贷款协议,确定应收账款是否已作抵押 F. 抽查被审计单位职员及有关部门的暂借款项的记录,确定已记入正确的账户 G. 分析应收账款各月末余额与应付账款各月末余额的非正常比例关系
固定资产	(1) 被审计单位对所审计会计期间新增固定资产享有所有权 (2) 在资产负债表日,所有在册的固定资产均存在 (3) 在资产负债表日,所有固定资产的净值均已正确计量	A. 将固定资产明细账期初余额与上年度审计工作底稿进行核对 B. 复核折旧费用的计提,并确定固定资产有效使用年限及折旧方法同以前年度一致 C. 确定固定资产记录部门与保管使用部门的职责分离 D. 审查固定资产契约和保险单据 E. 实施截止测试,证实固定资产维护费已计入恰当的会计期间 F. 确定所有机器设备均有保险 G. 实地检查所有主要的机器设备

要求:请针对每一审计目标,选出能够实现该审计目标的一项最佳审计程序,将其英文大写字母编号填列在表10-8内,每一项审计程序最多只能被选择一次。

表 10-8　　　　　　　　　　　选项表

审计目标	(1)	(2)	(3)	(4)	(5)	(6)	(7)
审计程序							

6. 烟台兴鲁机械制造有限公司相关内部控制和注册会计师李某实施的控制测试摘录如表 10-9 所示。

要求：假定不考虑其他条件，指出注册会计师李某的处理是否恰当。如不恰当，提出改进意见。

表 10-9　　　　　　　　相关内部控制和控制测试摘录

序号	控制活动	控制测试
(1)	采购人员将新增供应商信息表递交至采购部高级经理处，审批通过后由系统管理员录入供应商主文档	注册会计师李某抽取了本期若干新增供应商信息表，检查是否经过采购部高级经理审批
(2)	验收人员在收到商品时在系统中填写入库通知单，计算机将入库通知单与订购单进行比对，对不符事项形成例外报告，并进行后续处理	注册会计师李某询问验收人员，以获取本期系统是否生成例外报告的证据
(3)	财务人员将原材料订购单、供应商发票和入库单核对一致后，编制记账凭证（附上述单据）并签字确认	注册会计师李某抽取了本期若干记账凭证及附件，检查是否经财务人员签字
(4)	财务总监负责审批金额超过 50 万元的付款申请单，并在系统中进行电子签署	注册会计师李某从系统中导出本期已经财务总监审批的付款申请单，抽取样本进行检查

7. 注册会计师李某负责审计烟台兴鲁机械制造有限公司 2021 年度财务报表。审计工作底稿中与负债审计相关的部分内容摘录如下：

(1) 烟台兴鲁机械制造有限公司各部门使用的请购单未连续编号，请购单由部门经理批准，超过一定金额还需总经理批准。注册会计师李某认为该项控制设计有效，实施了控制测试，结果满意。

(2) 为查找未入账的应付账款，注册会计师李某检查了资产负债表日后应付账款明细账贷方发生额的相关凭证，并结合存货监盘程序，检查了烟台兴鲁机械制造有限公司资产负债表日前后的存货入库资料，结果满意。

(3) 由于 2021 年人员工资和维修材料价格持续上涨，烟台兴鲁机械制造有限公司实际发生的产品质量保证支出与以前年度的预计数相差较大。注册会计师李某要求管理层就该差异进行追溯调整。

(4) 烟台兴鲁机械制造有限公司有一笔账龄三年以上、金额重大的其他应付款。因 2021 年度未发生变动，注册会计师李某未实施进一步审计程序。

(5) 烟台兴鲁机械制造有限公司年末与固定资产弃置义务相关的预计负债余额为 200 万元。注册会计师李某作出了 300 万元到 360 万元之间的区间估计，与管理层沟通后同意其按 100 万元的错报进行调整。

要求：

针对上述第(1)至(5)项，逐项指出注册会计师李某的做法是否恰当。如不恰当，简要说明理由。

第三部分 参考答案

一、单项选择题

1	2	3	4	5	6	7	8	9	10
D	A	B	D	A	B	B	A	D	D
11	12	13	14	15	16	17			
C	D	A	C	D	D	D			

重难点解析：

1. 请购单是由产品制造、资产使用等部门的有关人员填写，送交采购部门，申请购买商品、劳务或其他资产的书面凭证。选项A错误。存放商品的仓储区应相对独立，限制无关人员接近。这些控制与商品的"存在"认定有关。选项B错误。对资本支出和租赁合同，企业则通常要求作特别授权，只允许指定人员提出请购。选项C错误。

2. 采购与付款交易不相容岗位至少包括：①请购与审批。②询价与确定供应商。对应选项B。③采购合同的订立与审批。④采购与验收。对应选项C。⑤采购、验收与相关计记录。⑥付款审批与付款执行。对应选项D。

3. 选项A，以固定资产明细分类账为起点，进行实地追查，可以证明会计记录中所列固定资产确实存在，并了解其目前的使用状况。选项B，以实地为起点，追查至固定资产明细分类账，可以获取实际存在的固定资产均已入账的证据。选项CD，获取实际存在的固定资产均已入账的证据，从账到实进行查验即可，不需要双向查验。

4. 生产负责人主要负责固定资产实物的使用和管理，对固定资产的报废或毁损情况比较了解。选项D正确。

5. 选项A，对外购的机器设备等固定资产，通常经审核采购发票、采购合同等予以确定。选项B，对于房地产类固定资产，需查阅有关的合同、产权证明、财产税单、抵押借款的还款凭据、保险单等书面文件。选项C，对汽车等运输设备，应验证有关运营证件等。选项D，对融资租入的设备，应检查相关的租赁合同。

6. 选项B，函证应付账款是从现有的资料中选取部分供应商进行函证，所以不能保证查出未记录的应付账款。

7. 付款的审批与执行属于不相容岗位，不能由主管会计一人办理。选项B错误。

8. 积极式函证通常比消极式函证提供的审计证据可靠。注册会计师在对应付账款进行函证时，最好选择积极式函证。

9. 固定资产的减少主要包括出售、向其他单位投资转出、向债权人抵债转出、报废、毁损、盘亏等。审计固定资产减少的主要目的就在于查明已减少的固定资产是否已作适当的会计处理。审核固定资产的验收报告属于固定资产增加的审计程序。选项 D 错误。

10. 一般情况下,应付账款不需要函证,这是因为函证不能保证查出未记录的应付账款,况且注册会计师能够取得采购发票等外部凭证来证实应付账款的余额。但如果存在以下情况则应进行应付账款的函证:①控制风险较高。对应选项 A。②某应付账款明细账户余额较大。对应选项 B。③被审计单位处于财务困难阶段。对应选项 C。

11. 固定资产的一般审计目标包括:①确定固定资产是否存在。对应选项 A。②确定所有应记录的固定资产是否均已记录。③确定记录的固定资产是否由被审计单位拥有或控制。对应选项 B。④确定固定资产以恰当的金额包括在财务报表中,与之相关的计价或分摊已恰当记录。对应选项 D。⑤确定固定资产已记录于恰当的账户。⑥确定固定资产在财务报表上的列报与披露是否恰当。

12. 计算固定资产原值与本期产品产量的比率,并与以前期间进行比较,是对固定资产实施的实质性分析程序。选项 D 正确。

13. 对于购入固定资产,审计人员实地观察的重点是本期新增的重要固定资产。选项 A 正确。

14. 一般情况下,企业更加倾向于高估资产,低估负债,所以资产类项目审计侧重于防高估和虚列,而负债类项目审计侧重于防低估和漏列。选项 C 正确。

15. 选项 A 与采购与付款交易的分类认定直接相关。选项 B 与应付账款的准确性、计价和分摊认定直接相关。选项 C 与应付账款的存在认定直接相关。

16. 选项 D,检查长期挂账的应付账款的相关原始凭证,属于"由账到证"的逆查,主要与应付账款的存在认定直接相关。

17. 选项 D,被审计单位对已破产清算的供应商的货款长期挂账,存在高估应付账款的风险,与应付账款的存在认定直接相关。

二、多项选择题

1	2	3	4	5	6	7	8	9	10
ABD	BCD	ABCD	CD	BD	ABCD	ABCD	AD	ABCD	ACD
11	12	13	14	15	16	17			
ABCD	BD	BCD	ABCD	ABCD	BD	ABCD			

重难点解析:

1. 检查付款凭单是否附有购货发票,与采购交易的"发生"认定有关,选项 C 错误。

2. 请购单可用手工或计算机由不同人员、部门填制,所以不便于事先编号。为了加强控制,每张请购单必须经过对这类支出负预算责任的主管人员签字批准。选项 A 错误。

3. 应付账款执行的实质性分析程序包括:①将本期期末应付账款余额与上期期末余额进行比较,分析波动原因。②分析长期挂账的应付账款,要求被审计单位做出解释,判断被审计单位是否缺乏偿还能力或利用应付账款隐瞒利润,并注意其是否可能无需支付。对确实无需支付的应付账款,账务处理是否正确,依据是否充分。③计算应付账款与存货的比率、应付账款与流动负债的比率,并与以前年度相关比率对比分析,评价应付账款整体的合理性。④分析存货和营业成本等项目的增减变动,判断应付账款增减变动的合理性。分别对应选项 ABCD。

4. 截止测试的目的主要是检查应付账款是否计入了正确的会计期间,选项 C 比较购货发票上的日期和选项 D 采购明细账中的日期和比较验收单上的日期与采购明细账中的日期,可以检查应付账款是否计入了正确的会计期间。

5. 完整性认定审计目标是指确定所有应当记录的应付账款均已记录。选项 A,检查长期挂账的应付账款,与应付账款的"存在"和"权利与义务"等认定相关。选项 C,从应付账款明细账追查至相关原始凭证,与应付账款的"存在"认定相关。

6. 固定资产减少审计程序主要包括:①结合固定资产清理科目抽查固定资产账面转销额是否正确。②检查出售、盘亏、转让、报废或毁损的固定资产是否经授权批准,会计处理是否正确。③检查因修理,更新改造而停止使用的固定资产的会计处理是否正确。④检查投资转出固定资产的会计处理是否正确。⑤检查债务重组或非货币性资产交换转出固定资产的会计处理是否正确。⑥检查其他减少固定资产的会计处理是否正确。前四项分别对应选项 ABCD。

7. 固定资产的内部控制主要包括:①预算控制。对应选项 B。②授权批准控制。对应选项 A。③账簿记录控制。④职责分工控制。⑤资本性支出和收益性支出的区分。对应选项 D。⑥处置控制。⑦定期盘点控制。对应选项 C。⑧维护保养控制。

8. 同类设备的市场价格上升不会影响被审计单位固定资产的入账价值,选项 B 错误。设备已提足折旧继续使用,该设备的账面价值会一直维持在预计净残值的水平,不再变化,选项 C 错误。

9. 复核本期折旧费用的计提和分配注册会计师应注意:①了解被审计单位的折旧政策是否符合规定,计提折旧的范围是否正确,确定的使用寿命、预计净残值和折旧方法是否合理。②检查被审计单位折旧政策前后期是否一致。③复核本期折旧费用的计提是否正确。④检查折旧费用的分配方法是否合理,是否与上期一致。⑤注意固定资产增减变动时,有关折旧的会计处理是否符合规定。前四项分别对应选项 ABCD。

10. 对于未回函的重大项目,注册会计师应采用替代审计程序,即检查决算日后应付账款明细账及库存现金和银行存款日记账,核实其是否已支付,同时检查该笔债务的相关凭证资料,如合同发票、验收单,核实应付账款的真实性。主要与证实应付账款的"存在""权利和义务"以及"准确性、计价和分摊"有关。分别对应选项 ACD。

12. 一般情况下,应付账款不需要函证。但如果控制风险较高,某应付账款明细账户余额较大或被审计单位处于财务困难阶段,则应进行应付账款的函证。选项 B,本年度进货总额较大但应付账款期末余额为 0,存在低估风险,应该进行函证。选项 D,应付账款的期末余额较大,应该进行函证。

13. 一般情况下,应付账款不需要函证,这是因为函证不能保证查出未记录的应付账款,况且注册会计师能够取得采购发票等外部凭证来证实应付账款的余额。但如果控制风险较高,某应付账款明细账户余额较大或被审计单位处于财务困难阶段,则应进行应付账款的函证。分别对应选项 BCD。

16. 不同于银行函证和应收账款函证,注册会计师对应付账款实施函证并非是"应当"

实施的程序。这是由于在实务中,与应付账款有关的重大错报风险经常表现为低估风险,依靠函证程序应对该风险的证明力相对有限,选项 A 错误。注册会计师从供应商清单中选取样本发送应付账款函证,有助于验证应付账款的完整性;反之,注册会计师从应付账款明细账中选取样本发送应付账款函证,有助于验证应付账款的存在性。注册会计师应根据具体审计目标确定所需实施的程序,而非"应当"采用某一特定的选样和发函路径,选项 C 错误。

17. 检查是否存在未入账的应付账款,通常可采用以下方法:①对本期发生的应付账款增减变动,检查至相关支持性文件,确认会计处理是否正确。②检查资产负债表日后应付账款明细账贷方发生额的相应凭证,关注其验收单、购货发票的日期,确认其入账时间是否合理。③获取并检查被审计单位与其供应商之间的对账单以及被审计单位编制的差异调节表,确定应付账款金额的准确性。④针对资产负债表日后付款项目,检查银行对账单及有关付款凭证。⑤结合存货监盘程序,检查被审计单位在资产负债表日前后的存货入库资料,检查相关负债是否计入了正确的会计期间。后四项分别对应选项 ABCD。

三、判断题

1	2	3	4	5	6	7	8	9	10
×	√	√	×	×	√	√	×	√	×
11	12	13	14	15	16	17	18	19	
√	×	×	√	√	√	×	×	√	

重难点解析:

1. 实物保管应由独立于验收、采购和会计部门的人员来担任。

4. 为证实被审计单位外购的运输设备是否存在限制留置权的情况,通常应该审核被审计单位的有关负债项目等予以证实。

5. 对未回函的应付账款,注册会计师可以采用替代审计程序。比如,可以检查决算日后应付账款明细账的借方发生额及库存现金和银行存款日记账,同时检查该笔债务的相关凭证资料,核实应付账款的真实性。

8. 注册会计师可以实地为起点,追查至固定资产明细分类账,以收集实际存在的固定资产均已入账的证据。

10. 检查资产负债表日后应付账款明细账贷方发生额的相应凭证可以实现应付账款存在认定的审计目标。

12. 订购单是由采购部门填写,向另一企业购买订购单上所指定的商品、劳务或其他资产的书面凭证。

13. 因为多数舞弊企业在低估应付账款时是以漏记赊购业务为主的,所以实施函证无益于寻找未入账的应付账款。

17. 通常情况下,应付账款不需要函证,如需要函证,最好采用积极式函证。

18. 严格地讲,固定资产的保险不属于企业固定资产的内部控制范围,但它对企业非常重要。因此,注册会计师在检查、评价企业的内部控制时,应当了解企业对固定资产的保险情况。

四、实务分析题

1. 【参考答案】

（1）订购单没有编号和验收单未连续编号，不能保证所有的购货业务都已记录或不被重复记录。建议烟台兴茂机械制造有限公司应对其订购单和验收单连续编号。

（2）验收人员隶属于采购部门，会影响其独立行使职责，不能保证验收货物的数量和质量。建议烟台兴茂机械制造有限公司应将验收部门从采购部门独立出来。

（3）付款凭单未附订购单及供应商发票，会计部门无法核对采购事项是否真实，登记有关账簿时金额和数量可能就会出现差错。建议烟台兴茂机械制造有限公司应将订购单和购货发票等与付款凭单一起交会计部门。

（4）会计部门月末审核付款凭单后才付款，未能及时将材料采购和债务登账并按约定时间付款。建议烟台兴茂机械制造有限公司采购部及时将付款凭单交会计部，按约定时间付款。

2. 【参考答案】

（1）应考虑的审计目的有：确定相关的内部控制是否健全有效；应付账款的记录是否完整；应付账款有无低估的可能；所列的负债是否实际发生；在资产负债表上的表达是否允当。

（2）一般情况下，应付账款不需要函证，这是因为函证对象只能从已入账的客户中选择，所以函证程序不能保证查出未入账的应付账款，况且注册会计师能够取得采购发票等可靠程度较高的外部凭证来证实应付账款的余额。但如果控制风险较高，某应付账款明细账户余额较大或被审计单位处于财务困难阶段，则应进行应付账款的函证。

（3）进行函证时，注册会计师应选择较大金额的债权人，以及那些在资产负债表日金额不大、甚至为零，但为企业重要供货人的债权人，作为函证对象。此外，还应考虑向上年度债权人及不送对账单的债权人进行函证。函证应付账款，在于揭示未入账的负债，函证具有较大金额的账户不一定能实现此目标。注册会计师应选择与委托人交易频繁的供货商或委托人的关联方作为函证对象。

3. 【参考答案】

（1）选择金额较大的债权人函证和选择金额小或者为零但属重要的供货人A和B两公司函证。烟台兴茂机械制造有限公司向A公司进货量大，却没有负债，有可能A公司和烟台兴茂机械制造有限公司发生不正当合作，烟台兴茂机械制造有限公司有虚增资产舞弊行为嫌疑，A公司可能虚增收入、增加利润。B公司欠烟台兴茂机械制造有限公司账款金额最高，也需要函证B公司。应付账款一般是少列，低估负债。

（2）选择B和D两公司函证。因为应收账款审计主要是防止高估，因此选择金额大的客户函证。

4. 【参考答案】

（1）检查烟台兴茂机械制造有限公司在资产负债表日未处理的不相符购货发票及有材料入库凭证但未收到购货发票的经济业务。

（2）检查烟台兴茂机械制造有限公司在资产负债表日后收到的购货发票，确认其入账时间是否正确。

(3) 检查烟台兴茂机械制造有限公司在资产负债表日后应付账款明细账贷方发生额的相应凭证,确认其入账时间是否正确。

5. 【参考答案】

能够实现每一审计目标的一项最佳审计程序如表 10-10 所示。

表 10-10　　　　　　　　　　　　　选项表

审计目标	(1)	(2)	(3)	(4)	(5)	(6)	(7)
审计程序	B	E	C	F	D	G	B

6. 【参考答案】

(1) 不恰当。注册会计师还应检查新增供应商信息是否被准确、完整地录入系统。

(2) 不恰当。仅通过询问程序无法获取充分适当的审计证据,注册会计师还应检查被授权人员对例外报告的复核,以及是否对不符事项进行了恰当的处理。

(3) 不恰当。注册会计师还应当对记账凭证后附的原材料订购单、供应商发票和入库单进行检查。

(4) 不恰当。控制测试的总体应为金额超过 50 万元的所有付款申请单。

7. 【参考答案】

(1) 恰当。

(2) 不恰当。注册会计师还应检查资产负债表日后货币资金的付款项目。

(3) 不恰当。资产负债表日后价格的变化并不表明前期会计估计存在差错。

(4) 不恰当。注册会计师没有对重大账户余额实施实质性程序。

(5) 恰当。

第十一章 生产与存货循环审计

第一部分 内容概要

一、生产与存货循环控制测试

（一）生产与存货循环涉及的主要业务活动

生产与存货循环涉及的主要业务活动如表11-1所示。

表11-1　　　　　　　　　生产与存货循环涉及的主要业务活动

主要业务活动	关键控制活动	主要单据与会计记录	目标和相关认定
计划和安排生产	(1) 生产计划部门根据客户订购单或者销售部门对销售预测和产品需求的分析，编制月度生产计划书和材料需求报告 (2) 根据经审批的月度生产计划书，由生产计划经理签发预先按顺序编号的生产通知单	(1) 生产通知单 (2) 月度生产计划书	与生产成本和制造费用的"发生"认定相关
发出原材料	(1) 生产部门接到生产通知单，经生产主管审批后编制领料单 (2) 仓库部门根据从生产部门收到的领料单，发出原材料	(1) 领料单 (2) 领料登记簿 (3) 仓库管理系统	与生产成本的"发生"、存货的"存在"和"完整性"认定相关
生产产品	(1) 生产部门在收到生产通知单及领取原材料后，将生产任务分解到每一个生产工人，执行生产任务 (2) 生产工人在完成生产任务后，将完成的产品交生产部门统计人员查点，转交检验员验收并办理入库手续，或将所完成的半产品移交下一个部门，做进一步加工 (3) 通过产量和工时记录登记生产工人所耗费工时数量	(1) 产量和工时记录 (2) 产量统计记录表 (3) 生产统计报告 (4) 入库单	与生产成本的"准确性"认定相关
核算产品成本	(1) 生产过程中的各种记录、生产通知单、领料单、计工单、入库单等文件资料都要汇集到会计部门，由会计部门对其进行检查和核对，了解和控制生产过程中存货的实物流转 (2) 会计部门要设置相应的会计账户，会同有关部门对生产过程中的成本进行核算和控制。	(1) 材料费用分配表 (2) 工薪汇总表及工薪费用分配表 (3) 制造费用分配汇总表 (4) 成本计算单 (5) 存货明细账	与存货的"准确性、计价和分摊"、营业成本的"准确性"认定相关

(续表)

主要业务活动	关键控制活动	主要单据与会计记录	目标和相关认定
储存产成品	(1) 产成品入库,质量检验员先行点验和检查,然后签收并编制顺序编号的验收单 (2) 仓库管理员应检查产成品验收单,并清点产成品数量,填写预先顺序编号的产成品入库单。签收后,将实际入库数量通知会计部门 (3) 仓储部门还应根据产成品的品质特征分类存放,只有经过授权的人员可以接触存货	(1) 验收单 (2) 入库单	与存货的"存在""完整性""准确性、计价和分摊"认定相关
发出产成品	产成品的发出须由独立的发运部门进行。装运产成品时必须持有经有关部门核准的发运通知单,并据此编制出库单	(1) 出库单 (2) 发运凭证	与存货的"准确性、计价和分摊"、营业成本的"准确性"认定相关
存货盘点	管理人员编制盘点指令,安排适当人员对存货实物进行定期盘点	(1) 存货盘点指令盘点表 (2) 盘点标签	与存货的"存在"认定相关
计提存货跌价准备	财务部门根据存货货龄分析表信息及相关部门提供的有关存货状况的信息,结合存货盘点过程中对存货状况的检查结果,对出现毁损、滞销、跌价等降低存货价值的情况进行分析计算,计提存货跌价准备	存货货龄分析表	与存货的"准确性、计价和分摊"、资产减值损失的"完整性"和"准确性"认定相关

(二) 生产与存货循环的控制测试

测试生产与存货循环内部控制是在了解与描述的基础上,对其在实际业务中的执行与实施情况和过程进行检查和观察,以确定制定的内部控制与实际执行的是否相符。在通常情况下,注册会计师对生产与存货循环实施的控制测试如表11-2所示。

表 11-2　　　　　　　　　　　生产与存货的控制测试

关键控制环节	可能存在的错报	控制测试程序
计划和安排生产	生产可能没计划	检查生产单是否连续编号;询问有关批准生产单的过程
发出原材料	原材料的发出可能未经授权	检查领料单项目是否与生产单相符;检查是否有生产主管的签字授权
生产产品和核算产品成本	发出的原材料可能未正确记入相应产品的生产成本中	检查生产主管核对材料成本明细表的记录,并询问其核对过程及结果
	生产工人的人工成本可能未得到准确反映	观察记工单的使用和计时程序;询问并检查财务经理复核工资费用分配表的过程和记录
	发生的制造费用可能没有得到完整归集	询问并检查成本会计复核制造费用明细表的过程和记录;检查财务经理对调整制造费用的分录的批准记录

(续表)

关键控制环节	可能存在的错报	控制测试程序
生产产品和核算产品成本	生产成本和制造费用在不同产品之间、在产品之间和产成品之间的分配可能不正确	询问财务经理如何执行复核及调查；选取产品成本计算表及相关资料，检查财务经理的复核记录
储存产成品	已完工产品的生产成本可能没有转移到产成品中	询问和检查成本会计将产成品收发存报表与成本计算表进行核对的过程和记录
发出产成品	销售发出的产成品的成本可能没有准确转入营业成本	检查成本结转方式是否符合公司成本核算政策；询问和检查财务经理和总经理进行毛利率分析的过程和记录，并对异常波动的调查和处理结果进行核实
存货盘点	存货可能被盗或因材料领用、产品销售未入账而出现账实不符	询问和观察存货与记录的接触以及相应的批准程序；询问和观察存货盘点程序
计提存货跌价准备	可能存在残次的存货	询问财务经理识别减值风险并确定减值准备的过程，检查总经理的复核批准记录

（三）评估重大错报风险

以制造类企业为例，影响生产存货交易和余额的重大错报风险可能包括：

（1）产品的多元化。产品多元化会引起存货计量方法的差异，可能要求聘请专家来验证其质量、状况或价值。

（2）某些存货项目的可变现净值难以确定。这不仅将影响存货采购价格和销售价格的确定，也将影响注册会计师对与存货准确性、计价和分摊认定有关的风险进行的评估。

（3）将存货存放在不同地点。大型企业可能将存货放在很多地点，并且可以在不同地点之间配送存货，可能导致增加商品途中毁损或遗失的风险、存货在两个地点被重复列示以及产生转移定价的错误或舞弊。

（4）寄存的存货。有时候存货虽然还存放在企业，但可能已经不归企业所有；反之，企业的存货也可能被寄存在其他企业。

（5）存货跌价风险。该风险主要包括：①技术进步或竞争对手推出新产品导致的存货跌价。②鲜活、易腐烂的产品因变质导致的存货跌价。③销路不畅或行业低迷导致的存货跌价。

（6）管理层错报成本费用的偏好和动因。管理层为了完成预算、满足业绩考核要求、进行筹资、影响公司股价等，会通过一些方法错报成本费用。

（7）存货交易的数量庞大，业务复杂。企业交易的数量庞大，业务复杂，折旧增加了错误和舞弊的风险。

（8）成本基础的复杂性。虽然原材料和直接人工等直接费用的分配比较简单，但间接费用的分配可能较为复杂。并且，同一行业中的不同企业也可能采用不同的认定和计量基础。

二、存货审计

（一）存货的审计目标

对存货进行审计需要达到的审计目标包括：

(1) 确定存货是否存在。
(2) 确定存货是否由被审计单位拥有或控制。
(3) 确定存货增减变动的记录是否完整。
(4) 确定存货的计价方法是否恰当。
(5) 确定存货的期末余额是否正确。
(6) 确定存货在财务报表上的披露是否恰当。

(二) 存货的一般审计程序

存货的一般审计程序涉及数量和单价两个方面,针对存货数量的实质性程序主要是存货监盘;针对存货单价的实质性程序包括对购买和生产成本的审计程序和对存货可变现净值(计价测试)的审计程序。

1. 获取或编制存货明细表

获取或编制存货明细表,复核加计是否正确,并与报表数、总账数和明细账合计数核对是否相符;同时抽查各存货明细账与仓库台账、卡片记录,检查是否相符。

2. 对存货执行分析程序

分析程序在存货审计中普遍采用,注册会计师通常运用简单比较法和比率分析法两种。

(三) 存货监盘

1. 存货监盘的目的和要求

存货监盘的目的如表 11-3 所示。

表 11-3　　　　　　　　　　　　存货监盘的目的

要点		内容
目的		获取有关存货数量和状况的审计证据
相关认定	主要	存货监盘主要针对存在认定
	其他	针对下述认定提供部分审计证据: (1) 完整性认定 (2) 准确性、计价和分摊认定 (3) 权利和义务认定
运用环节		存货监盘的相关程序可以用作控制测试或者实质性程序

存货监盘对注册会计师的要求如表 11-4 所示。

表 11-4　　　　　　　　　　存货监盘对注册会计师的要求

要点	内容
必要程序	如果存货对财务报表是重要的,应当实施下列审计程序: (1) 在存货盘点现场实施监盘(除非不可行) (2) 对期末存货记录实施审计程序,以确定其是否准确反映实际的存货盘点结果
对存货所有权的考虑	存货监盘本身不足以供注册会计师确定存货所有权,注册会计师可能需要执行其他实质性审计程序

存货监盘中注册会计师和管理层的责任如表 11-5 所示。

表 11-5　　　　　　　　存货监盘中注册会计师和管理层的责任

要点	内容
责任	(1) 实施存货监盘是注册会计师的责任，但不能取代被审计单位管理层定期盘点存货、合理确定存货的数量和状况的责任 (2) 管理层通常制定程序，对存货每年至少进行一次实物盘点

2. 存货监盘计划

1) 制定存货监盘计划的基本要求

注册会计师应当根据被审计单位存货的特点、盘存制度和存货内部控制的有效性等情况，在评价被审计单位制定的存货盘点程序的基础上，编制存货监盘计划，对存货监盘作出合理安排。

2) 制定存货监盘计划应考虑的相关事宜

在编制存货监盘计划时，注册会计师需要考虑的因素如表 11-6 所示。

表 11-6　　　　　　　编制存货监盘计划时注册会计师需要考虑的因素

因素	要点	
与存货相关的重大错报风险	存货通常具有较高水平的重大错报风险，外部因素也会对重大错报风险产生影响	
与存货相关的内部控制的性质	(1) 注册会计师应当了解被审计单位与存货相关的内部控制 (2) 被审计单位与存货实地盘点相关的内部控制通常包括：制定合理的存货盘点计划，确定合理的存货盘点程序，配备相应的监督人员，对存货进行独立的内部验证，将盘点结果与永续存货记录进行独立的调节，对盘点表和盘点标签进行充分控制	
对存货盘点是否制定了适当的程序，并下达了正确的指令	(1) 注册会计师一般需要复核或与管理层讨论其存货盘点程序 (2) 如果认为被审计单位的存货盘点程序存在缺陷，注册会计师应当提请被审计单位调整	
存货盘点的时间安排	如果存货盘点在财务报表日以外的其他日期进行，注册会计师除实施存货监盘相关审计程序外，还应当实施其他审计程序，以获取审计证据，确定存货盘点日与财务报表日之间的存货变动是否已得到恰当的记录	
存货的存放地点，以确定适当的监盘地点	提供清单	如果被审计单位的存货存放在多个地点，注册会计师可以要求被审计单位提供一份完整的存货存放地点清单，包括期末库存量为零的仓库、租赁的仓库；以及第三方代被审计单位保管存货的仓库等，并考虑其完整性
	选择地点	在获取完整的存货存放地点清单的基础上，注册会计师可以根据不同地点所存放存货的重要性以及对各个地点与存货相关的重大错报风险的评估结果，选择适当的地点进行监盘，并记录选择这些地点的原因
	舞弊风险	注册会计师可能决定在不预先通知的情况下，对特定存放地点的存货实施监盘，或在同一天对所有存放地点的存货实施监盘

(续表)

因素	要点
是否需要专家协助	注册会计师可以考虑利用专家的工作： (1) 确定资产数量或资产实物状况 (2) 收集特殊类别存货的审计证据 (3) 评估在产品完工程度的问题

3) 存货监盘计划的主要内容

(1) 存货监盘的目标、范围及时间安排。存货监盘的目标、范围及时间安排如表11-7所示。

表 11-7　　　　　　　　　存货监盘的目标、范围及时间安排

要点	内容
目标	获取资产负债表日有关存货数量和状况以及有关管理层存货盘点程序可靠性的审计证据，检查存货的数量是否真实完整，是否归属被审计单位，存货有无毁损、陈旧、过时、残次和短缺等状况
范围	取决于存货的内容、性质以及与存货相关的内部控制的完善程度和重大错报风险的评估结果
时间安排	包括实地察看盘点现场的时间、观察存货盘点的时间和对已盘点存货实施检查的时间等，应当与被审计单位实施存货盘点的时间相协调

(2) 存货监盘的要点及关注事项。存货监盘的要点包括注册会计师实施存货监盘程序的方法、步骤，各个环节应注意的问题以及所要解决的问题。注册会计师需要重点关注的事项包括盘点期间的存货移动、存货的状况、存货的截止确认、存货的各个存放地点及金额。

(3) 参加存货监盘人员的分工。注册会计师应当根据对被审计单位存货盘点人员分工、分组情况，以及存货监盘工作量的大小和人员素质情况，确定参加存货监盘的人员组成、各组成人员的职责和具体的分工情况，并加强督导。

(4) 实施抽盘的范围。注册会计师应当根据对被审计单位存货盘点和对被审计单位内部控制的评价结果确定检查存货的范围。注册会计师在实施观察程序后，如果认为被审计单位内部控制设计良好且得到有效实施、存货盘点组织良好，可以相应缩小实施检查程序的范围。

3. 存货监盘程序

(1) 评价管理层用以记录和控制存货盘点结果的指令和程序。注册会计师需要考虑这些指令和程序是否包括下列方面：①适当控制活动的运用。例如，收集已使用的存货盘点记录，清点未使用的存货盘点表单，实施盘点和复核程序。②准确认定在产品的完工程度，流动缓慢(呆滞)、过时或毁损的存货项目，以及第三方拥有的存货(如寄存货物)。③在适用的情况下用于估计存货数量的方法，如可能需要估计煤堆的数量。④对存货在不同存放地点之间的移动以及截止日前后期间出入库的控制。

(2) 观察管理层制定的盘点程序的执行情况。注册会计师一般应当获取盘点日前后的存货收发及移动的凭证，检查库存记录与会计记录期末截止是否正确。在存货入库和装运过程中采用连续编号的凭证时，注册会计师应当关注截止日期前的最后编号。如果被审计

单位使用运货车厢或拖车进行存储、运输或验收入库,注册会计师应当详细列出存货场地上满载和空载的车厢或拖车,并记录各自的存货状况。

(3) 检查存货。在存货监盘过程中检查存货,虽然不一定能确定存货的所有权,但有助于确定存货的存在,以及识别过时、毁损或陈旧的存货。注册会计师应当根据取得的所有权不属于被审计单位的存货的有关资料,观察这些存货的实际存放情况,确保其未被纳入盘点范围。注册会计师应当设计关于特殊类型存货监盘的具体审计程序。部分常见的特殊类型存货监盘的具体审计程序如表 11-8 所示。

表 11-8 特殊类型存货监盘的具体审计程序

存货类型	可供实施的审计程序
木材、钢筋盘条、管子	(1) 检查标记或标识 (2) 利用专家或被审计单位内部有经验人员的工作
堆积型存货,如糖、煤、钢废料	运用工程估测、几何计算、高空勘测,并依赖详细的存货记录
使用磅秤测量的存货	(1) 在监盘前和监盘过程中均应检验磅秤的精准度,并留意磅秤的位置移动与重新调校程序 (2) 将检查和重新称量程序相结合,检查称量尺度的换算问题
散装物品,如贮窖存货、使用桶、箱、罐、槽等容器储存的液体、气体、谷类粮食、流体存货等	(1) 使用容器进行监盘或通过预先编号的清单列表加以确定 (2) 使用浸蘸、测量棒、工程报告以及依赖永续存货记录 (3) 选择样品进行化验与分析,或利用专家的工作
贵金属、石器、艺术品与收藏品	选择样品进行化验与分析,或利用专家的工作
生产纸浆用木材、牲畜	通过高空摄影以确定其存在,对不同时点的数量进行比较,并依赖永续存货记录

(4) 执行抽盘。注册会计师应当对已盘点的存货进行适当检查,将检查结果与被审计单位盘点记录相核对,并形成相应记录。

(5) 需要特别关注的情况。被审计单位盘点存货前,注册会计师应当观察盘点现场,确定应纳入盘点范围的存货是否已经适当整理和排列,并附有盘点标识,防止遗漏或重复盘点。对未纳入盘点范围的存货,注册会计师应当查明未纳入的原因。对某些特殊类型的存货,被审计单位通常使用的盘点方法和控制程序并不完全适用。这些存货通常没有盘点标签或者其数量或质量难以确定,注册会计师需要运用职业判断,根据存货的实际情况,设计恰当的审计程序,对存货的数量和状况获取审计证据。

(6) 存货监盘结束时的工作。在被审计单位存货盘点结束前,注册会计师应当实施下列审计程序:①再次观察盘点现场,以确定所有应纳入盘点范围的存货是否均已盘点。②取得并检查已填用、作废及未使用盘点表单的号码记录,确定其是否连续编号,查明已发放的表单是否均已收回,并与存货盘点的汇总记录进行核对。

4. 特殊情况的处理

(1) 存货盘点日不是资产负债表日。注册会计师应当实施适当的审计程序,确定盘点日与资产负债表日之间存货的变动是否已得到恰当的记录。

(2) 在存货盘点现场实施存货监盘不可行。在某些情况下,实施存货监盘可能是不可行的。注册会计师应当考虑能否实施替代审计程序,以获取有关存货存在和状况的充分、适当的审计证据。如果不能实施替代审计程序,或者实施替代审计程序可能无法获取有关存货的存在和状况的充分、适当的审计证据,注册会计师需要按照审计准则的规定发表非无保留意见。然而,对注册会计师带来不便的一般因素不足以支持注册会计师作出实施存货监盘不可行的决定。审计中的困难、时间或成本等事项本身,不能作为注册会计师省略不可替代的审计程序或满足于说服力不足的审计证据的正当理由。

(3) 因不可预见的因素导致无法在存货盘点现场实施监盘。如果因不可预见的因素导致无法在预定日期实施存货监盘,注册会计师应当另择日期实施监盘,并对间隔期内发生的交易实施审计程序。

(4) 由第三方保管或控制的存货。如果被审计单位委托第三方保管或控制的存货对财务报表是重要的,注册会计师应当实施下列审计程序,以获取有关该存货存在和状况的充分、适当的审计证据:①向持有被审计单位存货的第三方函证存货的数量和状况。②实施检查或其他适合具体情况的审计程序。

(四) 存货计价测试

存货监盘程序主要是对存货的数量进行测试。为验证财务报表上存货余额的真实性,还应当对存货的计价进行审计。

1. 存货计价测试的一般要求

(1) 样本的选择。计价审计的样本,应从存货数量已经盘点、单价和总金额已经记入存货汇总表的结存存货中选择。

(2) 计价方法的确认。存货的计价方法多种多样,企业可结合国家法规要求选择符合自身特点的方法,注册会计师除了应了解掌握企业的存货计价方法,还应对这种计价方法的合理性与一贯性予以关注,没有足够理由,计价方法在同一会计年度内不得变动。

(3) 计价测试。进行计价测试时,注册会计师首先应对存货价格的组成内容予以审核,其次按照所了解的计价方法对所选择的存货样本进行计价测试。由于企业对期末存货采用成本与可变现净值孰低的方法计价,所以注册会计师应充分关注企业对存货可变现净值的确定及存货跌价准备的计提是否正确。

2. 存货成本的计价测试

存货成本的计价测试主要包括直接材料成本测试、直接人工成本测试、制造费用测试和生产成本在当期完工产品与在产品之间分配的控制测试。

第二部分 练习题

一、单项选择题

1. A 公司实行实地盘存制。注册会计师在复核 2021 年 1 月 3 日对 A 公司的存货监盘备忘及相关审计工作底稿时,下列做法中,正确的是(   )。

    A. 监盘前将抽盘范围告知 A 公司,以便其做好相关准备

    B. 索取全部盘点表并按编号顺序汇总后,进行账账、账实核对

    C. 抽盘后将抽盘记录交予 A 公司,要求 A 公司据以修正盘点表

    D. 未能监盘期初存货,根据期末监盘结果倒推期初存货余额,并予以确认

2. 下列各项中,( )是企业下达生产产品等生产任务的书面文件,是通知生产车间组织产品生产、供应部门组织材料发放、会计部门组织成本计算的依据。
   A. 生产任务通知单　　　　　　　B. 发料单
   C. 领料单　　　　　　　　　　　D. 保管单

3. 生产与存货循环可以看成是由两个既相互独立又密切联系的系统组成的,一个涉及商品的实物流程,另一个涉及与之相关的( )。
   A. 成本、价值流程　　　　　　　B. 加工流程
   C. 人员流程　　　　　　　　　　D. 收付流程

4. 下列各项中,属于注册会计师观察被审计单位存货盘点的主要目的是( )。
   A. 查明被审计单位是否漏盘某些重要的存货项目
   B. 鉴定存货的质量
   C. 了解存货的种类
   D. 获得存货期末是否实际存在及其状况的证据

5. 下列各部门中,负责被审计单位永续盘存记录的是( )。
   A. 存储部门　　B. 验收部门　　C. 会计部门　　D. 采购部门

6. 产成品的发出须由独立的发运部门进行。装运产成品时必须持有经有关部门核准的发运通知单,并据此编制( )。
   A. 入库单　　　B. 发票　　　　C. 出库单　　　D. 产品成本计算单

7. 存货监盘程序是用作控制测试还是实质性程序,取决于注册会计师的( )、审计方案和实施的特定程序。
   A. 审计费用　　B. 实际时间　　C. 审计重要性　D. 风险评估结果

8. 生产与存货循环的内部控制主要包括存货的内部控制和( )两项内容。
   A. 采购业务的内部控制　　　　　B. 价值流转记录程序的内部控制
   C. 成本会计制度的内部控制　　　D. 销售业务的内部控制

9. 被审计单位的存货盘点计划最好由被审计单位和注册会计师共同制订。但盘点计划的责任,由下列人员中的( )承担。
   A. 合伙人　　　　　　　　　　　B. 被审计单位
   C. 审计项目负责人　　　　　　　D. 负责该项目的注册会计师

10. 下列各部门中,须在产成品入库时先行点验和检查,然后签收;签收后,填制产成品入库单,并将实际入库数量通知会计部门的是( )。
    A. 仓库　　　　B. 采购部门　　C. 生产部门　　D. 销售部门

11. 下列各项中,属于生产与存货循环业务流程内部控制中存在缺陷的是( )。
    A. 生产单位根据生产任务通知单将生产任务安排给生产工人,并将领取的材料交给生产工人进行生产加工
    B. 生产单位根据生产任务通知单,填写领料单,由部门经理批准后,交仓库部门领料
    C. 存货存放在仓库中,任何工作人员都可以接触及处理存货
    D. 存货发生报废,应由经办人员填写报废审批单,经部门主管审批后交各部门审核,最终送给被授权人批准

12. 下列有关存货监盘的说法中,正确的是( )。
    A. 注册会计师在实施存货监盘过程中不应协助被审计单位的盘点工作
    B. 注册会计师实施存货监盘通常可以确定存货的所有权
    C. 由于不可预见的情况而导致无法在预定日期实施存货监盘,注册会计师可以实施替代审计程序
    D. 注册会计师主要采用观察程序实施存货监盘

13. 下列有关存货监盘的说法中,错误的是( )。
    A. 对所有权不属于被审计单位的存货,注册会计师在监盘过程中无须执行工作
    B. 注册会计师需要监盘时获取盘点日前最后的出、入库单据编号,用于执行截止测试
    C. 如果存货在盘点过程中未停止流动,注册会计师需要观察被审计单位有关存货移动的控制程序是否得到执行
    D. 在监盘过程中,注册会计师需要将所有过时、毁损或陈旧存货的详细情况记录下来,为测试存货跌价准备提供证据

14. 下列有关注册会计师执行抽盘的说法中,正确的是( )。
    A. 注册会计师应当从存货盘点记录中选取项目追查至存货实物,以测试盘点记录的完整性
    B. 注册会计师可以让被审计单位事先了解将抽盘的存货项目,以提高效率
    C. 注册会计师应当查明抽盘差异的原因,及时提请被审计单位更正
    D. 注册会计师不应根据与存货盘点相关的内部控制测试的结果,缩小实施抽盘程序的范围

二、多项选择题

1. 下列各项中,属于对存货进行实物控制的内部控制措施有( )。
    A. 限制非授权人员接近仓库
    B. 定期盘点存货
    C. 对存货进行视频监控
    D. 建立存货成本分析和控制机制

2. 下列各项中,实施存货截止测试程序可查明的有( )。
    A. 少计2021年度的存货和应付账款
    B. 多计2021年度的存货和应付账款
    C. 虚增2021年度的利润
    D. 虚减2021年度的利润

3. 下列各项中,不能作为注册会计师省略不可替代的审计程序或满足于说服力不足的审计证据的正当理由的有( )。
    A. 困难
    B. 环境
    C. 成本
    D. 时间

4. 下列各项中,使得存货成为被审计单位审计中最复杂、最费时的部分的原因有( )。
    A. 存货占资产比重大
    B. 存货放置地点不同,实物控制不便
    C. 存货项目的种类繁多
    D. 存货计价方法多样化

5. 下列各项中,属于成本会计制度的控制测试的有( )。
    A. 直接材料成本控制测试
    B. 直接人工成本控制测试
    C. 制造费用控制测试
    D. 生产成本在当期完工产品与在产品之间分配的控制测试

6. 下列各项中,属于存货监盘的时间的有(　　),存货监盘的时间应当与被审计单位实施存货盘点的时间相协调。
   A. 实地察看盘点现场的时间　　　　B. 观察存货盘点的时间
   C. 对已盘点存货实施检查的时间　　D. 编制总体审计策略的时间

7. 下列各项中,属于影响存货监盘的范围大小的因素有(　　)。
   A. 存货的内容　　　　　　　　　　B. 存货重大错报风险的评估结果
   C. 存货的性质　　　　　　　　　　D. 与存货相关的内部控制的完善程度

8. 下列各项中,审计人员可以据以判断生产与存货循环内部控制风险较高的有(　　)。
   A. 内部审计人员监督存货盘点
   B. 存货盘点只由仓库保管员实施
   C. 定期对陈旧过时的存货进行处理
   D. 存货盘点结果显示存在较多账实不符的情况

9. 下列各项认定中,存货监盘程序可以为其提供审计证据的有(　　)。
   A. 存在　　　　　　　　　　　　　B. 完整性
   C. 权利和义务　　　　　　　　　　D. 准确性、计价和分摊

10. 下列因素中,属于在编制存货监盘计划时注册会计师需要考虑的有(　　)。
    A. 存货盘点的时间安排　　　　　　B. 是否需要协助被审计单位盘点
    C. 与存货相关的内部控制的性质　　D. 存货的存放地点

11. 下列各项中,属于存货监盘计划应当包括的内容有(　　)。
    A. 存货监盘的目标、范围及时间安排　B. 存货监盘的要点及关注事项
    C. 参加存货监盘人员的分工　　　　D. 实施抽盘的范围

12. 下列有关存货监盘的说法中,正确的有(　　)。
    A. 如果认为被审计单位的存货盘点程序存在缺陷,注册会计师应当提请被审计单位调整
    B. 在获取完整的存货存放地点清单的基础上,注册会计师应当根据不同地点存放存货的重要性选择适当的监盘地点
    C. 如果认为被审计单位内部控制设计良好且有效实施,注册会计师可以缩小实施检查程序的范围
    D. 由于不可预见的情况无法在存货盘点现场实施监盘,注册会计师应当实施替代审计程序

13. 下列有关存货监盘的说法中,正确的有(　　)。
    A. 注册会计师在制定监盘计划时,需要考虑是否在监盘中利用专家的工作
    B. 如果存货盘点在财务报表日以外的其他日期进行,注册会计师除实施监盘相关审计程序外,还应当实施其他程序,以确定盘点日与财务报表日之间的存货变动已得到恰当记录
    C. 如果存货存放在不同地点,注册会计师的监盘应当覆盖所有存放地点
    D. 如果由于不可预见的情况,无法在存货盘点现场实施监盘,注册会计师应当实施替代审计程序

14. 针对被审计单位提供的存货存放地点清单的完整性,下列注册会计师拟执行的程序中,恰当的有（　　）。
   A. 询问被审计单位除管理层以外的营销人员
   B. 检查被审计单位存货的出、入库单以确定是否存在被审计单位尚未告知的仓库
   C. 检查费用支出明细账中与仓库租赁相关的项目
   D. 检查被审计单位固定资产清单以了解可用于存放存货的房屋建筑物

三、判断题

1. 具体来说,存货监盘涉及检查存货以确定其是否存在,评价存货状况,并对存货盘点结果进行测试。　　　　　　　　　　　　　　　　　　　　　　　　　　（　　）
2. 注册会计师如果认为被审计单位的存货盘点程序存在缺陷,不应当提请被审计单位调整。　　　　　　　　　　　　　　　　　　　　　　　　　　　　　　（　　）
3. 存货正确截止的关键在于存货实物纳入盘点范围的时间和存货引起的借贷双方会计科目的入账时间都处于同一会计期间。　　　　　　　　　　　　　　　　　（　　）
4. 存货监盘的目的仅是获取有关存货数量的审计证据。　　　　　　　　　（　　）
5. 定期盘点存货,合理确定存货的数量和状况是被审计单位管理层的责任。（　　）
6. 注册会计师应当从存货盘点记录中选取项目追查至存货实物以测试盘点记录的完整性;注册会计师还应当从存货实物中选取项目追查至存货盘点记录,以测试存货盘点记录的准确性。　　　　　　　　　　　　　　　　　　　　　　　　　　（　　）
7. 如果注册会计师在实施抽查程序中发现了差异,很可能表明被审计单位的存货盘点记录在准确性或完整性方面存在错误。一方面,注册会计师应当查明原因,并及时提请被审计单位更正;另一方面,注册会计师应当考虑错误的潜在范围和重大程度,在可能的情况下,扩大抽查的范围以减少错误的发生。　　　　　　　　　　　（　　）
8. 在任何情况下,注册会计师都应当对被审计单位的存货实施现场监盘。（　　）
9. 被审计单位盘点存货前,注册会计师不需要观察盘点现场。　　　　　（　　）
10. 如果被审计单位委托其他单位保管或控制的存货对财务报表是重要的,注册会计师应当向保管或控制存货的单位实施函证程序,以获取有关该存货存在和状况的充分、适当的审计证据。　　　　　　　　　　　　　　　　　　　　　　　　　　（　　）
11. 如果在存货盘点现场实施存货监盘不可行,注册会计师应当实施替代审计程序,以获取有关存货的存在和状况的充分、适当的审计证据。　　　　　　　　（　　）
12. 存货盘点清查一方面是要核对实物的数量,是否与相关记录相符、账实相符;另一方面也要关注实物的质量,是否有明显的损坏。　　　　　　　　　　　　（　　）
13. 如果存货盘点日不是资产负债表日,只有当盘点日距离资产负债表日时间较长时,注册会计师才需要实施适当的审计程序,确定盘点日与资产负债表日之间存货的变动是否已得到恰当的记录。　　　　　　　　　　　　　　　　　　　　　　（　　）
14. 如果因不可预见的因素导致无法在预定日期实施存货监盘,注册会计师可以不实施存货监盘。　　　　　　　　　　　　　　　　　　　　　　　　　　　　（　　）
15. 存货监盘的范围大小取决于审计经费和项目时间安排。　　　　　　　（　　）

四、实务分析题

1. 烟台兴茂机械制造有限公司是一家制造业公司。ABC 会计师事务所在接受其审计委托后,委派注册会计师李某担任外勤负责人,并将签署审计报告。经过审计预备调查,李某确定存货项目为重点审计领域,同时决定根据财务报表认定确定存货项目的具体审计目标,并选择相应的具体审计程序以保证审计目标的实现。

要求:假定注册会计师李某已经选定的具体审计目标如表 11-9 所示。指出李某应当确定的与各具体审计目标最相关的财务报表认定和最恰当的审计程序。根据表 11-9 后列示的财务报表认定及审计程序,分别选择一项,对每项财务报表认定和审计程序,可以选择一次、多次或不选。

表 11-9 　　　　　　　　　　　　　相关资料表

财务报表认定	具体审计目标	审计程序
	公司对存货均拥有所有权	
	记录的存货数量包括了公司所有的在库存货	
	按成本与可变现净值孰低法调整期末存货的价值	
	存货成本计算准确	
	存货的主要类别和计价基础已在财务报表恰当披露	

财务报表认定:①完整性。②存在。③分类和可理解性。④权利与义务。⑤计价和分摊。

审计程序:A. 检查现行销售价目表;B. 审阅财务报表;C. 在监盘存货时,选择一定样本,确定其是否包括在盘点表内;D. 选择一定样本量的存货会计记录,检查支持记录的购货合同和发票;E. 在监盘存货时,选择盘点表内一定样本量的存货记录,确定存货是否在库;F. 测试直接人工费用的合理性。

2. ABC 会计师事务所的 A 注册会计师负责审计甲公司等多家被审计单位 2021 年度财务报表。与存货审计相关的部分事项如下:

(1) 甲公司为贸易型企业,A 注册会计师注意到某批次存货未反映在存货盘点表上。管理层解释,由于客户仓库容量不足,甲公司售后代管该批存货。A 注册会计师认为该解释合理,据此认可了管理层的做法。

(2) 乙公司为制造型企业,由组成部分注册会计师实施偏远地点的存货监盘。A 注册会计师拟通过复核组成部分注册会计师的存货监盘工作底稿,消除对组成部分注册会计师专业胜任能力的重大疑虑。

(3) 丙公司采用信息系统进行存货货龄管理,并据此计提存货跌价准备。A 注册会计师将监盘过程中识别的过时和陈旧的存货信息与系统中的信息进行了核对,未发现差异,据此认可了存货跌价准备的金额。

(4) 因天气原因,丁公司的存货被积雪覆盖,无法在预定日期进行盘点。A 注册会计师检查了采购合同、发票、仓储单等支持性文件,结果满意。

(5) 戊公司正在对某仓库门禁系统进行维修和升级,将对存货监盘造成不便。A 注册会计师评估认为该仓库存货期末余额远低于财务报表整体的重要性,未将其纳入存货监盘地点。

(6) 乙公司存货品种繁多,且存放于第三方仓库。A 注册会计师提前抵达盘点现场,观察存货是否适当整理和排列,并附有盘点标识。

要求:针对上述第(1)至(6)项,逐项指出 A 注册会计师的做法是否恰当。如不恰当,简要说明理由。

3. ABC 会计师事务所的 A 注册会计师负责审计甲公司等多家被审计单位 2021 年度财务报表。与存货审计相关的部分事项如下:

(1) 甲公司为制造型企业,采用信息系统进行成本核算。A 注册会计师对信息系统一般控制和相关的自动化应用控制进行测试后结果满意,不再对成本核算实施实质性程序。

(2) 因乙公司存货不存在特别风险,且以前年度与存货相关的控制运行有效,A 注册会计师因此减少了本年度存货细节测试的样本量。

(3) 丙公司采用连续编号的盘点标签记录盘点结果,并逐项录入盘点结果汇总表。A 注册会计师将抽盘样本的数量与盘点标签记录的数量进行了核对,未发现差异,据此认可了盘点结果汇总表记录的存货数量。

(4) 丁公司从事进口贸易,年末存货均于 2021 年 12 月购入,金额重大。A 注册会计师通过获取并检查采购合同、发票、进口报关单、验收入库单等支持性文件,认为获取了有关存货存在和状况的充分、适当的审计证据。

(5) 戊公司的存货存放在多个地点。A 注册会计师取得了存货存放地点清单并检查了其完整性,根据各个地点存货余额的重要性及重大错报风险的评估结果,选取其中几个地点实施了监盘。

(6) A 注册会计师在己公司盘点结束后、存货未开始流动前抵达盘点现场,对存货进行检查并实施了抽盘,与己公司盘点数量核对无误,据此认可了盘点结果。

要求:针对上述第(1)至(6)项,逐项指出 A 注册会计师的做法是否恰当。如不恰当,简要说明理由。

4. ABC 会计师事务所的注册会计师甲担任 A 公司等多家被审计单位 2021 年度财务报表审计项目的项目质量复核人。与存货审计相关事项如下:

(1) 根据审计项目组对 A 公司制定的存货监盘计划,存货监盘目标为获取有关 A 公司资产负债表日存货数量的审计证据。

(2) B 公司存货品种繁多,存货拥挤,为保证监盘工作顺利进行,审计项目组提前两天将拟抽盘项目清单发给 B 公司财务部人员,要求其做好准备工作。

(3) 由于 C 公司财务部门人手不足,审计项目组受管理层委托,代为盘点 C 公司异地专卖店的存货,并将盘点记录作为 C 公司的盘点记录和审计项目组的监盘工作底稿。

(4) 根据审计项目组对 D 公司制定的存货监盘计划,在存货监盘过程中,监盘人员除关注存货的数量外,还需要特别关注存货是否出现毁损、陈旧、过时及残次等情况。

(5) 因 E 公司存货品种和数量均较少，审计项目组仅将监盘程序用作实质性程序。

(6) 审计项目组按年末 F 公司各存放地点存货余额进行排序，选取存货余额最大的 20 个地点(合计占年末存货余额的 60%)实施监盘，结果满意。

要求：针对第(1)至(6)项，代注册会计师甲逐项指出审计项目组的做法是否恰当。如不恰当，简要说明理由。

5. ABC 会计师事务所的注册会计师甲担任 A 公司等多家被审计单位 2021 年度财务报表审计项目的项目质量复核人。与存货审计相关事项如下：

(1) 根据 A 公司管理层的盘点指令要求，将盘点日前已验收但尚未办理入库手续的若干原材料单独摆放，不纳入盘点范围，审计项目组认可管理层的做法。

(2) 审计项目组获取了 B 公司盘点日前后存货收发及移动的凭证，以确定 B 公司是否将盘点日前入库的存货、盘点日后出库的存货以及已确认为销售但尚未出库的存货包括在盘点范围内。

(3) 在到达 C 公司存货盘点现场后，审计项目组成员观察代柜台承租商保管的存货是否已经单独存放并予以标明，确定其未被纳入存货盘点范围。

(4) 对 D 公司进行存货监盘时，关于监盘过程中收到的存货，要求 D 公司单独码放，不纳入存货监盘的范围。

(5) E 公司管理层未将以前年度已全额计提跌价准备的存货纳入本年末盘点范围，审计项目组检查了以前年度的审计工作底稿，认可了管理层的做法。

要求：针对第(1)至(5)项，代注册会计师甲逐项指出审计项目组的做法是否恰当。如不恰当，简要说明理由。

6. ABC 会计师事务所的注册会计师甲担任 A 公司等多家被审计单位 2021 年度财务报表审计项目的项目质量复核人。与存货审计相关事项如下：

(1) 在 A 公司开始盘点存货前，审计项目组在拟检查的存货项目上作出标识。

(2) 审计项目组拟不信赖与存货相关的内部控制运行的有效性，故在监盘时不再观察 B 公司管理层制定的盘点程序的执行情况。

(3) 根据对 C 公司的存货监盘计划，在对存货盘点结果进行测试时，审计项目组采取从存货盘点记录中选取项目追查至存货实物的方法。

(4) 在对 D 公司存货实施监盘时，审计项目组在存货盘点现场评价了管理层用以记录和控制存货盘点结果的程序，认为其设计有效。审计项目组在检查存货并执行抽盘后结束了现场工作。

(5) 在 E 公司存货盘点结束前，审计项目组取得并检查了已填用、作废及未使用盘点表单的号码记录，确定其是否连续编号以及已发放的表单是否均已收回，并与存货盘点汇总表中记录的盘点表单使用情况核对一致。

(6) 在对 F 公司的存货监盘结束时，监盘人员将除作废的盘点表单以外的所有盘点表单的号码记录于监盘工作底稿。

要求：针对第(1)至(6)项，代注册会计师甲逐项指出审计项目组的做法是否恰当。如不恰当，简要说明理由。

7. ABC 会计师事务所的注册会计师甲担任 A 公司等多家被审计单位 2021 年度财务

报表审计项目的项目质量复核人。与存货审计相关事项如下：

（1）A公司存在大量以标准规格包装箱包装的存货，审计项目组根据包装箱的数量及每箱的标准容量直接计算确定存货的数量。

（2）因天气原因，审计项目组成员未能按计划在2021年12月31日到达B公司某直营店实施监盘，经与B公司管理层协商，改在2022年1月5日实施监盘，并对2021年12月31日至2022年1月5日期间的存货变动情况实施审计程序。

（3）在对C公司桶装果汁实施监盘程序时，采用观察以及检查相关的收、发、存凭证和记录的方法，确定存货的数量。

（4）D公司委托某加工厂加工部分果酱产品，年末存放在该加工厂的存货金额约为1 200万元。审计项目组成员对于该加工厂寄发询证函，未收到回函。审计项目组成员通过电话取得该加工厂对其保管的D公司存货的确认，作为未取得回函的替代程序。

（5）对于E公司存放在外地公用仓库的存货，审计项目组主要实施检查货运文件、出库记录等替代程序。

（6）F公司于2021年在某西部城市新建成一座仓库，专门针对西部地区客户产品调配和仓储，库存量约为集团整体库存量的20%。由于去往该西部城市路途遥远，交通成本高，对该仓库年末存货实施存货监盘不可行，审计项目组计划直接实施替代审计程序。

要求：针对第（1）至（6）项，代注册会计师甲逐项指出审计项目组的做法是否恰当。如不恰当，简要说明理由。

8. ABC会计师事务所的注册会计师甲担任A公司等多家被审计单位2021年度财务报表审计项目的项目质量复核人。与存货审计相关事项如下：

（1）审计项目组在实施抽盘时，发现三个样本存在差异，系A公司盘点人员疏忽所致，审计项目组提请A公司盘点人员重新盘点这些项目并更正了抽盘差异，认为抽盘结果满意。

（2）B公司2021年末已入库未收到发票而暂估的存货金额占存货总额的30%，审计项目组对存货实施了监盘，测试了采购和销售交易的截止，均未发现差错，据此认为暂估的存货记录准确。

（3）C公司管理层规定，由生产部门人员对全部存货进行盘点，再由财务部门人员抽取50%进行复盘，审计项目组对复盘项目执行抽盘，未发现差异，据此认可了管理层的盘点结果。

（4）E公司的存货盘点日为2021年12月31日。由于交通原因，审计项目组成员2022年1月3日才到达E公司某外地仓库的盘点现场实施了监盘程序，盘点结果与2022年1月3日的账面记录无差异。审计项目组成员在监盘工作底稿中得出的结论，由于2022年1月3日的盘点结果与2020年1月3日的账面记录无差异，考虑到2022年1月3日与2021年12月31日相隔时间较短，认定2021年12月31日的存货结存与2021年12月31日的账面记录无差异。

（5）因天气恶劣，审计项目组无法在2021年12月31日到达F公司某异地仓库现场存货实施监盘，审计项目组检查了F公司的相关存货盘点报告，据此认可了盘点结果。

要求：针对第（1）至（5）项，代注册会计师甲逐项指出审计项目组的做法是否恰当。如不恰当，简要说明理由。

第三部分 参考答案

一、单项选择题

1	2	3	4	5	6	7	8	9	10
B	A	A	D	C	C	D	C	B	A

11	12	13	14
C	A	A	C

重难点解析：

1. 为了保证不可预测性，存货抽盘时注册会计师应尽可能地避免被审计单位了解自己将抽取测试的存货项目。选项 A 错误。注册会计师将抽查结果与被审计单位盘点记录相核对，并形成相应记录，如果抽查时发现差异，注册会计师应当查明原因，及时提请被审计单位更正。而不是把抽盘记录交予 A 公司，要求 A 公司据以修正盘点表。选项 C 错误。未能监盘期初存货，注册会计师应当实施以下一项或多项审计程序以获取有关本期期初存货余额的充分、适当的审计证据：①查阅前任注册会计师工作底稿。②审阅上期存货盘点记录及文件。③抽查上期存货交易记录。④运用毛利百分比法等进行分析。选项 D 错误。

2. 生产任务通知单是企业下达生产产品等生产任务的书面文件，是通知生产车间组织产品生产、供应部门组织材料发放、会计部门组织成本计算的依据。选项 A 正确。

3. 生产与存货循环涉及的主要内容主要是存货的管理及生产成本的计算等。生产与存货循环可以看成是由两个既相互独立又密切联系的系统组成的，一个涉及商品的实物流程，另一个涉及与之相关的成本、价值流程。选项 A 正确。

4. 注册会计师存货监盘的目的在于获取有关存货数量和状况的审计证据，以确证被审计单位记录的所有存货确实存在，已经反映了被审计单位拥有的全部存货，并且存货是属于被审计单位的合法财产。选项 D 正确。

5. 会计部门负责被审计单位永续盘存的记录。选项 C 正确。

6. 产成品的发出须由独立的发运部门进行。装运产成品时必须持有经有关部门核准的发运通知单，并据此编制出库单。出库单一般为一式四联，一联交仓库部门；一联由发运部门留存；一联送交顾客；一联作为给顾客开发票的依据。选项 C 正确。

7. 存货监盘结果用作控制测试还是实质性程序，取决于注册会计师的风险评估结果、审计方案和实施的特定程序。选项 D 正确。

8. 生产与存货循环涉及的主要内容主要是存货的管理及生产成本的计算等。生产与存货循环的内部控制主要包括存货的内部控制和成本会计制度的内部控制两项内容。选项 C 正确。

9. 实施存货监盘，获取有关期末存货数量和状况的充分、适当的审计证据是注册会计师的责任，但这并不能取代被审计单位管理层定期盘点存货、合理确定存货的数量和状况的责任。盘点计划的责任由被审计单位而不是注册会计师承担。选项 B 正确。

10. 产成品入库,须由仓库部门先行点验和检查,然后签收;签收后,填制产成品入库单,并将实际入库数量通知会计部门。选项 A 正确。

11. 存货需要存放在安全的环境中,只有经过授权的工作人员可以接触及处理存货。选项 C 错误。

12. 选项 B,存货监盘主要验证存货的存在认定和完整性认定,存货监盘本身并不足以供注册会计师确定存货的所有权,注册会计师可能需要执行其他实质性审计程序以应对所有权认定的相关风险。选项 C,如果由于不可预见的情况无法在存货盘点现场实施监盘,注册会计师应当另择日期实施监盘,并对间隔期内发生的交易实施审计程序。选项 D,存货监盘程序中主要采用的程序除了观察外,还包括检查程序。

13. 选项 A,对于所有权不属于被审计单位的存货,注册会计师应当取得其规格、数量等有关资料,确定是否已单独存放、标明且未被纳入盘点范围。

14. 注册会计师应当从存货盘点记录中选取项目追查至存货实物,以测试盘点记录的准确性,或从存货实物追查至存货盘点记录,以测试盘点记录的完整性,选项 A 错误。注册会计师应尽可能避免让被审计单位事先了解将抽盘的存货项目,选项 B 错误。如果认为被审计单位内部控制设计良好且得到有效实施,存货盘点组织良好,可以相应缩小实施抽盘程序的范围,选项 D 错误。

二、多项选择题

1	2	3	4	5	6	7	8	9	10
ABC	ABCD	ACD	ABCD	ABCD	ABC	ABCD	BD	ABCD	ACD
11	12	13	14						
ABCD	AC	AB	ABCD						

重难点解析:

1. 选项 D 不属于实物控制,属于成本控制。

3. 在某些情况下,实施存货监盘可能是不可行的,如由于被审计单位存货的性质或位置等导致无法实施存货监盘。审计中的困难、时间或成本等事项本身,不能作为注册会计师省略不可替代的审计程序或满足于说服力不足的审计证据的正当理由。选项 ACD 正确。

6. 存货监盘的时间安排,包括实地察看盘点现场的时间、观察存货盘点的时间和对已盘点存货实施检查的时间等,应当与被审计单位实施存货盘点的时间相协调。分别对应选项 ABC。

8. 选项 B,存货盘点由独立于保管人员之外的其他部门人员定期进行。选项 D,存货盘点结果显示有较多账实不符的情况,说明存货的内部控制存在较多的缺陷,生产与存货循环存在较高的风险。

9. 注册会计师监盘存货的目的在于获取有关存货数量和状况的审计证据。因此,存货监盘针对的主要是存货的存在认定,对存货的完整性认定及准确性、计价和分摊认定,也能提供部分审计证据。此外,注册会计师还可能在存货监盘中获取有关存货所有权的部分审计证据。因此,选项 ABCD 正确。

10. 在编制存货监盘计划时,注册会计师需要考虑7项因素:①与存货相关的重大错报风险。②与存货相关的内部控制的性质。对应选项C。③对存货盘点是否制定了适当的程序,并下达了正确的指令。④存货盘点的时间安排。对应选项A。⑤被审计单位是否一贯采用永续盘存制。⑥存货的存放地点。对应选项D。⑦是否需要专家协助。存货监盘程序中,需要准确区分管理层和注册会计师的责任,即管理层承担盘点的责任,注册会计师承担监盘的责任。注册会计师不应代行管理层职责进行盘点,否则将损害独立性,选项B错误。

11. 存货监盘计划的主要内容包括:①存货监盘的目标、范围及时间安排。②存货监盘的要点及关注事项。③参与监盘人员的分工。④实施抽盘的范围。分别对应选项ABCD。

12. 选项B,在获取完整的存货存放地点清单的基础上,注册会计师可以(而非"应当")根据不同地点所存放存货的重要性以及对各个地点与存货相关的重大错报风险的评估结果,选择适当的地点进行监盘。选项D,如果由于不可预见的情况无法在存货盘点现场实施监盘,注册会计师应当另择日期实施监盘,并对间隔期内发生的交易实施审计程序。

13. 选项C,如果存货存放在不同地点,注册会计师的监盘可以根据不同存放地点的存货的重要性和重大错报风险的评估结果,确定适当的监盘地点,而非应当覆盖所有存放地点。选项D中,如果由于不可预见的情况,无法在存货盘点现场实施监盘,注册会计师应当另择日期实施监盘,并对间隔期内发生的交易实施审计程序。

14. 注册会计师可以考虑执行以下一项或多项审计程序:①询问被审计单位除管理层和财务部门以外的其他人员,如营销人员、仓库人员等,以了解有关存货存放地点的情况。对应选项A。②比较被审计单位不同时期的存货存放地点清单,关注仓库变动情况,以确定是否存在因仓库变动而未将存货纳入盘点范围的情况发生。③检查被审计单位存货的出、入库单,关注是否存在被审计单位尚未告知注册会计师的仓库(如期末库存量为零的仓库)。对应选项B。④检查费用支出明细账和租赁合同,关注被审计单位是否租赁仓库并支付租金,如果有,该仓库是否已包括在被审计单位提供的仓库清单中。对应选项C。⑤检查被审计单位"固定资产——房屋建筑物"明细清单,了解被审计单位可用于存放存货的房屋建筑物。对应选项D。

三、判断题

1	2	3	4	5	6	7	8	9	10
√	×	√	×	√	×	√	×	×	√

11	12	13	14	15
√	√	×	×	×

重难点解析:

2. 注册会计师如果认为被审计单位的存货盘点程序存在缺陷,应当提请被审计单位调整。

4. 注册会计师监盘存货的目的在于获取有关存货数量和状况的审计证据。

6. 注册会计师应当从存货盘点记录中选取项目追查至存货实物以测试盘点记录的存在性;注册会计师还应当从存货实物中选取项目追查至存货盘点记录,以测试存货盘点记录的完整性。

8. 在某些情况下，实施存货监盘可能是不可行的，如由于被审计单位存货的性质或位置等导致无法实施存货监盘。注册会计师应当考虑能否实施替代审计程序(如检查盘点日后出售盘点日之前取得或购买的特定存货的文件记录)，以获取有关存货存在和状况的充分、适当的审计证据。

9. 被审计单位盘点存货前，注册会计师应当观察盘点现场，确定应纳入盘点范围的存货是否已经适当整理和排列，并附有盘点标识，防止遗漏或重复盘点。

13. 如果存货盘点日不是资产负债表日，注册会计师应当实施适当的审计程序，确定盘点日与资产负债表日之间存货的变动是否已得到恰当的记录。

14. 如果因不可预见的因素导致无法在预定日期实施存货监盘，注册会计师应当另择日期实施监盘，并对间隔期内发生的交易实施审计程序。

15. 存货监盘的范围大小取决于存货的内容、性质以及与存货相关的内部控制的完善程度和重大错报风险的评估结果。

四、实务分析题

1.【参考答案】

财务报表认定	具体审计目标	审计程序
④	公司对存货均拥有所有权	D
①	记录的存货数量包括了公司所有的在库存货	C
⑤	按成本与可变现净值孰低法调整期末存货的价值	A
⑤	存货成本计算准确	F
③	存货的主要类别和计价基础已在财务报表恰当披露	B

2.【参考答案】

(1) 不恰当。注册会计师还应评价客户是否取得商品控制权，判断是否纳入存货盘点范围。

(2) 不恰当。注册会计师A应当亲自监盘。对组成部分注册会计师专业胜任能力存有重大疑虑，不应要求组成部分注册会计师执行相关工作。

(3) 不恰当。注册会计师还应考虑存货货龄信息的准确性。

(4) 不恰当。注册会计师应当另择日期监盘，并对间隔期内的交易实施审计程序。

(5) 不恰当。注册会计师还应考虑与存货相关的重大错报风险的评估结果。

(6) 恰当。

3.【参考答案】

(1) 不恰当。制造业的成本核算涉及重大类别交易或账户余额，应当实施实质性程序。

(2) 不恰当。注册会计师还应当了解相关控制在本期是否发生变化。

(3) 不恰当。注册会计师应当对盘点结果汇总表进行复核。

(4) 不恰当。存货对财务报表是重要的，注册会计师应当实施监盘。

（5）恰当。

（6）不恰当。注册会计师没有观察已公司管理层制定的盘点程序的执行情况。

4.【参考答案】

（1）不恰当。存货监盘的主要目标包括获取被审计单位资产负债表日有关存货数量和状况，以及有关管理层存货盘点程序可靠性的审计证据，检查存货的数量是否真实完整，是否归属于被审计单位，存货有无毁损、陈旧、过时、残次和短缺等状况。

（2）不恰当。注册会计师应尽可能避免让被审计单位事先了解将抽盘的存货项目。

（3）不恰当。审计项目组代管理层执行盘点工作，将会影响其独立性。

（4）恰当。

（5）恰当。

（6）不恰当。确定存货存放地点时还应考虑风险评估结果。

5.【参考答案】

（1）不恰当。盘点日前验收的货物都应纳入存货盘点范围。

（2）不恰当。已确认为销售但尚未出库的存货不应包括在盘点范围内。

（3）恰当。

（4）不恰当。应当确定收到的存货是否应纳入期末存货余额。如果需要，应当纳入存货监盘范围。

（5）不恰当。存货监盘主要针对存在认定，已全额计提跌价准备的存货价值虽然为零，但数量仍存在，仍需实施监盘。

6.【参考答案】

（1）不恰当。对拟检查的存货作出标识会为A公司盘点人员知悉，会损害审计程序的不可预见性。

（2）不恰当。无论是否信赖内部控制，注册会计师在监盘中均应当观察管理层制定的盘点程序的执行情况。

（3）不恰当。该程序只能取得存货记录准确性的审计证据，还应从存货实物中选取项目追查至盘点记录，以证实存货记录的完整性。

（4）不恰当。审计项目组没有观察管理层制定的盘点程序的执行情况。

（5）恰当。

（6）不恰当。应取得并检查已填用、作废及未使用盘点表单的号码记录，确定其是否连续编号，查明已发放的表单是否均已收回，并与存货盘点的汇总记录核对。

7.【参考答案】

（1）不恰当。对以标准规格包装箱包装的存货，监盘人员还应当开箱检查。

（2）恰当。

（3）不恰当。注册会计师应当获取预先编号的清单；使用浸蘸、测量棒或依赖永续存货记录；选择样品进行化验分析，或利用专家的工作。

（4）不恰当。电话询问不能获得可靠的审计证据，注册会计师应当实施其他适当的审计程序。

（5）不恰当。对于存放在外地公用仓库的存货，应实施函证或利用其他注册会计师工作等替代程序。

(6) 不恰当。该新建仓库库存量约为集团整体库存量的20%,对该仓库存货实施存货监盘是必要的审计程序。审计中的困难、时间或成本等事项本身,不能作为注册会计师省略不可替代的审计程序或满足于说服力不足的审计证据的正当理由。

8. 【参考答案】

(1) 不恰当。抽盘过程中发现的错误很可能意味着A公司的盘点中还存在其他错误。应当查明原因,并考虑潜在错误的范围和重大程度。

(2) 不恰当。审计项目组没有检查暂估存货的单价。

(3) 不恰当。抽盘的总体不完整。

(4) 不恰当。存货的监盘程序可以在资产负债表日后进行,但应当对资产负债表日与监盘日之间的交易进行测试。

(5) 不恰当。注册会计师应当另择日期实施监盘,并对间隔期内发生的交易实施审计程序。

第十二章 货币资金审计

第一部分 内容概要

一、货币资金控制测试

(一) 货币资金与业务循环的关系

货币资金与业务循环中的业务活动存在着密切的关系,是各循环的枢纽。一些最终影响货币资金的错误只有对其他各循环的审计测试中才会被发现。货币资金与各交易循环的关系如图 12-1 所示。

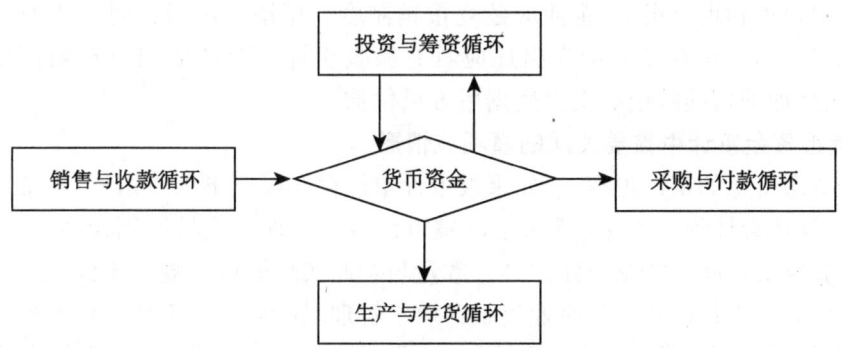

图 12-1 货币资金与交易循环的关系

(二) 货币资金内部控制

1. 岗位分工及授权审批

岗位分工及授权审批的内容如表 12-1 所示。

表 12-1 岗位分工及授权审批的内容

类别	要点
职责分离	(1) 不得由一人办理货币资金业务的全过程 (2) 出纳员不得兼任:①编制银行存款余额调节表等稽核工作。②会计档案保管工作。③收入、支出、费用、债权债务的账目登记工作
流程办理	(1) 支付申请:向审批人提交货币资金支付申请,注明款项的用途、金额、预算、支付方式等内容 (2) 支付审批:根据职责、权限和相应程序进行审批 (3) 支付复核:复核无误后,交由出纳人员办理支付手续 (4) 办理支付:出纳人员办理支付并及时登记库存现金和银行存款日记账

2. 库存现金和银行存款的管理

库存现金和银行存款管理的内容如表12-2所示。

表 12-2　　　　　　　　　　库存现金和银行存款管理的内容

类别	要点
入账管理	(1) 现金收入应及时存入银行,不得用于直接支付自身的支出。特殊情况需坐支现金的,应事先报经开户银行审查批准 (2) 货币资金收入必须及时入账,不得私设"小金库",不得账外设账,严禁收款不入账
对账管理	(1) 指定专人定期核对银行账户,每月至少核对一次,编制银行存款余额调节表 (2) 定期和不定期地进行现金盘点,确保现金账面余额与实际库存相符。发现不符,及时查明原因并作出处理

3. 票据及印章管理

企业应当加强银行预留印鉴管理。财务专用章应由专人保管,个人名章必须由本人或其授权人员保管。严禁一人保管支付款项所需的全部印章。

4. 报销管理

对于支票报销和现金报销,企业应建立报销制度。报销人员报销时应当有正常的报批手续,适当的付款凭证,有关采购支出还应具有验收手续。会计部门应对报销单据加以审核,出纳员见到加盖核准戳记的支出凭据后方可付款。

(三) 货币资金审计中需要关注的事项或情形

在实施货币资金的审计过程中,如果被审计单位存在以下事项或情形,可能表明存在重大错报风险,注册会计师需要保持警觉：①被审计单位的现金交易比例较高,并与其所在行业常用的结算模式不同。②银行账户开立数量与企业实际的业务规模不匹配。③在没有经营业务的地区开立银行账户。④企业资金存放于管理层或员工个人账户。⑤银行存款日记账存在非正常转账的"一借一贷"。⑥存在大额外币收付记录,而被审计单位并不涉足外贸业务。⑦存在长期挂账的大额预付款项。⑧付款方账户名称与销售客户名称不一致、收款方账户名称与供应商名称不一致。⑨存在没有具体业务支持或与交易不相匹配的大额资金往来。⑩被审计单位以各种理由不配合注册会计师实施银行函证。

(四) 库存现金控制测试

常见的库存现金内部控制以及注册会计师相应可能实施的内部控制测试程序如表12-3所示。

表 12-3　　　　　常见的库存现金内部控制及相应的内部控制测试程序

环节	关键内部控制	内部控制测试程序
现金付款的审批和复核	(1) 部门经理审批本部门的付款申请,在复核无误后签字认可 (2) 财务经理再次复核经审批的付款申请及后附相关凭证或证明,如核对一致,进行签字认可并安排付款	(1) 询问部门经理和财务经理在日常现金付款业务中执行的内部控制 (2) 观察财务经理复核付款申请的过程,是否核对了付款申请的用途、金额及后附相关凭据,以及在核对无误后是否进行了签字确认 (3) 重新核对经审批及复核的付款申请及其相关凭据,并检查是否经签字确认

(续表)

环节	关键内部控制	内部控制测试程序
现金盘点	(1) 会计主管指定应付账款会计每月末对库存现金进行盘点,编制库存现金盘点表,将盘点余额与现金日记账余额进行核对,并对差异调节项进行说明 (2) 会计主管复核库存现金盘点表,如差异超过设定金额,需查明原因并报财务经理批准后进行财务处理	(1) 观察现金盘点程序是否按照盘点计划的指令和程序执行 (2) 检查是否编制了现金盘点表并根据内控要求经财务部相关人员签字复核 (3) 针对调节差异超过设定金额的调节项,检查是否经财务经理批准后进行财务处理

(五) 银行存款控制测试

常见的银行存款内部控制以及注册会计师可能实施的内部控制测试程序如表12-4所示。

表12-4　　　常见的银行存款内部控制及相应的内部控制测试程序

环节	关键内部控制	内部控制测试程序
银行账户的开立、变更和注销	会计主管根据被审计单位的实际业务需要就银行账户的开立、变更和注销提出申请,经财务经理审核后报总经理审批	(1) 询问会计主管被审计单位本年开户、变更、撤销的整体情况 (2) 取得本年度账户开立、变更、撤销申请项目清单,检查是否已经财务经理和总经理审批
银行付款的审批和复核	(1) 部门经理审批本部门的付款申请,审核付款业务是否真实发生,付款金额是否准确,以及后附票据是否齐备,并在复核无误后签字认可 (2) 财务部门在安排付款前,财务经理再次复核经审批的付款申请及后附相关凭据或证明,如核对一致,进行签字认可并安排付款	(1) 询问相关业务部门的部门经理和财务经理在日常银行付款业务中执行的内部控制,以确定其是否与被审计单位内部控制政策要求保持一致 (2) 观察财务经理复核付款申请的过程,是否核对了付款申请的用途、金额及后附相关凭据,及在核对无误后是否进行了签字确认 (3) 重新核对经审批及复核的付款申请及其相关凭据,并检查是否经签字确认
编制银行存款余额调节表	(1) 每月末会计主管指定应收账款会计核对银行存款日记账和银行对账单,编制银行存款余额调节表,如存在差异项,查明原因并进行差异调节说明 (2) 会计主管复核银行存款余额调节表,对需要进行调整的调节项目及时进行处理,并签字确认	(1) 询问应收账款会计和会计主管银行存款余额调节表的编制和复核过程 (2) 检查银行存款余额调节表 (3) 针对调节项目,检查是否经会计主管的签字复核

二、库存现金审计

(一) 库存现金的审计目标

库存现金审计目标与认定的对应关系如表12-5所示。

表 12-5　　　　　　　　　　审计目标与认定对应关系表

审计目标	财务报表认定					
	存在	完整性	权利和义务	准确性、计价和分摊	分类	列报
资产负债表中记录的库存现金是存在的	√					
所有应当记录的库存现金均已记录		√				
记录的库存现金由被审计单位拥有或控制			√			
库存现金以恰当的金额包括在财务报表中，与之相关的计价调整已恰当记录				√		
库存现金已记录于恰当的账户					√	
库存现金已按照企业会计准则的要求在财务报表中作出恰当的列报						√

（二）库存现金的重大错报风险评估

现金业务经常出现的舞弊行为有坐支现金、套取现金、白条抵库、挪用现金、贪污或侵占现金以及私设小金库等。

（三）库存现金的实质性程序

注册会计师就库存现金实施的实质性程序包括以下几个方面：

1. 核对库存现金日记账与总账

核对库存现金日记账与总账的金额是否相符，检查非记账本位币库存现金的折算汇率及折算金额是否正确。这是注册会计师测试现金余额的起点。如果不相符，应查明原因，必要时应建议作出适当调整。

2. 监盘库存现金

监盘库存现金就是审计人员现场监督被审计单位出纳员盘点库存现金，并进行全面复查的审计程序。监盘库存现金的具体内容如表 12-6 所示。

表 12-6　　　　　　　　　　监盘库存现金的具体内容

内容	要点
监盘范围	企业盘点库存现金，通常包括对已收到但未存入银行的现金、零用金、找换金等的盘点。监盘范围一般包括被审计单位各部门经管的所有现金
监盘人员	盘点库存现金的人员应视被审计单位的具体情况而定，但现金出纳员和被审计单位会计主管人员必须参加，并由注册会计师进行监盘
监盘时间	(1) 查看被审计单位制定的盘点计划，以确定监盘时间。对库存现金的监盘最好实施突击性的检查，时间最好选择在上午上班前或下午下班时 (2) 如被审计单位库存现金存放部门有两处或两处以上的，应同时进行盘点
监盘程序	(1) 查阅库存现金日记账并同时与现金收付凭证相核对 (2) 检查被审计单位现金实存数，并将该监盘金额与库存现金日记账余额进行核对，如有差异，应要求被审计单位查明原因，必要时应提请被审计单位作出调整 (3) 由出纳员盘点，由注册会计师编制"库存现金监盘表"

3. 抽查大额库存现金收支

查看大额现金收支,并检查原始凭证是否齐全、原始凭证内容是否完整、有无授权批准、记账凭证与原始凭证是否相符、账务处理是否正确、是否记录于恰当的会计期间等项内容。

4. 检查库存现金是否在财务报表中作出恰当列报

根据有关规定,库存现金在资产负债表的"货币资金"项目中反映,注册会计师应在实施上述审计程序后,确定"库存现金"账户的期末余额是否恰当,进而确定库存现金是否在资产负债表中恰当披露。

三、银行存款审计

(一)银行存款的审计目标

银行存款审计目标与认定的对应关系如表12-7所示。

表 12-7　　　　　　　　审计目标与认定对应关系表

审计目标	财务报表认定					
	存在	完整性	权利和义务	准确性、计价和分摊	分类	列报
资产负债表中记录的银行存款是存在的	√					
所有应当记录的银行存款均已记录		√				
记录的银行存款由被审计单位拥有或控制			√			
银行存款以恰当的金额包括在财务报表中,与之相关的计价调整已恰当记录				√		
银行存款已记录于恰当的账户					√	
银行存款已按照企业会计准则的要求在财务报表中作出恰当的列报						√

(二)银行存款的重大错报风险评估

银行存款业务中常见的舞弊行为有:①银行存款入账不及时、不足额。②出租出借银行账户收取好处费。③多头开户,截留存款。④挪用或贪污银行存款。⑤从银行存款中提取库存现金的用途不合法、不合理。

(三)银行存款的实质性程序

1. 获取银行存款余额明细表

注册会计师应获取银行存款余额明细表,复核加计是否正确,并与总账数和日记账合计数核对是否相符;检查非记账本位币银行存款的折算汇率及折算金额是否正确。注册会计师还应核对银行存款日记账与总账的余额是否相符。如果不相符,应查明原因,必要时应建议作出适当调整。

2. 实施实质性分析程序

计算银行存款累计余额应收利息收入,分析比较被审计单位银行存款应收利息收入与实际利息收入的差异是否恰当,评估利息收入的合理性,检查是否存在高息资金拆借,确认银行存款余额是否存在,利息收入是否已经完整记录。

3. 检查银行存款账户发生额

注册会计师可以考虑对银行存款账户的发生额实施以下程序：①结合银行账户性质，分析不同账户发生银行存款日记账漏记银行交易的可能性，获取相关账户相关期间的全部银行对账单。②利用数据分析等技术，对比银行对账单上的收付款流水与被审计单位银行存款日记账的收付款信息是否一致，对银行对账单及被审计单位银行存款日记账记录进行双向核对。③浏览资产负债表日前后的银行对账单和被审计单位银行存款账簿记录，关注是否存在大额、异常资金变动以及大量大额红字冲销或调整记录，如存在，需要实施进一步的审计程序。

4. 取得并检查银行对账单和银行存款余额调节表

取得并检查银行对账单和银行存款余额调节表是证实资产负债表中所列银行存款是否存在的重要程序。具体测试程序通常包括：

(1) 取得被审计单位加盖银行印章的银行对账单，注册会计师应对银行对账单的真实性保持警觉，必要时，亲自到银行获取对账单，并对获取过程保持控制；将获取的银行对账单余额与银行日记账余额进行核对，如存在差异，获取银行存款余额调节表；将被审计单位资产负债表日的银行对账单与银行询证函回函核对，确认是否一致。

(2) 取得并检查银行存款余额调节表，检查调节表中加计数是否正确，调节后银行存款日记账余额与银行对账单余额是否一致；检查调节事项；关注长期未达账项，查看是否存在挪用资金等事项；特别关注银付企未付、企付银未付中支付异常的领款事项，包括没有载明收款人、签字不全等支付事项，确认是否存在舞弊。

5. 函证银行存款余额，编制银行函证结果汇总表，检查银行回函

注册会计师应当对银行存款（包括零余额账户和在本期内注销的账户）、借款及与金融机构往来的其他重要信息实施函证程序，除非有充分证据表明某一银行存款、借款及与金融机构往来的其他重要信息对财务报表不重要且与之相关的重大错报风险很低。如果不对这些项目实施函证程序，注册会计师应当在审计工作底稿中说明理由。

当实施函证程序时，注册会计师应当对询证函保持控制，当函证信息与银行回函结果不符时，注册会计师应当调查不符事项，以确定是否表明存在错报。

在实施银行函证时，注册会计师需要以被审计单位名义向银行发函询证，以验证被审计单位的银行存款是否真实、合法、完整。

6. 检查银行存款账户存款人是否为被审计单位

若存款人非被审计单位，应获取该账户户主和被审计单位的书面声明，确认资产负债表日是否需要提请被审计单位进行调整。

7. 关注是否存在质押、冻结等对变现有限制或存在境外的款项

如果存在，是否已提请被审计单位作必要的调整和披露。

8. 列明不符合现金及现金等价物条件的银行存款

对不符合现金及现金等价物条件的银行存款在审计工作底稿中予以列明，以考虑对现金流量表的影响。

9. 抽查大额银行存款收支的原始凭证

检查原始凭证是否齐全、记账凭证与原始凭证是否相符、账务处理是否正确、是否记录于

恰当的会计期间等项内容。检查是否存在非营业目的的大额货币资金转移，并核对相关账户的进账情况；如有与被审计单位生产经营无关的收支事项，应查明原因并作相应的记录。

10. 检查银行存款收支的截止是否正确

选取资产负债表日前后若干张、一定金额以上的凭证实施截止测试，关注业务内容及对应项目，如有跨期收支事项，应考虑是否提请被审计单位进行调整。

11. 检查银行存款是否在财务报表中作出恰当列报

根据有关规定，企业的银行存款在资产负债表的"货币资金"项目中反映，所以，注册会计师应在实施上述审计程序后，确定银行存款账户的期末余额是否恰当，进而确定银行存款是否在资产负债表中恰当披露。

第二部分　练　习　题

一、单项选择题

1. 下列关于出纳员的岗位职责中，没有违背不相容职务分离控制的是(　　)。
   A. 出纳员承担现金收付、银行结算及货币资金日记账核算工作，同时兼任会计档案保管工作
   B. 出纳员兼任固定资产卡片的登记工作
   C. 出纳员保管签发支票所需的全部印章
   D. 出纳员兼任收入明细账和总账的登记工作

2. 下列关于岗位分工及授权批准的做法中，恰当的是(　　)。
   A. 银行存款出纳员同时编制银行存款余额调节表
   B. 出纳员兼任支出明细账的登记工作
   C. 出纳员同时审核原始凭证、编制记账凭证
   D. 出纳员同时登记库存现金日记账

3. 下列内部控制程序中，可以最有效地实现库存现金账实相符的是(　　)。
   A. 定期核对总账和日记账　　　　　B. 定期盘点库存现金
   C. 定期和不定期盘点库存现金　　　D. 指定专人定期核对银行账户

4. 下列货币资金循环的职责分工中，容易导致内部控制失效的是(　　)。
   A. 财务专用章应由专人保管，个人名章必须由本人或其授权人员保管，严禁一人保管支付款项所需的全部印章
   B. 因特殊情况需坐支现金的，应事先报总经理审查批准
   C. 严禁未经授权的机构或人员办理货币资金业务或直接接触货币资金
   D. 企业有关部门或个人用款时，应当提前向审批人提交货币资金支付申请，注明款项的用途、金额、预算、支付方式等内容，并附有效经济合同或相关证明

5. 下列关于库存现金和银行存款管理的情形中，恰当的是(　　)。
   A. 出纳员每月必须核对银行账户，针对每一银行账户分别编制银行存款余额调节表，使银行存款账面余额与银行对账单调节相符
   B. 企业可以签发远期支票

C. 企业应当严格遵守银行结算纪律,不准签发票据

D. 企业应当定期和不定期地进行现金盘点

6. 下列关于票据和有关印章管理的情形中,不恰当的是( )。

　　A. 出纳员个人名章应当交由财务负责人保管

　　B. 严禁一人保管支付款项所需的全部印章

　　C. 企业的财务专用章由财务负责人本人或其授权人保管

　　D. 企业各种票据的购买、保管、领用、背书转让、注销等环节应当有明确的职责权限

7. 如果注册会计师要证实被审计单位在临近12月31日签发的支票是否已登记入账,下列审计程序中,最有效的是( )。

　　A. 检查12月31日的银行对账单

　　B. 检查12月31日的银行存款余额调节表

　　C. 函证当年12月31日的银行存款余额

　　D. 检查当年12月的支票存根和银行存款日记账

8. 如果被审计单位某银行账户的银行对账单余额与银行存款日记账余额不符,下列审计程序中,最有效的是( )。

　　A. 检查银行对账单中记录的资产负债表日前后的收付情况

　　B. 重新测试相关的内部控制

　　C. 检查银行存款日记账中记录的资产负债表日前后的收付情况

　　D. 检查该银行账户的银行存款余额调节表

9. 如果在资产负债表日后对库存现金进行盘点,应当根据盘点数、资产负债表日至( )的现金数,倒推计算资产负债表上所包含的现金数。

　　A. 审计报告日　　B. 资产负债表日　　C. 盘点日　　D. 外勤工作结束日

10. 向开户银行函证,可以证实若干项目标。下列各项中,属于银行函证最基本的目标是( )。

　　A. 证实银行存款是否真实存在　　B. 了解是否有欠银行的债务

　　C. 了解是否有漏列的负债　　D. 了解是否有充作抵押担保的存货

11. 注册会计师为证实资产负债表中"货币资金"项目中包含的现金是否真实存在,下列程序中,必须执行的是( )。

　　A. 编制现金预算　　B. 监盘库存现金

　　C. 函证银行存款余额　　D. 取得并审查银行存款余额调节表

12. 下列各项中,属于银行存款截止测试的关键是( )。

　　A. 审查被审计年度各月的银行存款余额调节表

　　B. 确定被审计年度企业对各银行账户开出的最后一张支票号码

　　C. 审查被审计年度各月的银行对账单

　　D. 确定企业在被审计年度记录的最后一笔银行存款业务

13. 下列各项中,属于银行存款的控制测试程序的是( )。

　　A. 取得银行存款余额调节表并检查未达账项的真实性

　　B. 检查银行存款收支的截止是否正确

C. 检查外币银行存款的折算方法是否符合有关规定,是否与上年度一致

D. 函证银行存款余额

14. 如果注册会计师已从被审计单位的某开户银行获取了银行对账单和所有已付支票清单,则该注册会计师(　　)。

   A. 无须再向该银行函证

   B. 仍需向该银行函证

   C. 可根据实际需要,确定是否向该银行函证

   D. 可根据审计业务约定书的要求,确定是否向该银行函证

15. 下列被审计单位人员中,必须参与注册会计师监盘库存现金的是(　　)。

   A. 会计主管人员和内部审计人员　　B. 现金出纳员和银行出纳员

   C. 现金出纳员和内部审计人员　　D. 现金出纳员和会计主管人员

16. 注册会计师需要进行函证的被审计单位的开户银行应该是(　　)。

   A. 存款账户已经结清的银行　　B. 存款账户尚未结清的银行

   C. 本年度的所有开户银行　　D. 有其他货币资金存款的银行

17. 注册会计师在对被审计单位实施风险评估程序时发现存在未经授权人员接触现金的情况,在评估重大错报风险时,下列各项中,首先应当确定为重点审计领域的是货币资金的(　　)认定。

   A. 存在　　B. 完整性　　C. 准确性、计价和分摊　　D. 权利和义务

18. 下列有关注册会计师对银行存款余额调节表实施的审计程序中,不恰当的是(　　)。

   A. 了解并评价银行存款余额调节表的编制和复核过程

   B. 核对被审计单位银行存款日记账与银行对账单余额是否调节一致

   C. 核对银行存款余额调节表中银行对账单余额是否与银行询证函回函一致

   D. 检查被审计单位已收而银行未收的大额款项在资产负债表日后银行存款日记账上的相关记录

19. 注册会计师在检查被审计单位 2020 年 12 月 31 日的银行存款余额调节表时,发现下列调节事项,其中有迹象表明性质或范围不合理的是(　　)。

   A. "银行已收、企业未收"项目包含一项 2020 年 12 月 31 日到账的应收账款,被审计单位尚未收到银行的收款通知

   B. "企业已付、银行未付"项目包含一项被审计单位于 2020 年 12 月 31 日提交的转账支付申请,用于支付被审计单位 2020 年 12 月的电费

   C. "企业已收、银行未收"项目包含一项 2020 年 12 月 30 日收到的退货款,被审计单位已将供应商提供的支票提交银行

   D. "银行已付、企业未付"项目包含一项 2020 年 11 月支付的销售返利,该笔付款已经总经理授权,但由于经办人员未提供相关单据,会计部门尚未入账

二、多项选择题

1. 下列程序中,属于企业办理货币资金支付业务的规定程序的有(　　)。

   A. 支付申请　　B. 支付审批　　C. 支付复核　　D. 办理支付

2. 下列各项中,属于一个良好的货币资金内部控制应该达到的要求的有( )。
   A. 货币资金收支与记账的岗位分离
   B. 按月盘点现金,编制银行存款余额调节表,以做到账实相符
   C. 控制现金坐支,当日收入现金应及时送存银行
   D. 如果货币资金内部控制良好,可以不对货币资金收支业务进行内部审计

3. 下列与货币资金内部控制相关的说法中,不正确的有( )。
   A. 对于审批人超越授权范围审批的货币资金业务,经办人员可以先办理,然后向审批人的上级授权部门报告
   B. 出纳人员应当根据复核无误的支付申请,按规定办理货币资金支付手续,及时登记库存现金和银行存款日记账
   C. 企业应当定期和不定期地进行库存现金盘点,确保库存现金账面余额与实际库存现金相符
   D. 出纳人员支付货币资金后,复核人员应立即进行复核

4. 下列各项中,针对与货币资金相关的内部控制,注册会计师可以提出的改进建议有( )。
   A. 在办理费用报销的付款手续后,出纳员应及时登记库存现金、银行存款日记账和相关费用明细账
   B. 现金收入必须及时存入银行,不得直接用于公司的支出
   C. 指定负责成本核算的会计人员每月核对一次银行存款账户
   D. 期末应当核对银行存款日记账余额与银行对账单余额,对余额核对相符的银行存款账户,无须编制银行存款余额调节表

5. 下列有关货币资金的内部控制中,不存在设计缺陷的有( )。
   A. 财务专用章应由专人保管,个人名章必须由本人或其授权人员保管
   B. 因特殊原因需坐支现金的,应事先报总经理审查批准
   C. 严禁未经授权的机构或人员办理货币资金业务或直接接触货币资金
   D. 企业有关部门或个人用款时,应当提前向审批人提交货币资金支付申请,注明款项的用途、金额、预算、支付方式等内容,并附有效经济合同或相关证明

6. 下列各项中,出纳人员不得兼任的工作有( )。
   A. 会计档案保管   B. 收入支出账目的登记
   C. 债权债务账目的登记   D. 稽核

7. 下列审计程序中,属于货币资金的控制测试程序的有( )。
   A. 观察财务经理复核付款申请的过程,是否核对了付款申请的用途、金额及后附相关凭据,以及在核对无误后是否进行了签字确认
   B. 重新核对经审批及复核的付款申请及其相关凭据,并检查是否经签字确认
   C. 观察现金盘点程序是否按照盘点计划的指令和程序执行,是否编了库存现金盘点表并根据内部控制要求经财务部相关人员签字复核
   D. 针对调节项目,检查是否经财务经理批准后进行财务处理

8. 下列审计程序中,属于银行存款的控制测试程序的有( )。
   A. 询问会计主管被审计单位本年账户开户、变更、撤销的整体情况

B. 取得本年度账户开立、变更、撤销申请项目清单,检查清单的完整性,并在选取适当样本的基础上检查账户的开立、变更、撤销项目是否已经财务经理和总经理审批

C. 针对选取的样本,检查银行存款余额调节表,查看调节表中记录的企业银行存款日记账余额是否与银行存款日记账余额保持一致

D. 针对选取的样本,检查银行存款余额调节表,查看调节表中记录的银行对账单余额是否与被审计单位提供的银行对账单中的余额保持一致

9. 在监盘库存现金的审计程序中,监盘库存现金的时间和人员应视被审计单位的具体情况而定,但下列人员中,必须参与的有( )。
   A. 出纳员　　　　B. 会计主管人员　　C. 注册会计师　　D. 公司经理

10. 下列关于注册会计师监盘库存现金的做法中,不恰当的有( )。
    A. 在监盘的前一天通知公司做好监盘准备
    B. 监盘时间定在下午下班时进行
    C. 监盘前,出纳员把现金放入保险柜,并将已办妥现金收付手续的交易登入库存现金日记账,并结出账面余额
    D. 由注册会计师负责当场盘点现金

11. 下列有关寄发银行询证函的说法中,正确的有( )。
    A. 寄发给被审计单位开户银行的询证函采用的是积极的函证方式
    B. 要求银行直接将回函寄回会计师事务所
    C. 函证对象包括银行存款和借款等
    D. 向每一家开户银行寄发询证函

12. 下列各项中,属于银行存款实质性程序的有( )。
    A. 审查银行存款余额调节表　　　　B. 函证银行存款余额
    C. 检查银行存款收支的正确截止　　D. 银行存款的控制测试

13. 下列各项工作中,出纳人员不得从事的有( )。
    A. 编制银行存款余额调节表　　　　B. 会计档案的保管
    C. 债权债务的账目登记　　　　　　D. 登记库存现金日记账

14. 下列被审计单位与货币资金相关的内部控制中,存在缺陷的有( )。
    A. 对于审批人员超越授权范围审批的货币资金业务,经办人员先行办理后,需要及时向审批人的上级授权部门报告
    B. 不签发、取得和转让没有真实交易和债权债务的票据
    C. 出纳人员应当根据复核无误的支付申请,按规定办理货币资金支付手续,及时登记库存现金和银行存款日记账
    D. 出纳人员支付货币资金后,应及时登记应付账款明细账

15. 下列有关银行存款的实质性程序的说法中,正确的有( )。
    A. 如果对被审计单位银行账户的完整性存有疑虑,注册会计师应取得管理层提供的《已开立银行结算账户清单》
    B. 如果对被审计单位银行对账单的真实性存有疑虑,注册会计师可以在被审计单位的协助下亲自到银行获取银行对账单

C. 注册会计师实施银行函证时,应当以会计师事务所的名义向银行发函询证
D. 注册会计师可以取得并检查银行对账单和银行存款余额调节表,以证实银行存款是否存在

16. 下列各项中,注册会计师应将其纳入库存现金的监盘范围的有(　　)。
    A. 财务部门经管的现金　　　　　　B. 销售部门使用的找换金
    C. 采购部门使用的零用金　　　　　D. 行政部门管理的备用金

三、判断题

1. 除了岗位分离和授权批准制度外,库存现金和银行存款的管理制度以及票据和有关印章的保管制度也是货币资金内部控制的要点。（　　）
2. 若被审计单位财会人员较少时,出纳员可以兼任债权债务账目的登记工作。（　　）
3. 若被审计单位财会人员较少时,出纳员可以一人办理货币资金业务的全过程。（　　）
4. 企业对于重要货币资金支付业务,应当实行集体决策和审批,并建立责任追究制度。（　　）
5. 单位现金收入应及时存入银行,不得直接用于单位自身的支出,因特殊情况需要坐支现金的,应事先报经开户银行审查批准。（　　）
6. 企业应当指定专人定期核对银行账户,每月至少核对两次。（　　）
7. 所有货币资金的支付都必须经过适当的审批后才能开支;应当按照支付申请、支付审批、支付复核和办理支付的程序付款。（　　）
8. 被审计单位资产负债表中的现金数额,应以盘点日实有数额为准。（　　）
9. 函证银行存款的唯一目的是证实银行存款是否真实存在。（　　）
10. 若被审计单位银行存款账户的余额为零,则注册会计师一般不对其实施函证。（　　）
11. 审查结算日银行存款余额调节表是为了证实资产负债表中所列的"货币资金"项目中包含的银行存款是否存在。（　　）
12. 注册会计师如果从被审计单位内部获取了银行对账单,则没有必要再对银行存款实施函证。（　　）
13. 货币资金的支出要有合理、合法的凭据,并要有核准手续。（　　）
14. 库存现金的盘点一般采用突击方式进行。（　　）
15. 如果企业的其他货币资金业务较少,注册会计师可以直接执行其他货币资金的实质性审计程序。（　　）
16. 库存现金的监督盘点一般不能在资产负债表日后进行,因为盘点的目的是证实资产负债表日库存现金的实际库存数。（　　）
17. 银行存款的函证一般采用否定式函证。（　　）
18. 被审计单位的一年以上的定期存款或限定用途的存款不属于流动资产,应列示于其他资产项下。（　　）
19. 被审计单位资产负债表上的银行存款余额应以编制的银行存款余额调节表调节后的数额为准。（　　）
20. 库存现金的盘点是针对现金审计的完整性目标而实施的。（　　）

21. 对于货币资金票据(如银行汇票),应在购买、保管、领用、注销等环节加强授权批准和职责分工等控制程序,明确职责权限。（ ）
22. 除了岗位分离和授权批准制度外,库存现金和银行存款的管理制度以及票据和有关印章的保管制度也是货币资金内部控制的要点。（ ）

四、实务分析题

1. M公司是一个上市公司,出纳员梁某采取偷盖公司银行印鉴和法定代表人章,使用作废的、没有登记的现金支票等方法,在近5年期间先后挪用2 000多万元用于炒股,给单位造成损失600多万元。M公司所在市中级人民法院以挪用公款罪和挪用资金罪,判处梁某10年有期徒刑。

要求:指出案例中M公司的内部控制存在的缺陷。

2. 注册会计师王某对烟台兴茂机械制造有限公司2021年度财务报表实施审计,审计中对烟台兴茂机械制造有限公司的货币资金内部控制进行了解和测试,发现以下情况:

(1) 出纳员负责现金收付、收取、保管和开具银行支票,并保管所有支票印章。

(2) 副总经理以上领导及批准的特殊人员,可以根据需要到出纳处开取印章齐全的空白支票,供用款之需。

(3) 出差人员可以到出纳处预支差旅费,填写借条,经副总经理以上领导批准后付款,出差人员回来报销后收回借条并销毁。

要求:指出上述内部控制存在的问题,说明理由,并提出相应的改进建议。

3. 注册会计师张某从2022年2月11日开始对烟台飞达机械设备有限公司2021年度财务报表进行审计。张某于2月13日下午5:30对该单位的库存现金进行了监盘。

当天的库存现金总账余额和库存现金日记账余额都为45 998元,清点结果如下:

(1) 现金实有数,100元285张,50元250张,10元90张,5元58张,1元8张。

(2) 在保险柜内发现以下凭证,已经付款尚未制证入账:职工王伟的借款条一张,日期为2022年1月6日,金额1 500元,未经批准,也没有说明用途。

(3) 银行核定库存现金限额为30 000元。

(4) 2021年12月22日开出转账支票400元付给往来单位,因漏盖负责人图章,支票被退回,后以现金付讫,对此账面未作出处理。

要求:指出该公司库存现金管理中存在的问题。

4. 在对烟台兴鲁机械制造有限公司2021年度财务报表进行审计时,A注册会计师负责审计货币资金项目,以下是相关情况摘要:

(1) 烟台兴鲁机械制造有限公司总部和营业部均设有出纳部门,为顺利监盘库存现金,A注册会计师在监盘前一天通知烟台兴鲁机械制造有限公司会计主管人员做好监盘准备。

(2) 烟台兴鲁机械制造有限公司工作时间为每日上午9点至下午5点,考虑到出纳人员的日常工作安排,对总部和营业部库存现金的监盘时间分别定在上午8点和下午5点。

(3) 监盘时,由出纳人员与注册会计师共同参与,出纳人员将现金放入保险柜,并将已办妥现金收付手续的交易登入现金日记账,结出现金日记账余额。

(4) 由 A 注册会计师当场盘点现金,并将盘点金额与库存现金日记账余额进行核对。

(5) 由 A 注册会计师编制"库存现金监盘表",在其签字后纳入审计工作底稿。

要求:针对上述(1)至(5)项,逐项指出注册会计师的做法是否恰当,如不恰当,提出改进建议。

5. 注册会计师王某负责审计烟台兴茂机械制造有限公司 2021 年度财务报表,审计项目组认为货币资金的存在和完整性认定存在舞弊导致的重大错报风险,审计工作底稿中与货币资金审计相关的部分内容摘录如下:

(1) 2022 年 2 月 2 日,审计项目组要求烟台兴茂机械制造有限公司管理层于次日对库存现金进行盘点,2 月 3 日,审计项目组在现场实施了监盘,并将结果与现金日记账进行了核对,未发现差异。

(2) 因对烟台兴茂机械制造有限公司管理层提供的银行账户清单的完整性存有疑虑,审计项目组前往当地中国人民银行查询并打印了烟台兴茂机械制造有限公司已开立银行结算账户清单,结果满意。

(3) 因对烟台兴茂机械制造有限公司提供的银行对账单的真实性存有疑虑,审计项目组要求烟台兴茂机械制造有限公司管理层重新取得了所有银行账户的对账单,并现场观察了被审计单位打印对账单的过程,未发现异常。

(4) 审计项目组未对年末余额小于 10 万元的银行账户实施函证,这些账户年末余额合计小于实际执行的重要性,审计项目组检查了银行对账单原件和银行存款余额调节表,结果满意。

(5) 针对年末银行存款余额调节表中企业已开支票银行尚未扣款的调节项,审计项目组通过检查相关的支票存根和记账凭证予以确认。

(6) 审计项目组发现中国银行询证函回函上的印章与以前年度的不同,烟台兴茂机械制造有限公司管理层解释中国银行于 2021 年中变更了印章样式,并提供了中国银行的收款回单,审计项目组通过比对印章样式,认可了烟台兴茂机械制造有限公司管理层的解释。

要求:针对上述第(1)至(6)项,逐项指出审计项目组的做法是否恰当。如不恰当,提出改进建议。

6. 注册会计师张某负责审计烟台飞达机械设备有限公司 2021 年度财务报表。与货币资金审计相关的部分事项如下:

(1) 注册会计师张某认为库存现金重大错报风险很低,因此,未测试烟台飞达机械设备有限公司财务主管每月末盘点库存现金的控制,于 2021 年 12 月 31 日实施了现金监盘,结果满意。

(2) 对于账面余额与银行对账单余额存在差异的银行账户,注册会计师张某获取了银行存款余额调节表,检查了调节表中的加计数是否正确,并检查了调节后的银行存款日记账余额与银行对账单余额是否一致,据此认可了银行存款余额调节表。

(3) 因对烟台飞达机械设备有限公司管理层提供的银行对账单的真实性存在疑虑,注册会计师张某在出纳陪同下前往银行获取银行对账单。在银行柜台人员打印对账单时,注册会计师张某前往该银行其他部门实施了银行函证。

(4) 烟台飞达机械设备有限公司有一笔 2020 年 10 月存入的期限两年的大额定期存款。注册会计师张某在 2020 年度财务报表审计中检查了开户证实书原件并实施了函证,结果满意,因此,未在2021年度审计中实施审计程序。

（5）为测试银行账户交易入账的真实性,注册会计师张某在验证银行对账单的真实性后,从银行存款日记账中选取样本与银行对账单进行核对,并检查了支持性文件,结果满意。

（6）乙银行在银行询证函回函中注明"接收人不能依赖函证中的信息",注册会计师张某认为该条款不影响回函的可靠性,认可了回函结果。

要求：针对上述第（1）至（6）项,逐项指出注册会计师张某的做法是否恰当。如不恰当,简要说明理由。

7. 烟台飞达机械设备有限公司2020年12月31日银行存款日记账的余额为5 400 000元,银行转来对账单的余额为8 300 000元。经逐笔核对,发现以下未达账项：

（1）企业送存转账支票6 000 000元,并已登记银行存款增加,但银行尚未记账。

（2）企业开出转账支票4 500 000元,并已登记银行存款减少,但持票单位尚未到银行办理转账,银行尚未记账。

（3）企业委托银行代收某公司购货款4 800 000元,银行已收妥并登记入账,但企业尚未收到收款通知,尚未记账。

（4）银行代企业支付电话费400 000元,银行已登记企业银行存款减少,但企业未收到银行付款通知,尚未记账。

要求：根据上述资料,编制烟台飞达机械设备有限公司的银行存款余额调节表。

表12-8　　　　　　　　　　　银行存款余额调节表

单位：元

项目	金额	项目	金额
企业银行存款日记账余额		银行对账单余额	
加：银行已收 　　企业未收		加：企业已收 　　银行未收	
减：银行已付 　　企业未付		减：企业已付 　　银行未付	
调节后的存款余额		调节后的存款余额	

第三部分　参考答案

一、单项选择题

1	2	3	4	5	6	7	8	9	10
B	D	C	B	D	A	D	D	C	A
11	12	13	14	15	16	17	18	19	
B	B	C	B	D	C	A	D	D	

重难点解析：

1. 选项AD，出纳人员不得兼任稽核、会计档案保管和收入、支出、费用、债权债务账目的登记工作。选项C，财务专用章应由专人保管，个人名章必须由本人或其授权人员保管。严禁一人保管支付款项所需的全部印章。

2. 出纳员不得兼任编制银行存款余额调节表等稽核工作、会计档案保管工作和收入、支出、费用、债权债务账目的登记工作，选项ABC错误。

3. 企业应当定期和不定期地进行现金盘点，确保现金账面余额与实际库存相符。如发现不符，应及时查明原因，作出处理。选项C正确。

4. 选项B，企业现金收入应当及时存入银行，不得坐支。因特殊情况需坐支现金的，应事先报经开户银行审查批准，由开户银行核定坐支范围和限额。

5. 选项A，企业应当指定专人定期核对银行账户，每月至少核对一次，编制银行存款余额调节表，使银行存款账面余额与银行对账单调节相符。出纳人员一般不得同时从事银行对账单的获取、银行存款余额调节表的编制工作。选项B，企业不准签发没有资金保证的票据或远期支票。选项C，企业应当严格遵守银行结算纪律，不准签发、取得和转让没有真实交易和债权债务的票据，套取银行和他人资金。

6. 个人名章必须由本人或其授权人员保管。选项A错误。

7. 检查当年12月的支票存根和银行存款日记账，一一核对是否每笔支票都登记在了银行存款日记账上，可以证实被审计单位在临近12月31日签发的支票是否已登记入账。选项D正确。

8. 注册会计师检查银行账户的银行存款余额调节表，通过确认调节后银行存款日记账余额与银行对账单余额是否一致和检查调节事项，从而确认未达账项是否存在，有利于证实资产负债表中所列示的银行存款是否真实存在。选项D正确。

9. 如果在资产负债表日后对库存现金进行盘点，应当根据盘点数、资产负债表日至盘点日的现金数，倒推计算资产负债表上所包含的现金数。选项C正确。

10. 银行函证最基本的目标是证实银行存款是否真实存在。选项A正确。

11. 监盘库存现金就是审计人员现场监督被审计单位出纳员盘点库存现金，并进行全面复查的审计程序。监盘库存现金是证实资产负债表中"货币资金"项目下所列库存现金是否存在的一项重要审计程序。选项B正确。

12. 只有把最后一张原始凭证的编号确定，才能以此为基准，确定被审计单位是否存在提前入账和拖后入账的问题。选项B正确。

13. 选项ABD属于银行存款的实质性程序。

14. 注册会计师应当对银行存款实施函证程序，除非有充分证据表明某一银行存款、借款及与金融机构往来的其他重要信息对财务报表不重要且与之相关的重大错报风险很低。与是否获取了银行对账单和所有已付支票清单无关。选项B正确。

15. 盘点库存现金的时间和人员应视被审计单位的具体情况而定，但现金出纳员和被审计单位会计主管人员必须参加，并由注册会计师进行监盘。选项D正确。

16. 注册会计师应当对被审计单位本年度的所有开户银行（包括零余额账户和在本期内注销的账户）实施函证程序。选项C正确。

17. 选项A,未经授权接触现金,可能导致货币资金的不当减少,进而导致账面金额被高估,由此违背存在认定。

18. 选项D,注册会计师对银行存款余额调节表实施审计程序时,对于企收银未收的大额款项,应当检查在资产负债表日后银行对账单上的相关记录。

19. 选项D,由于经办人员未提供相关单据,导致企业未及时入账,是内部工作流程问题所致,不属于未达账项。

二、多项选择题

1	2	3	4	5	6	7	8	9	10
ABCD	ABC	AD	AD	ACD	ABCD	ABCD	ABCD	ABC	AD
11	12	13	14	15	16				
ABC	ABC	ABC	AD	BD	ABCD				

重难点解析：

1. 企业办理货币资金支付业务的规定程序有：①支付申请。企业有关部门或个人用款时,应当提前向审批人提交货币资金支付申请,注明款项的用途、金额、预算、支付方式等内容,并附有效经济合同或相关证明。②支付审批。审批人根据其职责、权限和相应程序对支付申请进行审批,审核付款业务的真实性、付款金额的准确性,以及申请人提交票据或者证明的合法性,严格监督资金支付。对不符合规定的货币资金支付申请,审批人应当拒绝批准。③支付复核。财务部门收到经审批人审批签字的相关凭证或证明后,应再次复核业务的真实性、金额的准确性,以及相关票据的齐备性,相关手续的合法性和完整性,并签字认可。复核无误后,交由出纳人员办理支付手续。④办理支付。出纳人员应当根据复核无误的支付申请,按规定办理货币资金支付手续,及时登记库存现金和银行存款日记账。分别对应选项ABCD。

2. 内部审计的职能是在本部门、本单位相对独立地行使审计监督权,是实现经济管理的一种必要手段,是增强内部控制的一个重要环节。选项D错误。

3. 选项A,对于审批人超越授权范围审批的货币资金业务,必须向审批人的上级授权部门报告,批准后才能办理。选项D,复核人员复核无误后,才能交由出纳人员办理支付手续。

4. 选项A,根据职责分离原则,出纳员不能登记相关费用明细账。选项D,企业应当指定专人定期核对银行账户,每月至少核对一次,编制银行存款余额调节表,使银行存款账面余额与银行对账单调节相符。

5. 选项B,企业现金收入应当及时存入银行,不得坐支。因特殊情况需坐支现金的,应事先报经开户银行审查批准,由开户银行核定坐支范围和限额。

6. 出纳人员不得兼任稽核、会计档案保管和收入、支出、费用、债权债务账目的登记工作。企业不得由一人办理货币资金业务的全过程。选项ABCD正确。

7. 选项AB是对现金付款的审批和复核的控制测试。选项C是对库存现金盘点的控制测试。选项D是对编制银行存款余额调节表的控制测试。

9. 盘点库存现金的时间和人员应视被审计单位的具体情况而定,但现金出纳员和被审计单位会计主管人员必须参加,并由注册会计师进行监盘。选项 ABC 正确。

10. 选项 A,注册会计师应对库存现金实施突击性的检查。选项 D,注册会计师负责监盘而不是盘点。

11. 选项 D,注册会计师应当对银行存款(包括零余额账户和在本期内注销的账户)、借款及与金融机构往来的其他重要信息实施函证程序,除非有充分证据表明某一银行存款、借款及与金融机构往来的其他重要信息对财务报表不重要且与之相关的重大错报风险很低。

12. 银行存款的实质性程序包括细节测试和实质性分析程序。选项 ABC 都属于细节测试。选项 D 控制测试不属于实质性程序。

13. 出纳员不得兼任:①编制银行存款余额调节表等稽核工作。②会计档案保管工作。③收入、支出、费用、债权债务的账目登记工作。分别对应选项 ABC。选项 D,登记库存现金日记账属于出纳人员本职工作。

14. 选项 A,对于审批人超越授权范围审批的货币资金业务,经办人员应当拒绝办理并向审批人的上级授权部门报告。选项 D,出纳人员不得兼任登记应付账款明细账的工作。

15. 如果对被审计单位银行账户的完整性存有疑虑,注册会计师可以考虑在企业人员陪同下到中国人民银行或基本存款账户开户行查询并打印《已开立银行结算账户清单》,观察银行办事人员的查询、打印过程,并检查被审计单位账面记录的银行人民币结算账户是否完整,选项 A 错误。在实施银行函证时,注册会计师需要以被审计单位名义向银行发函询证,选项 C 错误。

16. 库存现金的监盘范围一般包括被审计单位各部门经管的所有现金,本题的四个选项均正确。

三、判断题

1	2	3	4	5	6	7	8	9	10
√	×	×	√	√	×	√	×	×	×
11	12	13	14	15	16	17	18	19	20
√	×	√	√	√	×	×	√	×	×
21	22								
√	√								

重难点解析:

2. 出纳员不可以兼任债权债务账目的登记工作。

3. 不得由一人办理货币资金业务的全过程。

6. 企业应当指定专人定期核对银行账户,每月至少核对一次。

8. 被审计单位资产负债表中的现金数额,应以资产负债表日实有数额为准。

9. 银行函证程序是证实资产负债表所列银行存款是否存在的重要程序。通过向往来银行函证,注册会计师不仅可以了解企业资产的存在,还可了解企业账面反映所欠银行债务的情况,并有助于发现企业未入账的银行借款和未披露的或有负债。

10. 注册会计师实施银行存款函证程序时,零余额账户也需要函证。

12. 即使注册会计师从被审计单位内部获取了银行对账单,也必须对银行存款实施函证。准则规定,注册会计师应当对银行存款(包括零余额账户和在本期内注销的账户)、借款及与金融机构往来的其他重要信息实施函证程序,除非有充分证据表明某一银行存款、借款及与金融机构往来的其他重要信息对财务报表不重要且与之相关的重大错报风险很低。

16. 库存现金的监督盘点可以在资产负债表日后进行。在非资产负债表日进行监盘时,应将监盘金额调整至资产负债表日的金额,并对变动情况实施程序。

17. 银行存款的函证一般采用积极式函证。

19. 资产负债表上的银行存款余额应当以资产负债表日的银行存款实有数为准。

20. 库存现金的盘点是针对现金审计的存在目标而实施的。

四、实务分析题

1. 【参考答案】

(1) 银行印鉴未能妥善保管。根据印章管理的相关规定,财务专用章应由专人保管,个人名章应由本人或其授权人员保管。出纳梁某能多次将本不由其保管的财务专用章和法定代表人个人名章同时拿到,说明公司在印章管理上存在很大缺陷。

(2) 票据单证保管不善,使用情况缺乏必要记录和检查。案例中梁某利用作废、未登记的支票进行作案,说明对于有价票据及空白单证疏于管理,没有严格票据的日常保管,票据的使用和流转也没有书面记录,对作废票据没有进行妥善处置。

(3) 授权审批程序不够合理。出纳能够把大量的资金挪用出来,应该是要经过授权批准的。如果当时有严格的授权审批程序,舞弊行为应该及时被发现才对。公司应当规定经办人办理货币资金业务的职责范围和工作要求;审批人应当根据货币资金授权批准制度的规定,在授权范围内审批,不得超越审批权限;经办人应当在职责范围内,按照审批人的批准意见办理货币资金业务。

(4) 监督、检查机制缺失。上述舞弊行为未被及时发现的另一原因就是公司缺乏监督、检查机制。账账核对、账实核对是防范及发现货币资金舞弊的重要控制手段,应由负责账物保管和记录以外的人员进行定期和不定期的检查、核对。对有形的实物资产(如现金、有价证券和存货等)要定期和不定期盘点,以核实资产的存在性和完整性;对不具实物形态的资产(如银行存款、应收账款等)和负债,则定期通过询问、函证和对账等方式验证查实。

2. 【参考答案】

(1) 构成内部控制缺陷。

理由:印章的保管要贯彻不相容职务分离的原则,严禁将办理资金支付业务的相关印章和票据集中一人保管,银行预留财务专用章应由专人保管,个人名章必须由本人或其授权人员保管,严禁一人保管支付款项所需的全部印鉴。出纳既保管银行支票,又保管预留银行的所有支票印章,是违反内部控制要求的。

建议:企业应当加强银行预留印鉴的管理。如财务专用章可由财务经理保管,办理相关业务中使用的个人名章可由出纳员保管。

(2) 构成内部控制缺陷。

理由：按照货币资金内部控制的要求，企业应当严格按照支付申请、支付审批、支付复核和办理支付的程序办理货币资金的支付；不得随意开具印章齐全的空白支票。该公司制定的货币资金的支付制度缺少具体执行货币资金支付过程中的支付批准和支付复核两个环节。

建议：强化高层领导的科学管理理念，制定科学合理的货币资金内部控制制度；严格按照支付申请、支付审批、支付复核和办理支付的程序办理货币资金的支付；对于重要的货币资金支付业务，还应实行集体决策和审批，并建立责任追究制度；加强与货币资金相关的票据管理，专设登记簿进行记录，防止空白票据的遗失和被盗用，不得随意开具印章齐全的空白支票。

(3) 构成内部控制缺陷。

理由：该类货币资金的支付制度不科学，缺少货币资金支付中的复核制度。

建议：建立资金授权和审核批准制度，严格按照支付申请、支付审批、支付复核和办理支付的权限和程序办理资金。

3. 【参考答案】

(1) 有白条抵库的情况，如王伟借款 1 500 元。

(2) 库存现金超过库存限额 30 000 元的部分没有及时送存银行。

(3) 现金短款 3 800 元。因为 2021 年 12 月 22 日开出转账支票 400 元付给往来单位，因漏盖负责人图章，转账支票被退回，后以现金付讫，对此账面未作出处理，应调整此 400 元，其余短款应由出纳赔偿。

4. 【参考答案】

(1) 不恰当。应实施突击性检查。

(2) 不恰当。总部和营业部库存现金应同时监盘。

(3) 不恰当。会计主管人员应参与现金盘点。

(4) 不恰当。库存现金应由出纳人员盘点，由注册会计师监盘。

(5) 不恰当。库存现金监盘表应由出纳员、会计主管人员和注册会计师共同签字。

5. 【参考答案】

(1) 不恰当。对库存现金的监盘最好实施突击性检查，时间最好选择在上午上班前或下午下班时。

(2) 恰当。

(3) 不恰当。如果对烟台兴茂机械制造有限公司提供的银行对账单的真实性存有疑虑，注册会计师可以在被审计单位的协助下亲自到银行获取银行对账单。在获取银行对账单时，注册会计师要全程关注银行对账单的打印过程。

(4) 不恰当。审计项目组应当对银行存款账户(包括零余额账户和在本期内注销的账户)实施函证程序，除非有充分证据表明某一银行存款对财务报表不重要且与之相关的重大错报风险很低。

(5) 不恰当。针对年末银行存款余额调节表中企业已开支票银行尚未扣款的调节项，审计项目组不仅应通过检查相关的支票存根和记账凭证予以确认，还应取得期后银行对账单，确认未达账项是否存在，银行是否已于期后入账。

(6)不恰当。不能仅通过烟台兴茂机械制造有限公司的解释和提供的收款回单,而不实施其他审计程序,审计项目组应实施其他审计程序,比如亲自到银行进行核实等。

6.【参考答案】

(1)恰当。

(2)不恰当。还应检查调节事项。

(3)不恰当。应全程关注银行对账单的打印过程。

(4)不恰当。应当对重大账户余额实施实质性程序。

(5)恰当。

(6)不恰当。该条款影响回函可靠性。

7.【参考答案】

烟台飞达机械设备有限公司的银行存款余额调节表,如表12-9所示。

表 12-9　　　　　　　　　　银行存款余额调节表

单位:元

项目	金额	项目	金额
企业银行存款日记账余额	5 400 000	银行对账单余额	8 300 000
加:银行已收 企业未收	4 800 000	加:企业已收 银行未收	6 000 000
减:银行已付 企业未付	400 000	减:企业已付 银行未付	4 500 000
调节后的存款余额	9 800 000	调节后的存款余额	9 800 000